AF617732

INSTRUMENTOS CONTRA EL CRIMEN ORGANIZADO

Cuestiones pendientes para que delito no resulte provechoso

FRANCISCO JAVIER GARRIDO CARRILLO
Profesor Titular de Derecho Procesal
GRANADA, 2024

INSTRUMENTOS CONTRA EL CRIMEN ORGANIZADO

Cuestiones pendientes para que delito no resulte provechoso

Editorial Aranzadi, S.A.U.
C/ Collado Mediano, 9
28231 Las Rozas (Madrid)
Tel: 91 602 01 82
e-mail: clienteslaley@aranzadilaley.es
https://www.aranzadilaley.es/aranzadi

Primera edición: 2024

Depósito Legal: M-18660-2024
ISBN papel con complemento electrónico: 978-84-1163-558-5
ISBN versión electrónica: 978-84-1163-559-2
Incluye soporte electrónico

Diseño, Preimpresión e Impresión: Editorial Aranzadi, S.A.U.
Printed in Spain

Este trabajo ha sido realizado por el Dr. Francisco Javier Garrido Carrillo, Profesor Titular de Derecho Procesal de la Universidad de Granada (España), Abogado, Criminólogo, Máster en Derecho Comunitario Europeo, y Experto en Derecho Ambiental, en el marco de los Proyectos: Proyecto RUECO *Challenges and strategic profiles of the EU in the fight against organised crime (*Retos y perfiles estratégicos de la Unión Europea en la Lucha contra el Crimen Organizado) Erasmus - Jean Monnet 2023-2026. Module. Ref. 101127315; del Proyecto I+d+i *Proceso penal y Unión Europea. Análisis y propuestas, con referencia* PID2020-116848GB-100; y de la Red de Cooperación internacional y de excelencia científica de estudio y análisis «*Justicia, Derecho, Constitución y Proceso*».

Índice General

Página

Página

Página

Abreviaturas

AAVV	Autores varios
ARIN-CARIB	Plataforma para el intercambio de información con los países del Caribe
ARO	*Asset Recovery Office* u Oficina de Recuperación de Activos
Art./s	Artículo/s
ATC	Auto del Tribunal Constitucional
BOE	Boletín oficial del Estado
CARIN	*Camden Assets Recovery Inter-Agency Network*
CC	Código Civil
CDFUE	Carta de Derechos Fundamentales de la Unión Europea
CEDH	Convenio Europeo de Derechos Humanos
CESE	Consejo Económico y Social Europeo
Cfr.	Confrontar
CGPJ	Consejo General del Poder Judicial
CITCO	Centro de Inteligencia contra el Terrorismo y el Crimen Organizado
COMJIM	Conferencia de Ministros de Justicia de los Países Iberoamericanos
Coord.	Coordinador
Coords.	Coordinadores
CP	Código Penal
CPT	Comité de Prevención de la Tortura
DA	Disposición Adicional
DDMM	Decisiones Marco
DM	Decisión Marco
DO	Diario Oficial

DOEI	Directiva Orden Europea de Investigación
DOUE	Diario Oficial de la Unión Europea
ECI	Equipo Conjunto de Investigación
Eds.	Editores
EEMM	Estados Miembros
EM	Exposición de motivos
ELSJ	Espacio de Libertad, Seguridad y Justicia
EOMF	Estatuto Orgánico del Ministerio Fiscal
DA	Disposición Adicional
DDMM	Decisiones Marco
DF	Disposición final
Dir.	Director
DM	Decisión Marco
DOEI	Directiva 2014/41/UE reguladora de la OEI
EEMM	Estados Miembros
EM	Exposición de Motivos
EOMF	Estatuto Orgánico del Ministerio Fiscal
EUROJUST	Agencia de la Unión Europea para la Cooperación Judicial Penal
FE	Fiscalía Europea
FGE	Fiscalía General del Estado
FJ	Fundamento Jurídico
GAFI	Grupo de Acción Financiera Internacional
GAFILAT	Red de Recuperación de Activos del Grupo de Acción Financiera
Ibid,	En el mismo lugar
IberRed	Red iberoamericana de cooperación jurídica Internacional
LAJ	Letrado de la Administración de Justicia
LEC	Ley de Enjuiciamiento Civil
LECr.	Ley de Enjuiciamiento Criminal
LO	Ley Orgánica
LOPJ	Ley Orgánica del Poder Judicial

LORRPM	Ley Orgánica 5/2000 Reguladora de la Responsabilidad penal de menores
LRM	Ley de reconocimiento mutuo de resoluciones penales
MF	Ministerio Fiscal
N.º/núm.	Número
OEDE	Orden Europea de Detención y Entrega
OEI	Orden Europea de Investigación
OLAF	Oficina Europea de Lucha contra el Fraude
ONU	Organización de las Naciones Unidas
ORGA	Oficina de recuperación y Gestión de Activos
Op. cit.	Obra citada
PacCto	Programa Europea Latinoamérica de asistencia contra el Crimen Organizado
PD	Propuesta de Directiva
p/pp	Página/páginas
RD	Real Decreto
RJ	Repertorio de Jurisprudencia
RJUE	Red judicial de la Unión Europea
RTC	Repertorio del Tribunal Constitucional
Secc.	Sección
SIENA	Aplicación de la Red de Intercambio Seguro de Información de Europol
SOCTA	*Serious and Organised Crime Threat Assessment* (SOCTA). Informe sobre la amenaza de la Delincuencia Organizada y Grave en la Unión Europea
Ss.	Siguiente
STC	Sentencia del Tribunal Constitucional
STS	STS
SSTS	SSTS
STEDH	Sentencia del Tribunal Europeo de Derecho Humanos
TEDH	Tribunal Europeo de Derechos Humanos
TFUE	Tratado de Funcionamiento de la Unión Europea
TJUE	Tribunal de Justicia de la Unión Europea

TUE	Tratado de la Unión Europea
UCIF	Unidad de Cooperación Internacional de la Fiscalía General del Estado
UE	Unión Europea
UNCAC	Convención de las Naciones Unidas contra la Corrupción
UNODC	Oficina de Naciones Unidas contra la Droga y el Delito
UNTOC	Convención de las Naciones Unidas contra la Delincuencia Organizada Transnacional
Vid.	*Véase*
Vol.	Volumen

Introducción [1]

La globalización de nuestra sociedad y de la economía ha supuesto, de forma paralela, la globalización del crimen y, por lo tanto, la lucha contra las redes criminales y otras formas graves de delincuencia requiere y exige de los Estados una respuesta penal común, por lo que es preciso poner en marcha instrumentos y sistemas verdaderamente eficaces. Muestra de ello han sido las medidas adoptadas en múltiples instrumentos internacionales que han tenido el correspondiente reflejo en la normativa interna. En este sentido podemos ver la Convención de las Naciones Unidas contra la corrupción de 31 de octubre de 2003 que señala en su prefacio que «*La corrupción es una plaga insidiosa que tiene un amplio espectro de consecuencias corrosivas para la sociedad. Socava la democracia y el Estado de Derecho, da pie a violaciones de los derechos humanos, distorsiona los mercados, menoscaba la calidad de vida y permite el florecimiento de la delincuencia organizada, el terrorismo y otras amenazas a la seguridad humana*», dedicando dicha Convención internacional, su capítulo V (Arts. 51-59), a la recuperación de activos.

Y es que, la lucha contra el crimen organizado no sólo exige una actuación conjunta a nivel internacional, sino que requiere de una estrategia global y multidisciplinar de seguridad. Esto ya lo ponía de manifiesto la declaración de la presidencia del Consejo de Seguridad de las Naciones Unidas, de 24 de febrero de 2010, que expresamente señalaba «*las graves amenazas que el tráfico de drogas y la delincuencia organizada transnacional plantean en algunos casos para la seguridad internacional*», y asimismo dejaba constancia de que los grupos y las redes de delincuencia organizada «*están mejor equipados con nuevas tecnologías de la información y de las comunicaciones, están aumentando cada vez más la diversificación e interconexión de sus operaciones ilícitas, lo que en algunos casos puede agravar las amenazas a la seguridad inter-*

1. **NOTA DEL AUTOR**: Estando esta obra en prensa, la propuesta de Directiva del Parlamento Europeo y del Consejo sobre recuperación y decomiso de activos de 25 de mayo de 2022, ha sido publicada en el DOUE el pasado 2 de mayo de 2024, como DIRECTIVA (UE) 2024/1260 del Parlamento Europeo y del Consejo de 24 de abril de 2024, sobre recuperación y decomiso de activos. Por lo que toda referencia hecha en esta obra a la propuesta de Directiva ha de entenderse realizada a la Directiva 2024/1260.

nacional»[2]. En definitiva, el crimen organizado avanza y se desarrolla progresivamente hacia nuevas perspectivas cada vez más sofisticadas y difíciles de perseguir. Por otro lado, la Estrategia Nacional contra el Crimen Organizado y la Delincuencia Grave 2019-2023, alude a la propia diversificación de sus estructuras y métodos, y a la proliferación de grupos itinerantes, señalando que, se dirigen, como cuestiones emergentes, a factores externos, entre los que podemos destacar el imparable uso de las nuevas tecnologías, las vinculaciones entre crimen organizado y terrorismo, los nuevos modelos de negocio criminal, las amenazas híbridas, los cambios demográficos, los desequilibrios económicos, políticos y sociales internacionales que provocan flujos migratorios irregulares, los conflictos armados, y la pobreza, entre otros[3]. Por tanto, podemos concluir que el crimen organizado es una amenaza de naturaleza transnacional, flexible y opaca, y «*se trata de un fenómeno con una enorme capacidad desestabilizadora, que contribuye a debilitar el Estado y mina la buena gobernanza económica*»[4].

Por su parte, la Unión Europea, incidiendo en el principio de «*que el delito no resulte provechoso*» y teniendo en cuenta que la criminalidad organizada existe y actúa, esencialmente, por ánimo de lucro[5], ha puesto en valor el decomiso y la recuperación de bienes de origen delictivo, conceptuándolas como las herramientas más eficaces en la lucha contra estas expresiones criminales, puesto que reducían su influencia y generaban un efecto disuasorio[6]. En definitiva, las actuaciones dirigidas al decomiso, a la recuperación de activos del delito, al control de los flujos financieros, y al reforzamiento de las medidas de investigación, se enmarcan en la creación y desarrollo de una política criminal de la UE dirigida a asfixiar económicamente a las organizaciones criminales mediante la expropiación de las ganancias proporcionadas por sus actividades delictivas. Y a todo ello hemos de sumar

2. Por estas razones se planteaba solicitar a los Estados la mejora de la cooperación internacional y se invitaba al Secretario General a considerar «*la posibilidad de incorporar esas amenazas como factor en las estrategias de prevención y análisis de conflictos, y en la evaluación y la planificación integradas de las misiones*». *Vid.* Declaración de la Presidencia del Consejo de Seguridad realizada en la 6277.ª sesión del Consejo de Seguridad, celebrada el 24 de febrero de 2010, con el tema titulado «Amenazas a la paz y la seguridad internacionales». Consultar: S/PRST/2010/4 - S - S/PRST/2010/4 -Desktop (undocs.org).
3. *Estrategia Nacional contra el Crimen Organizado y la Delincuencia Grave 2019-2023. La seguridad es un proyecto común*. Madrid, junio, 2019, p. 26.
4. *Estrategia de Seguridad Nacional 2017*. BOE 309, 21 diciembre de 2017, p. 125983.
5. Comunicado de la Comisión al Parlamento Europeo y al Consejo, de 20 de noviembre de 2008, Productos de la delincuencia organizada: garantizar que «*el delito no resulte provechoso*», COM (2008) 766 final – no publicado en el Diario oficial.
6. Sobre el Decomiso *vid*. GARRIDO CARRILLO, F. J. *El decomiso. Innovaciones, deficiencias y limitaciones en su regulación sustantiva y procesal*, Ed. Dykinson S.L., Madrid 2019.

el valor añadido que supone la posibilidad de poner los recursos y activos decomisados a las redes criminales al servicio del Estado de Derecho, aumentando sus medios para combatir a esta delincuencia organizada y transfronteriza.

Las medidas e instrumentos adoptados hasta la fecha han supuestos grandes avances en la dirección correcta, pero hay que reconocer, como hace la Comisión Europea, que siguen siendo insuficientes e ineficientes. Por lo tanto, hay que trabajar y profundizar en los marcos jurídicos disponibles y en la conformación de mecanismos y sistemas de cooperación, coordinación e intervención en la recuperación y gestión de activos derivados del delito. En este ámbito se hacen esenciales las políticas e instrumentos de decomiso y embargo, las medidas de control de los flujos financieros de los colectivos criminales[7], la adopción de medios de investigación y análisis tecnológicos, la adaptación de otros medios clásicos, y la adecuada actuación y coordinación de instituciones como la Fiscalía Europea, Europol, Eurojust y la Oficina Europea de Lucha contra el Fraude. Todo ello exige el diseño y adaptación de instrumentos e instituciones penales y procesales, que han de operar en el marco de nuestro proceso penal, respetando los derechos y garantías básicas del mismo.

Para lograr estos objetivos es imprescindible actuar en diferentes ámbitos, ya que hay un marco normativo internacional que tiene que completarse e implementarse por los Estados. Pero es precisa además una estrategia coherente que ponga en primer plano la lucha contra la criminalidad organizada incidiendo en el beneficio o producto del delito, estableciendo marcos normativos de referencia aplicables por todos los actores, tanto estatales como internacionales con responsabilidad en la materia. Es cierto que son muchas y diversas las actuaciones que se requieren para conseguir un sistema garantista y a la vez eficaz, pero no es menos cierto, que estas garantías en los Estados de Derecho tienen que tener un carácter legal y judicial. Solo el cumplimiento de la ley y la represión de las conductas ilícitas, por medio de instrumentos adecuados, respetuosos con las garantías, los derechos y los valores democráticos de las sociedades avanzadas, nos permitirán avanzar en un espacio de libertad, seguridad y justicia. Es en este marco donde ha de empezar la lucha contra el crimen organizado, concretando y determinando políticas criminales que determinen una estrate-

7. Sobre el control de los flujos económicos y financiero *Vid.* PÉREZ MARÍN, M. A., «El control de las vías financieras frente a la delincuencia organizada en el Espacio de libertad, seguridad y justicia: los avances hacia la persecución de nuevas amenazas» en GARRIDO CARRILLO, F. J. (director) *Retos en la lucha contra la delincuencia organizada: Un estudio multidisciplinar: garantías, instrumentos y control de los beneficios económicos,* pp. 85-119. Ed. Aranzadi 2021.

gia para conseguir que el delito no resulte provechoso, estableciendo sistemas de recuperación y gestión de activos a los que hayan de ajustar su actuación los diferentes actores, tanto poderes públicos, órganos jurisdiccionales como terceros y partes procesales.

Queda mucho por hacer, pues la criminalidad organizada es hoy «un sistema» que ha evolucionado con los tiempos y ha alcanzado una dimensión europea e internacional, como ponen de relieve, entre otros informes, el «*Global Risk Report*» promovido por el *World Economic Forum*, en el que se señala que las redes criminales generan un negocio de más de 3 billones de euros[8], sin que se alcance en la UE el 1 % en la confiscación de estos bienes. Asimismo el análisis realizado por Europol constata la amenaza del Crimen organizado en la Unión (*European Organised Crime Threat Assessment*)[9], siendo posible trazar un mapa de la «mala-Europa» y de su economía paralela.

Por tanto, a la vista de la situación actual es preciso apostar por un sistema lo más parecido posible a una estrategia coherente que ponga en primer plano la lucha contra el beneficio de la criminalidad organizada conforme al principio de que el «delito no resulte provechoso»[10], y esto pasa ineludiblemente por el establecimiento de marcos normativos básicos de referencia, aplicables, como hemos dicho, por todos los actores, tanto esta-

8. Teniendo en cuenta que PIB mundial en 2023, alcanzó los 96'5 billones de euros, conforme a las proyecciones del Fondo Monetario Internacional (FMI) en su Informe sobre Perspectivas de la Economía Mundial de octubre de 2023. Y por su parte el PIB de la UE, en 2021 ascendió a 14.5 billones de Euros. Tengamos en cuenta que conforme a los datos del Museo Nacional de Crimen Organizado y Cumplimiento de la Ley (National Museum of Organized Crime and Law Enforcement) de Las Vegas, Nevada (themobmuseum.org), en 2021 los ingresos totales de los grupos de delincuencia organizada transnacional se acercaron a los 2 billones de dólares al año. Destacar a este respecto que el cibercrimen mueve casi el doble de dinero que el tráfico de drogas, armas y trata de personas juntos, alcanzando su valor casi el 1,5% del PIB mundial. Consultar https://www.itdigitalsecurity.es/actualidad/2023/06/el-valor-del-cibercrimen-se-aproxima-al-15-del-pib-mundial (último acceso 10/02/2024).
9. Consultar: https://www.europol.europa.eu/publication-events/main-reports/european-union-serious-and-organised-crime-threat-assessment-socta-2021 (último acceso 10/02/2024).
10. La Estrategia Nacional contra el Crimen Organizado y la Delincuencia Grave 2019-2023, también se ocupa desde una óptica estratégica del crimen organizado, y así señala que tiene una «finalidad esencialmente económica; su principal objetivo es la búsqueda de beneficios. Cualquier otra finalidad que puede aparecer es instrumental y por tanto subordinada a la primera». *Vid.* Orden PCI/161/2019, de 21 de febrero, por la que se publica el Acuerdo del Consejo de Seguridad Nacional, por el que se aprueba la Estrategia Nacional contra el Crimen Organizado y la Delincuencia Grave (BOE núm. 46, de 22 de febrero de 2019).

tales como internacionales, con competencia en la materia. Este marco de referencia podemos sintetizarlo en tres aspectos: el normativo, el operativo o de implementación de las garantías específicas, y el judicial.

El marco normativo es amplio, porque es fundamental y la base de todo el sistema en la lucha contra la delincuencia organizada, e implica la adecuación de las legislaciones tanto a nivel internacional como a nivel europeo, pero también en el ámbito interno, en especial en los ámbitos penales y procesales de todos los Estados. Hemos de tener en cuenta que estamos inmersos en el ámbito del derecho sancionador, ejerciendo el *ius puniendi* de los distintos Estados para conductas que, en múltiples casos, son transnacionales y por lo tanto no podemos perder la perspectiva de la garantía de los derechos procesales básicos de sospechosos y acusados y de los terceros afectados. Por todo ello, las perspectivas internacional, europea, constitucional, penal y procesal se entrelazan, y han de ser consideradas en su conjunto para que en la producción normativa no se den lagunas, vacíos, descoordinaciones y deficiencias que sin duda serían aprovechadas por las redes criminales. Por otro lado, no es conveniente esperar a que los elementos básicos en la lucha contra el crimen organizado y en la recuperación y gestión de activos derivados del delito se hagan depender de una definición jurisprudencial, pues es necesaria un determinado nivel de eficacia y agilidad en la respuesta ante estos fenómenos delictivos, que se alcanza con una acertada producción normativa, tanto sustantiva como procesal, que permitiría la contundencia necesaria.

Por otro lado, hay que trabajar en el plano operativo, y propiciar una coordinación y armonización de las políticas criminales en la lucha contra el crimen y más concretamente en las Instituciones y organismos encargados de la recuperación y gestión de activos. En este ámbito operativo hay que actuar con algunas medidas que se pueden concretar en:

- La inclusión de la lucha contra la delincuencia organizada y en concreto la recuperación y la gestión de activos procedentes del delito como una materia transversal en la producción normativa.
- La capacitación y especialización de los profesionales e instituciones implicadas en esta lucha y en la recuperación y gestión de activos procedentes del delito.
- La conformación de planes de acción y de estrategias nacionales y supranacionales, debidamente integradas y coordinadas.
- La construcción de capacidades destinadas a fortalecer el sistema legal y judicial, promoviendo así una lucha más eficaz contra la

impunidad, profundizando en la mejora y adaptación de los mecanismos de coordinación y cooperación policial y judicial eficientes.

En este marco, son muchos los actores y profesionales implicados en esta labor, y muy numerosas las actuaciones que se requieren para conseguir un sistema garantista y a la vez eficaz. Pero en este objetivo, como ya hemos dicho, no se pueden perder de vista las garantías y derechos procesales de los afectados, tanto de sospechosos y acusados, así como de terceros, por lo que los avances —y las medidas que se adopten—, no pueden desnaturalizar el proceso penal, ni sacrificar los principios y garantías que rigen el mismo, en pro de una necesaria eficiencia.

La presente obra, pretende ser una modesta aportación que, desde la importancia de la perspectiva multidisciplinar en la lucha contra el crimen organizado, nos interpele sobre distintos aspectos de la realidad actual en relación a la necesidad de respetar los derechos y garantías básicas de todos los afectados, con especial atención al debido proceso, a la presunción de inocencia, y a la igualdad de partes. Estos elementos no se pueden relativizar o excepcionar, puesto que funcionan como límites ineludibles de los Estados de Derecho en su lucha contra la delincuencia organizada y en el diseño de las políticas de decomiso.

En este marco este trabajo se articula en torno a nueve capítulos que nos permiten reflexionar sobre los retos y amenazas que supone la globalización del crimen organizado. El punto de partida es la delimitación de este fenómeno criminal, por lo que teniendo en cuenta que el crimen organizado es un objeto poliédrico con múltiples perspectivas, he planteado cinco perfiles estratégicos que sirvan de soporte al diseño de una respuesta eficaz contra este fenómeno criminal. Este análisis a modo de pórtico de entrada es necesario y previo por cuanto delimita y contextualiza las estrategias y elementos que de forma ordenada y sistemática se tratan a continuación. No hay que olvidar que para diseñar una estrategia adecuada es preciso poner en relación, globalización y delincuencia organizada, pues tener una medida real de esta simbiosis y una conciencia clara de su impacto y de sus efectos negativos sobre las respuestas nacionales e internacionales, nos permiten concretar la necesidad de un marco jurídico sólido que sea apoyo firme y abierto a las diferentes coyunturas que muestra este tipo de delincuencia, y no sólo desde la variable de su internacionalización, sino desde los derechos sustantivos nacionales.

En segundo lugar, y al tratar los instrumentos en la lucha contra el crimen organizado, es ineludible ocuparse de las Oficinas de Recuperación y Gestión de Activos, y de cómo, las mismas, se han concretado en nuestro país. Con ellas, se pretende dar respuesta a la necesidad de un órgano instrumental, centralizado y especializado, que, en relación principalmente con procedimientos e investigaciones de delincuencia organizada, auxilie a las Fiscalías y órganos judiciales en la localización, administración, gestión y realización de activos derivados del delito. Por otro lado, tras el estudio de la ORGA, que se conforma como un elemento central en la realización de efectos judiciales, hemos de detenernos en la regulación de esta materia en nuestro país, pues los problemas prácticos que la misma ha planteado desde el primer momento por su deficiente regulación han querido ser solventados por el legislador con la reforma operada lo la LO 1/2015 de 30 de mayo de modificación de la Ley Orgánica 10/1995 del Código Penal, que ha supuesto una transformación en profundidad de la regulación vigente.

A continuación, abordo otro de los aspectos que reclama una atención específica en nuestro análisis de las cuestiones pendientes en la lucha contra el Crimen organizado, y que no es otro que la situación de los terceros afectados por el decomiso. Para que el decomiso sea un instrumento eficaz en la persecución de la delincuencia organizada ha sido necesario avanzar y profundizar en la regulación sustantiva y procesal de esta materia, pero en la producción de este nuevo marco normativo, complejo, disperso y de deficiente técnica legislativa[11], es necesario respetar las garantías, derechos y límites propios de un proceso penal, garantías que no sólo se proyectan sobre los sospechosos y acusados sino también sobre los terceros, que también son titulares de derechos fundamentales que no pueden ni deben ser minorados en favor de una supuesta eficacia del proceso. Esta misma idea, es la que exige que nos ocupemos de la situación de los derechos y garantías procesales en el sistema de indicios y en la inversión de la carga de la prueba que, en el marco de una política de «decomiso total», se ha diseñado en nuestro país a raíz de la adaptación de la Directiva de decomiso de 2014 (por medio de la Ley 41/2015 de modificación de la Ley de Enjuiciamiento Criminal, y la Ley 1/2015 de reforma del Código Penal) que ha ido mucho más allá de los mínimos previstos en la misma y ha dado lugar a un complejo sistema, con múltiples contradicciones y dificultades. Y es que, la búsqueda, por parte de los legisladores europeos y nacionales, de una mayor eficacia del instrumento de decomiso no puede devaluar de contenido derechos básicos y centrales de los sospechosos y acusados (e incluso de terceros), como la presunción de inocencia, el derecho a un proceso justo, y el respeto al principio *ne bis in idem*, entre otros, ni siquiera recurriendo a

11. Muestras de estas deficiencias y de la mala praxis del legislador se recogen en distintos pronunciamientos jurisprudenciales como la STS 599/2020 de 12 de noviembre (RJ 2020, 3777); SAN 14/2018 de 30 de marzo (RJ 2018, 1503); SAN 6/2020 de 1 de septiembre (RJ 2020, 2205).

las presunciones, pues el Estado que procede al decomiso de bienes, no hace valer un derecho sino que ejerce el *ius puniendi*, la potestad sancionadora de la que está investido, y por lo tanto exige la aplicación de todas las garantías inherentes a un proceso penal.

Por otro lado, en el análisis de los instrumentos operativos en la lucha contra el crimen organizado tiene un especial lugar la Orden Europea de Investigación (OEI), por cuanto que el crimen organizado se ha convertido en un fenómeno transnacional, se ha globalizado y exige de los Estados una respuesta acorde a este nuevo marco, en el que la confianza mutua es básica para armonizar y coordinar políticas policiales y judiciales, que permitan luchar contra este nuevo tipo de delincuencia. En este sentido la OEI es un avance extraordinario, cualitativo, una herramienta excepcional que profundiza en la conformación de un verdadero espacio de libertad, seguridad y justicia en la Unión Europea; pero dicho esto, es necesario detenerse en algunos aspectos que constatan las debilidades y limitaciones de la misma, y que precisan de reforma con el fin de mejorar su regulación y resultados. De la misma forma, y relacionado también de forma directa con la necesaria cooperación judicial y transfronteriza, es necesario abordar la urgente necesidad de mejora del decomiso transfronterizo, poniendo orden en este caos de dispersión normativa. Es necesaria un análisis en profundidad y una valoración de lo que ha supuesto el Reglamento (UE) 2018/1805 sobre el Reconocimiento mutuo de las resoluciones de embargo y decomiso, puesto que dicha norma reglamentaria ha tenido un impacto decisivo en el fracaso y en la ineficiencia de dicho reconocimiento.

Y por último cierra esta obra un capítulo destinado al futuro inmediato en materia de decomiso y recuperación de activos, ocupándome del análisis de la propuesta de Directiva del Parlamento Europeo y del Consejo sobre recuperación y decomiso de activos de 25 de mayo de 2022, que pone de relieve la necesidad de reforma de la institución, de la que era consciente las distintas instituciones europeas desde hace tiempo, pues era y sigue siendo necesario complementar un conjunto de instrumentos legislativos que armonizan la definición de los delitos y las sanciones de las actividades delictivas, así como otros instrumentos destinados a prevenir o combatir actividades ilícitas relacionadas con aquellos.

La propuesta de directiva va en la buena dirección, y establece unas normas mínimas sobre las distintas medidas y las correspondientes garantías, con el objeto de que haya una interpretación común y unas bases homogéneas para el seguimiento e identificación y para el embargo, decomiso y gestión de activos en los distintos Estados miembros. Por otro lado, la adopción de estas normas mínimas, no impide a los Estados miembros, otorgar competencias más amplias a los organismos de recuperación de activos, o a los organismos de gestión de activos, ni establecer garantías adicionales a través de la legislación nacional, siempre y cuando dichas medidas y disposiciones nacionales no vayan en detrimento del objetivo de la propuesta de Directiva. Sin duda alguna, la propuesta intenta dar respuesta y solución a muchas de las deficiencias ya detectadas, ahora bien, también incorpora innovaciones y modificaciones que suponen transformaciones en profundidad en la materia, y que pueden dar lugar a los mismos problemas que se pretenden solvertar y a nuevas dificultades, por lo que habrá que estar muy atentos al desarrollo de esta norma por los distintos Estados miembros, y a su impacto en la práctica diaria.

Capítulo I

Perfiles estratégicos en la lucha contra el crimen organizado

1. INTRODUCCIÓN

A la hora de abordar el fenómeno del Crimen Organizado, hemos de ser consciente de lo que es y de lo que supone por cuanto que, en la actualidad, su carácter transversal, transnacional y global, lo dota de una serie de características y singularidades [12] que lo hacen, con diferencia, la mayor amenaza de las sociedades actuales, en especial de los Estados democráticos y de derecho, puesto que en los estados que no gozan de un sistema democrático, las redes criminales forman parte de su estructura. Su imbricación con la economía mundial, su extraordinaria capacidad de adaptación, el uso de las nuevas tecnologías, la corrupción que conlleva, le permite colonizar y debilitar los estados de derecho, que se ven incapaces no ya de responder, sino de contener esta nueva realidad.

En este sentido, hemos de ser conscientes de la dimensión del problema, y no perder de vista que el crimen organizado ejerce un papel muy importante como actor geopolítico, pues disputa con los Estados el poder político, económico, territorial y social. Desestabiliza las estructuras políticas y socioeconómicas de los Estados a la vez que fomenta y ampara las redes y espacios de inseguridad en la medida en que los integrantes de las redes criminales colaboran con gobiernos corruptos, con grupos terroristas y con organizaciones paramilitares.

12. El Crimen organizado se caracteriza por su naturaleza transnacional, su opacidad, su flexibilidad, su capacidad de adaptación y de recuperación, por su movilidad, y por su tecnificación.

Nuestro país no es ajeno a esta realidad y por tanto ha de enfrentar los retos que plantea la criminalidad organizada[13]. En este sentido, la Estrategia Nacional contra el Crimen Organizado y la Delincuencia Grave para 2019-2023 constata que esta tipología criminal avanza y se desarrolla progresivamente hacia nuevas perspectivas cada vez más sofisticadas y difíciles de perseguir, caracterizándose por la diversificación de sus estructuras y métodos y por la proliferación de grupos itinerantes Asimismo se dirige a cuestiones emergentes, a factores externos, entre los que podemos destacar el imparable uso de las nuevas tecnologías, las vinculaciones entre crimen organizado y terrorismo, los nuevos modelos de negocio criminal, las amenazas híbridas o los cambios demográficos[14]. Por tanto, el crimen organizado es una amenaza de naturaleza transnacional, flexible y opaca, «*con una enorme capacidad desestabilizadora, que contribuye a debilitar el Estado y mina la buena gobernanza económica*»[15].

La dimensión actual del crimen organizado, su globalización y su transversalidad exige de los distintos Estados una respuesta institucional y normativa eficaz[16]. Esta búsqueda de resultados ha de ser una exigencia ineludible, por cuanto permite mantener esta «guerra» contra este tipo de delincuencia, amortiguando y evitando su impresionante impacto negativo en nuestra sociedad. Ahora bien, la búsqueda de esta eficacia no puede convertirse en una excusa para tensionar la arquitectura jurídica básica de nuestros sistemas de justicia penal, poniendo en riesgo o excepcionando los derechos y garantías básicas de todas las partes que intervienen en el proceso, pues estos mecanismos no sólo son respuesta a la necesidad de dotarse de sistemas jurisdiccionales propios de un Estado de Derecho respetuoso con los derechos humanos, sino que legitiman a su vez la acción de dicho Estado en la persecución del delito y en el ejercicio del *ius puniendi* del mismo.

La búsqueda de la eficacia en una respuesta institucional y normativa de los distintos Estados al fenómeno criminal es una perspectiva que, integrada en el respeto de los derechos fundamentales, permite coordinar las

---

13. Sobre esta cuestión *Vid.* GIMÉNEZ-SALINAS, A. «Los retos de la criminalidad organizada en España», *Revista de Estudios en Seguridad Internacional*, Vol. 9, n.º 2, (2023), pp. 35-53.
14. *Estrategia Nacional contra el Crimen Organizado y la Delincuencia Grave 2019-2023. La seguridad es un proyecto común*. Madrid, junio, 2019, p. 26.
15. *Estrategia de Seguridad Nacional 2017*. BOE 309, 21 diciembre de 2017, p. 125983.
16. Obsérvese que no es lo mismo eficacia que eficiencia, por cuanto la eficacia es «la capacidad de lograr el efecto o deseo que se espera», mientras que la eficiencia es «la capacidad de lograr los resultados deseados con el mínimo posible de recursos». Por eso aquí hablo de eficacia que no de eficiencia.

políticas criminales sobre una base jurídica integrada, completa, transversal y eficiente, facilitando a los operadores jurídicos actuar con seguridad y dinamismo. De ahí, la necesidad de afrontar y concretar perfiles estratégicos, que no tácticos, en la conformación de la respuesta institucional y normativa al crimen organizado.

2. PERFILES ESTRATÉGICOS

2.1. ANÁLISIS DE LA RELACIÓN «GLOBALIZACIÓN Y CRIMEN ORGANIZADO»

En primer lugar, es necesario un análisis previo de los retos y amenazas que supone la globalización del crimen organizado, pues sin este análisis, se carece de marco de actuación y de perspectiva de trabajo. El punto de partida, para el diseño de una estrategia adecuada, es poner en relación, en el ámbito sustantivo y procesal, el concepto de «globalización» y «delincuencia organizada»[17], pues tener una medida real de esta simbiosis y una conciencia clara de su impacto y de sus efectos negativos sobre las respuestas nacionales e internacionales, nos permite concretar, y reclamar con urgencia, la necesidad de un marco jurídico sólido, que sea apoyo firme y abierto a las diferentes coyunturas que muestra este tipo de delincuencia, y no sólo desde la variable de su internacionalización, sino desde los derechos sustantivos nacionales. Y es que, el crimen organizado transciende las fronteras de los Estados, ya no caben únicamente respuestas nacionales, aunque se planteen de forma coordinada, pues esto en definitiva es trasladar los problemas de un país a otro, lo que hay que hacer es plantear una respuesta internacional y global ante este conflicto, y esto se hizo por las Naciones Unidas en torno al concepto de «*grupo delictivo organizado*», y no en torno a comportamiento delictivos definidos o intereses separados a proteger. El concepto de «*grupo delictivo organizado*», se recoge en la Convención de Palermo, en su artículo 2, y ha ido ampliándose y matizando sucesivamente, tanto en instrumentos normativos como por la doctrina, poniendo de relieve la dificultad y la confusión que existe al intentar acotar un concepto unívoco de crimen organizado tanto en el orden internacional como en el ámbito nacional.

17. Sobre Globalización y delincuencia organizada *Vid.* MORILLAS CUEVA, L., «Globalización y delincuencia organizada. Respuestas penales», pp. 39-77. En *Respuesta Institucional y normativa al crimen organizado. Perfiles estratégicos para una respuesta eficaz.* GARRIDO CARRILLO, F. J. (director), Ed. Aranzadi, Pamplona 2022.; VELASCO NÚÑEZ, E. «Crimen organizado: los delitos de organización y grupo criminal», pp-53-77, en. *Planificación, estrategias y medios en la lucha contra el crimen organizado y en la recuperación de activos,* GARRIDO CARRILLO, F. J. (Director), Ed. Aranzadi, Pamplona, 2023.

Partiendo de esta situación hemos de incorporar al concepto de delincuencia organizada la dimensión globalizadora, pues aprovechando esta globalización, las organizaciones criminales acuden a métodos muy sofisticados para ocultar no sólo sus actividades delictivas sino también todos los productos de sus delitos. Y si bien, este contacto entre globalización y delincuencia organizada da lugar a nuevas perspectivas para esta última, también lo es la necesaria adecuación del derecho penal, y sus respuestas a la criminalidad organizada.

En segundo lugar, entre los perfiles estratégicos sobre la globalización y delincuencia organizada podemos situar el análisis de los retos de la UE[18]. Estamos en un nuevo mundo y ante una realidad que no tiene punto de no retorno, en la que se ha superado el binomio tradicional «crimen organizado-transnacional», para concretarse un trinomio de extraordinaria gravedad «crimen organizado-transnacional-digital». Y es que los grupos delictivos en la UE se caracterizan por tener una alta capacidad de adaptación, por la posibilidad de actualizar constantemente sus habilidades tecnológicas, y tienen múltiples «objetos sociales» (más del 45% de estos grupos están implicados en más de una actividad ilegal), contando, además, con el uso de factores «facilitadores», y así, por ejemplo, casi el 60% de los grupos criminales denunciados participan en actividades de corrupción.

Ante la situación del crimen organizado en la UE, hemos de detenernos en la respuesta institucional del sistema de derecho penal de la UE, y sus límites, prestando especial atención a la Fiscalía Europea y Eurojust[19], y apostando, para la profundización en el ELSJ, por una ampliación de competencias de la mencionada Fiscalía, o por una mayor evolución de Eurojust. Una línea de actuación nos lleva a entender que, si la UE quiere dar una respuesta eficiente a los desafíos planteados por el crimen organizado y transfronterizo, se enfrenta a un dilema, pues o bien se encamina a un sistema federal, y amplia las competencias de la Fiscalía Europea, o por otro lado, opta por mejorar los mecanismos de coordinación existentes,

18. Sobre esta cuestión *Vid.* FAGGIANI, V. y SPIEZIA F., *Ataque a Europa. Un atlas del crimen para comprender las amenazas, las respuestas y las perspectivas*, Ed. Tirant lo Blanch, Valencia 2022.

19. Sobre el papel de Eurojust en la lucha contra el Crimen Organizado, *Vid.* FAGGIANI, V. «Eurojust en la lucha contra la criminalidad organizada», pp. 185-210, en GARRIDO CARRILLO, F. J. (director), *Retos en la lucha contra la delincuencia organizada. Un estudio multidisciplinar; garantías, instrumentos y trol de los beneficios económicos»*, Ed. Aranzadi, Pamplona, 2021. Y sobre la Fiscalía ante el crimen organizado *Vid.* JIMÉNEZ-VILLAREJO FERNÁNDEZ, F. «La fiscalía ante el Crimen organizado. Referencia a la fiscalía especial contra la corrupción y la criminalidad organizada», pp. 169-222, en GARRIDO CARRILLO, F. J. (director), *Respuesta institucional y normativa al crimen organizado. Perfiles estratégicos para una lucha eficaz,* Ed. Aranzadi, Pamplona, 2022.

ampliando las prerrogativas de Eurojust de acuerdo con las posibilidades que ofrece el artículo 85 del TFUE, y mejorando el proceso de armonización a nuevos ámbitos del derecho penal. Estas cuestiones, sin duda, se habrán de dilucidar en los próximos años y marcarán la proyección de futuro de la Unión Europea.

Continuando en el marco de este primer perfil estratégico, son múltiples las amenazas de primer orden que ponen de relieve y profundizan la relación entre globalización y crimen organizado. A modo de ejemplo, y por lo que afecta al terrorismo merece la pena detenerse en el análisis de la aplicación de la Directiva 2017/541 a la luz de las Directivas europeas en materia de garantías procesales de sospechosos y acusados, con especial consideración de las particularidades que experimentan las medidas cautelares personales en los casos de terrorismo, tanto en la vigente ley de Enjuiciamiento Criminal como en el Anteproyecto de 2020[20]. Cualquier análisis que se haga ha de partir de la necesidad de salvaguardar el complejo equilibrio entre los dos intereses que hay en juego para salvaguardar el Estado democrático de Derecho, por un lado, la eficacia de una política de seguridad pública que permita la mejor represión del delito, y por otro el respeto a los derechos y libertades de los ciudadanos. En este sentido, la transposición de estas directivas en la legislación española ha permitido mejorar la regulación en la materia, fundamentalmente a partir del año 2015, en el que vieron la luz las modificaciones de la LECr. operadas por la LO 5/2015 de 27 de abril, y la LO 13/2015 de 5 de octubre. No obstante, y a pesar de ello quedan pendientes algunas cuestiones, para las que no existe una explicación adecuada, como es el caso de la generalización de la autonomía del Fiscal y la policía en una primera adopción de la incomunicación durante un período de 24 horas (Cfr. Art. 527.2 LECrim), pues en estos casos el Tribunal tiene una mera función revisora, y por lo tanto se puede dar una limitación gubernativa (incomunicación) de los derechos del afectado.

Y continuando con el fenómeno del terrorismo, como delito de crimen organizado por excelencia, y como un reto extraordinario de la UE, en defensa de un espacio de Libertad, Seguridad, y Justicia, procede hacer un comentario sobre la regulación de la detención preventiva y la prisión provisional en el anteproyecto de LECr. de 2020, pues en este anteproyecto se mantiene en la idea de considerar los delitos de terrorismo y la pertenencia a organizaciones criminales terroristas como situaciones que justifican y admiten el endurecimiento de la respuesta procesal en el tratamiento de los

20. Sobre esta cuestión *Vid.* ARANGÜENA FANEGO, C. «Lucha contra el terrorismo y derechos de los investigados y acusados», pp. 103-127, en GARRIDO CARRILLO, F. J. (director), *Respuesta institucional y normativa al crimen organizado. Perfiles estratégicos para una lucha eficaz,* Ed. Aranzadi, Pamplona, 2022.

investigados por estos delitos, y el recurso a técnicas de investigación especialmente invasivas. No obstante, hay que reconocer que, el anteproyecto aporta mejoras significativas, como la creación de la figura del responsable policial de custodia, la instauración del sistema de control consistente en el libro de registro y custodia de detenidos, y la regulación detallada de la forma de practicar el reconocimiento o la revisión médica. Todo ello supone una clara mejora de la situación preexistente y se adecuan a los estándares establecidos por la doctrina del TEDH y las recomendaciones del CPT (Comité de prevención de la tortura).

Continuando con esta relación «Crimen Organizado y globalización», otro delito de referencia es el de prostitución, pues su análisis, desde la perspectiva que nos ocupa, nos permite hacer un viaje por la respuesta penal (derecho sustantivo) al fenómeno de la criminalidad organizada, poniendo de relieve los problemas y obstáculos que encuentra[21]. En este sentido en nuestro derecho penal, la creación de nuevos delitos de organización criminal y de grupo criminal y la incorporación de tipos agravados de pertenencia a una organización criminal o a un grupo criminal en algunos delitos, han generado más problemas que ventajas. Y todo ello ha quedado patente en el delito de prostitución. Parte de la doctrina penal entiende todavía que existe una inadecuada respuesta al fenómeno de la criminalidad organizada con las categorías clásicas de autoría y participación, las cuales no están pensadas para la actuación de un grupo organizado, y a ello se une la sucesiva creación de múltiples figuras para valorar un mismo dato.

En relación al delito de prostitución nos podemos plantear cuatro problemas: en primer lugar, la dificultad para delimitar los conceptos de organización y grupo criminal, y estos a su vez, con el de asociación ilícita; en segundo lugar, considerando que los delitos de prostitución requieren para su comisión, en la mayoría de las ocasiones, la concurrencia de un grupo de sujetos con reparto de funciones, se cuestiona si en estos supuestos se han de aplicar las reglas generales de codelincuencia o si hay que apreciar el tipo agravado o incluso uno específico de pertenencia a una organización o a un grupo criminal; en tercer lugar, no está claro en qué casos son de aplicación los tipos agravados de pertenencia a delincuencia organizada del delito de prostitución y de explotación sexual y en cuáles los delitos de delincuencia organizada; y por último, al estar estrechamente vinculado el delito de prostitución forzada con el delito de trata de seres humanos, cuando su finalidad es la explotación sexual, se discute si en estos caso se

21. Para profundizar en esta cuestión *vid.* MARÍN DE ESPINOSA CEBALLOS, E. «La prostitución y criminalidad organizada», pp. 129-163 en GARRIDO CARRILLO, F. J. (director), *Respuesta institucional y normativa al crimen organizado. Perfiles estratégicos para una lucha eficaz,* Ed. Aranzadi, Pamplona, 2022.

deben apreciar dos tipos agravados —el de trata y el de prostitución— o solo es de aplicación un tipo agravado. En definitiva, sin perder de vista las exigencias de la Decisión Marco de 2008 a esta realidad criminal, se hace urgente y necesario modificar las definiciones que ahora recoge nuestro Código Penal de organización, grupo criminal y asociación ilícita.

Sirvan estas referencias para para destacar la importancia, las implicaciones, y la necesidad de incorporar este perfil y perspectiva en la lucha contra el crimen organizado, para que la misma sea eficaz, tenga capacidad de adaptación y pueda dar respuestas desde los valores y garantías de un Estado de Derecho.

2.2. INSTRUMENTOS Y ÓRGANOS ESPECIALIZADOS EN LA LUCHA CONTRA LA DELINCUENCIA ORGANIZADA

El segundo perfil estratégico se concreta en los instrumentos y órganos especializados en la lucha contra la delincuencia organizada, poniendo en valor los avances y profunda transformación, que ha sufrido la fiscalía y otros órganos en el desarrollo de sus capacidades para enfrentarse a este fenómeno criminal. Por lo que se refiere al papel de la Fiscalía tanto a nivel Europeo como nacional, hay que señalar como hace Jiménez-Villarejo de forma muy acertada que «*cualquier estrategia eficaz de lucha contra el crimen organizado, necesita, junto con la imprescindible arquitectura normativa sustantiva y procesal, que prevea tipos penales adecuados y nos proporcione herramientas eficaces de investigación en un entorno cambiante, de la creación y permanente remodelación, reforzamiento e impulso de estructuras institucionales, oficinas o unidades multidisciplinares, desde las que se pueda asegurar la aplicación de los instrumentos legales existentes contra la delincuencia organizada de la manera más eficaz*»[22].

Las políticas criminales y las estrategias de seguridad vienen poniendo el foco de atención en las autoridades policiales, en un claro desequilibrio con las autoridades judiciales y con la denominada dimensión judicial en la lucha contra la criminalidad organizada. No hay que olvidar que un enfoque integral de la lucha contra la corrupción y el crimen organizado[23] debe sustentarse en una combinación de medidas preventivas y represivas, lo que exige sistemas judiciales independientes (y un Ministerio Público también independiente), que garanticen con eficacia el cumplimiento de la

22. *Vid.* JIMÉNEZ-VILLAREJO FERNÁNDEZ, F. «La fiscalía ante el Crimen organizado...» *op. cit.* p. 171.
23. Informe de la Comisión de fecha 30 de septiembre de 2020 sobre la situación del estado de derecho en la UE. Documento COM (2020) 580 final.

legislación mediante investigaciones y juicios imparciales, con sanciones efectivas, proporcionadas y disuasorias, y con la recuperación de activos.

Hoy en día, sin duda alguna, el Fiscal tiene un protagonismo destacado[24] tanto en la recuperación de activos, como en la cooperación judicial internacional, razón por la cual esta Institución está llamada a desempeñar un papel central como oficina judicial especializada en la respuesta penal ante la criminalidad organizada. En este sentido, la Fiscalía Europea es ya un referente, aunque limita su ámbito de actuación a la investigación y acusación sólo por delitos que afecten a los intereses financieros de la Unión. Y es que, su estructura institucional integrada y sus procesos de toma de decisiones colegiados, son sin duda una importante ventaja en la lucha contra el crimen organizado. En este sentido, se debe de valorar y avanzar en la vía que abre el artículo 86.4 del TFUE, en el sentido de ampliar las competencias de la Fiscalía Europea con el objeto de incluir «*delitos graves que tengan una dimensión transfronteriza*».

2.3. LA NECESARIA E INELUDIBLE PERSPECTIVA DE LAS NUEVAS TECNOLOGÍAS

Llegados a este punto, no podemos escapar a la necesaria perspectiva de las nuevas tecnologías, como tercer perfil estratégico, en especial a la realidad de la inteligencia artificial y la necesaria protección de datos en esta batalla desigual, en la que el crimen organizado se adapta en tiempo real a los avances tecnológicos, modificando sus pautas de actuación y ocupando los espacios de impunidad, que la falta de regulación y de agilidad del legislador, le permite.

No cabe duda de que, la aplicación de la Inteligencia artificial (IA) en la justicia penal, pone de relieve los riesgos para un adecuado respeto de los derechos fundamentales, y es que el algoritmo puede constituir un instrumento de prevención y lucha contra el crimen organizado, pero al mismo tiempo ser un arma al servicio de la criminalidad. Mantiene la profesora FAGGIANI[25] que el carácter polifacético de la IA da lugar no solo a ventajas sino también a graves riesgos, en especial para los sectores más sensibles de la seguridad y la estabilidad de la democracia, por lo que, como afirma

24. En concreto en dos de los cuatro ejes de actuación señalados por la COM en su comunicación sobre la estrategia de la UE frente al Crimen organizado 2021-2025 (Documento de 14 de abril de 2021 COM (2021) 170 final.

25. FAGGIANI, V., «La lotta contra il crimine attraverso gli algoritmi: contraddizioni e profili di (om)constituzionalità dell'applicazione dell'IA allá giustizia penale», p. 249, en GARRIDO CARRILLO, F. J. (director), *Respuesta institucional y normativa al crimen organizado. Perfiles estratégicos para una lucha eficaz,* Ed. Aranzadi, Pamplona, 2022.

la Comisión Europea en el Libro Blanco de 2020, es necesario adoptar un enfoque antropocéntrico, ético, sostenible y respetuoso de los derechos y valores fundamentales.

El uso de la inteligencia artificial en la fase de investigación penal ha de llevarse a cabo desde el máximo respeto a los derechos fundamentales de sospechosos, acusados y víctimas, evitando discriminaciones y desviaciones indeseables o intrusivas en la vida privada y la intimidad personal, y evitando asimismo poner en riesgo la presunción de inocencia[26]. En el mismo sentido el uso de herramientas de IA, no pueden conllevar la delegación del Juez a la máquina a la hora de tomar decisiones sobre la posible reincidencia de un detenido, sobre las sanciones a adoptar, la posible aplicación de medidas alternativas o la suspensión condicional de la pena, puesto que se podría ver afectada la libertad personal del sujeto. Ahora bien, la inteligencia artificial ha venido para quedarse en todos los ámbitos de la sociedad actual y también en el judicial, por lo que es necesario afrontar este reto, desde el máximo respeto de los derechos y libertades fundamentales que se consagran en los Estados democráticos, por lo que se hace necesario intervenir desde la ley, promoviendo y propiciando una regulación armonizada entre los distintos Estados miembros, con uno mínimos indiscutibles, haciendo de la IA un recurso y una herramienta para una mejor respuesta judicial, pero sin que ello suponga la sustitución del juez ni la implementación de sistemas de riesgo para los derechos de los ciudadanos.

La Inteligencia Artificial es una oportunidad en la lucha contra la delincuencia organizada, pudiendo utilizarse en el marco de la Estrategia de la Unión Europea[27], en la prevención, investigación y prueba de la delincuencia organizada grave, que por su intensidad y amplitud puede llegar a socavar las propias bases del Estado de Derecho. Ahora bien, el uso de los sistemas de IA, conlleva responsabilidad, y la necesidad de respeto de los derechos y garantías básicos de los ciudadanos, por lo que ha de estar sujeto a límites[28], y en este aspecto la norma básica no es otra que El Reglamento

26. *Vid.* sobre esta cuestión DE HOYOS SANCHO, M. «Delincuencia organizada e Inteligencia Artificial. Estrategias y propuestas normativas en el contexto de la Unión Europea desde la perspectiva procesal», pp. 283-314, en GARRIDO CARRILLO, F. J. (director), *Respuesta institucional y normativa al crimen organizado. Perfiles estratégicos para una lucha eficaz,* Ed. Aranzadi, Pamplona, 2022.
27. *Vid.* Informe SOCTA 2021 sobre la amenaza de la Delincuencia Organizada y Grave en la Unión Europea (informe de 14 de abril de 2021).
28. En relación a los límites del uso de los sistemas de IA en la Unión Europea, se puede consultar mi trabajo GARRIDO CARRILLO, F. J., «Digitalización e Inteligencia Artificial en el control de los flujos migratorios. Oportunidades y riesgos desde el respeto

UE sobre Inteligencia Artificial, aprobado el pasado 13 de marzo de 2024 por la Eurocámara[29]. Y es que, el uso de estos sistemas, cuyo análisis también requiere la perspectiva procesal, tendrá una repercusión indiscutible en la efectividad de la cooperación transfronteriza en el ELSJ de la UE.

Y es que, «*los sistemas de IA pueden constituir una fuente de prueba y, eventualmente, ser aportados al proceso como medios de prueba*», asimismo toda esa ingente cantidad de información y datos sobre un gran número de individuos, y sobre usuarios concretos permite «*construir perfiles, segmentando por comportamientos y finalmente por individuos, de tal manera que, después de hacer un seguimiento acerca de cómo cada uno de ellos interactúa con esos dispositivos, es capaz de determinar, y por tanto de predecir, pautas de conducta o necesidades de una persona concreta*»[30]. Por consiguiente, el problema se encuentra en la utilización en el proceso penal de estos elementos cognoscitivos de gran impacto de tal manera que la denominada «*Eficiencia tecnológica*», «*acabe siendo un criterio autosuficiente sobre la fiabilidad de la prueba, reemplazando así el juicio humano y dejando prácticamente sin efecto la presunción de inocencia*», a lo que habría que añadir que también la igualdad de armas se vería afectada. Ante esta situación, hemos de decir y mantener con contundencia, como no puede ser de otra manera, que el uso de sistemas de IA en la fase de valoración de los medios de prueba no podrá reemplazar al juez-persona, por cuanto esta tarea de valoración libre, conjunta y racional de toda la prueba lícita practicada en la causa por el juez competente para el enjuiciamiento es un función estrictamente jurisdiccional e indelegable.

Por último, y en el marco de esta línea estratégica hemos de hacer referencia a la incidencia, en la cooperación penal internacional, de la Ley Orgánica 7/2021 de protección de datos personales en el proceso penal[31]. Esta Ley Orgánica traspone —tarde— la Directiva 2016/680 relativa a la protec-

---

a los derechos fundamentales», pp. 231-283. en ROMERO PRADAS, M. I. (directora), «*Últimos avances en el camino hacia un Derecho Procesal Civil de la Unión Europea*», Ed. Tirant lo Blanch, Valencia 2024.

29. El Reglamento del Parlamento Europeo y del Consejo por el que se establecen normas armonizadas en materia de inteligencia artificial (Ley de Inteligencia Artificial) y se modifican determinados actos legislativos de la Unión (COM (2021)0206-C9-0146/2021-2021/0106 (COD)), fue aprobado por la Eurocámara por 523 votos a favor, 46 en contra y 49 abstenciones.

30. DE HOYOS SANCHO, M. «Delincuencia organizada e Inteligencia Artificial. Estrategias y propuestas» ... *op. cit*. p. 293 y ss.

31. Sobre esta cuestión *Vid*. RODRÍGUEZ-MEDEL. C., «La incidencia en la cooperación penal internacional de la Ley Orgánica 7/2021 de protección de datos personales en el proceso penal», pp. 315-340, en GARRIDO CARRILLO, F. J. (director), *Respuesta institucional y normativa al crimen organizado. Perfiles estratégicos para una lucha eficaz*, Ed. Aranzadi, Pamplona, 2022.

ción de las personas físicas en lo que respecta al tratamiento de datos personales por parte de las autoridades competentes para fines de prevención, investigación, detección o enjuiciamiento de infracciones penales o de ejecución de sanciones penales, y a la libre circulación de dichos datos. Y hemos de recordar, que la petición y la prestación de cualquier auxilio judicial internacional penal por parte de las autoridades judiciales lleva consigo la cesión y el tratamiento de datos personales recabados con ocasión del proceso penal que requiere tal asistencia internacional, y por lo tanto la nueva regulación europea sobre la protección mínima de datos personales en el proceso penal incide de manera decisiva en esta materia, y esto lo hace desde dos frentes; por un lado, favoreciendo la libre circulación del dato dentro de la UE, y por otro lado concretando unas limitaciones y exigencias para que la transmisión de ese dato personal a un tercer Estado sea conforme a derecho. En definitiva, por una parte, se regula un alto nivel de protección nacional de los datos de carácter personal, y por otra, se facilita la libre circulación de esos datos entre las autoridades de la UE.

En este marco son múltiples las dudas y cuestiones que surgen para el operador jurídico nacional que necesite solicitar o prestar una asistencia judicial internacional con ocasión de un proceso penal. Y estas dudas no sólo surgen respecto de terceros países que no han adecuado su legislación a los dispuesto por la UE, o que el Estado Miembro tenga un nivel de protección más alto y garantista del dato personal que el fijado en la Directiva, sino también de aquellos otros con los que España tiene convenios vigentes, pero dichos convenios no contengan cláusulas de protección de datos personales que respeten el mínimo fijado en la normativa de la UE.

2.4. DECOMISO Y RECUPERACIÓN Y GESTIÓN DE ACTIVO ILÍCITOS

En el cuarto perfil estratégico hay que ocuparse del decomiso[32], y de las experiencias en la recuperación y gestión de activos derivados del crimen.

32. Para un análisis en mayor profundidad del decomiso *Vid.* GARRIDO CARRILLO, F. J., *El decomiso. Innovaciones, deficiencias y limitaciones en su regulación sustantiva y procesal*, Ed. Dykinson, 2019, Madrid: FARTO PIAY, T. *El Proceso de decomiso autónomo*, Ed. Tirant lo Blanch, Valencia 2021; RODRÍGUEZ GARCÍA, N. y BERDUGO GÓMEZ DE LA TORRE, I. (Coords.) *Decomiso y recuperación de activos crime doesn't pay,* Ed. Tirant lo Blanch, Valencia 2020; CARRILLO DEL TESO, A. E. *Decomiso y recuperación de activos en el sistema penal español,* Ed. Tirant lo Blanch, Valencia, 2018.; GARRIDO CARRILLO, F. J. «Cuestiones pendientes sobre el decomiso ocho años después. La propuesta de Directiva del Parlamento Europeo y del Consejo sobre recuperación y decomiso de activos», en la *Revista de Estudios Europeos,* n.º Extraordinario monográfico 1 (2023), pp. 311-348; GARRIDO CARRILLO, F. J. «Deficiencias y contradicciones del decomiso de terceros en la lucha contra el crimen organizado», p. 343-380, en

No es necesario insistir en que éste es el «talón de Aquiles» de las estructuras criminales: actuar sobre su capacidad económica y sus beneficios. Por lo tanto, estas experiencias de recuperación de activos derivados del delito, que supongan un avance en «*que el delito no resulte provechoso*»[33], son un elemento central en el diseño y articulación de cualquier política-criminal contra el crimen organizado.

Sobre el decomiso se ha escrito mucho[34], pero quisiera aprovechar estas páginas para dejar hechas algunas anotaciones en relación a la regulación española del decomiso de bienes de terceros en la lucha contra el crimen organizado, pues el mismo plantea, a mi parecer, graves deficiencias y contradicciones, habiendo ido el legislador español mucho más allá de lo establecido en la Directiva 2014/42/UE, que era una norma de «mínimos». En la transposición de la norma comunitaria al ordenamiento español, la LO 1/2015 de reforma del CP y la Ley 41/2015 de modificación de la Ley de Enjuiciamiento Criminal han desbordado con creces las previsiones del legislador europeo, articulando un proceso penal para la intervención de este tercero, en el que se ve afectado el sistema de derechos y garantías básicas en materia sancionadora propio de un Estado democrático y de derecho. En este sentido, por una parte, el legislador nacional no ha recogido la referencia explícita al tercero de buena fe que se hace en la Directiva, y por otra parte ha conformado un sistema con dos supuestos en los que se presume la falta de buena fe por parte del tercero, propiciando el decomiso

---

GARRIDO CARRILLO, F. J. (director) *Respuesta Institucional y normativa al Crimen Organizado. Perfiles estratégicos para una lucha eficaz*, GARRIDO CARRILLO, F. J. (director). Ed. Aranzadi, Navarra, 2022: RODRÍGUEZ GARCÍA, N., *El decomiso de activos*, Ed. Thomson Reuters Aranzadi, Cizur Menor (Navarra), 2017.

33. Comunicado de la Comisión al Parlamento Europeo y al Consejo, de 20 de noviembre de 2008, Productos de la delincuencia organizada: garantizar que «*el delito no resulte provechoso*», COM (2008) 766 final —no publicado en el Diario oficial—. Esta comunicación, que fijó el principio crimedoesn'tpay (que también ha recogido la jurisprudencia española —STS 501/2019, de 24 de octubre—), incide en que «Luchar eficazmente contra el delito significa golpear a los delincuentes donde más les duele. El decomiso y la recuperación de los productos del delito afectan a sus recursos y constituyen un capítulo esencial de la estrategia de la Unión Europea en materia de lucha contra el delito financiero. Se debería seguir trabajando para poner de relieve la importancia del decomiso como uno de los medios más eficaces para luchar contra la delincuencia organizada».

34. La jurisprudencia italiana definió al decomiso como un «caleidoscopio» de institutos, cada uno inscrito en un régimen diferente, fuertemente condicionado por la naturaleza específica del objeto sujeto a la medida. *Sezioni Unite della Cassazione* de 26 de junio de 2015, rel. Macchia. Vid. MANES, V., «L'ultimo imperativo della política criminale: nullum crimen sine confiscatione!», *Revista Brasileira de Ciências Criminais*, núm. 121, 2016, pp. 297-298.

de forma directa, sin que sea subsidiario de un decomiso directo, en una política de decomiso total.

Hay que destacar que la intervención del tercero afectado por el decomiso se ha regulado como una intervención provocada, sin que dicho tercero pueda instar su participación en el proceso, lo que es sorprendente por cuanto su participación es un derecho, y por lo tanto hay que concretar y amparar la necesidad de un llamamiento previo y la posibilidad de comparecer y alegar de dicho tercero. Y es que no hemos de olvidar que el tercero afectado, en cuanto ejercicio de su derecho de defensa, ha de participar en el debate procesal que pretende concretar la existencia de un hecho delictivo, incluso, si ello supone participar en el debate sobre la responsabilidad penal del investigado y acusado. Y en base a este mismo derecho de defensa, no es admisible su tratamiento como parte pasiva singular y limitada, lo cual se puede constatar en el tratamiento que se hace al tercero en condición de testigo, pues en dicha condición tendría el deber general de declarar en la causa —salvo que exista dispensa para declarar—, y no tendría derecho al silencio o a no declarar contra sí mismo.

En definitiva y aunque la situación actual de la regulación del decomiso de bienes de terceros supone un avance significativo, presenta deficiencias, pues la lucha contra el crimen organizado, y la búsqueda de la deseada eficacia en esta «guerra» no puede hacerse devaluando el estatus de tercero, que no cuenta con las mismas herramientas que el sospechoso y acusado en la defensa de sus intereses en el marco de un proceso penal sancionador.

La regulación del decomiso y su eficacia ha de ir unida al éxito en la gestión y recuperación de activos ilícitos, que en el caso de nuestro país es función que la Oficina de Recuperación y Gestión de activos (ORGA) desarrolla desde su creación, en cumplimiento de lo dispuesto en el Real Decreto 948/2015[35]. Esta oficina presta auxilio a la fiscalía, orientado a facilitar el embargo y decomiso de los bienes y derechos de los justiciables en el ámbito de competencia definido por los delitos contemplados en el art. 127 bis CP, referido al decomiso ampliado. La estructura de la oficina y la especialización y organización de su personal, en equipos multidisciplinares son elementos esenciales para alcanzar el éxito en las complejas operaciones para localizar y recuperar bienes en manos de las redes criminales, pues hay que tener en cuenta que la ORGA, tras el fracaso de los sistemas de prevención, se convierte en el último eslabón y en la última oportunidad para recuperar los bienes procedentes del delito y restaurar el derecho. A ello habría que

35. *Vid.* GARRIDO CARRILLO, F. J. «*Instrumentos en la lucha contra el crimen organizado. La Oficina de Recuperación y Gestión de Activos en España*», pp.107-124. Publicado en el número 34 (año 27), año 2020, de la *Revista Peruana de Ciencias Penales*, Lima (Perú).

añadir la función de la ORGA en relación al intercambio de información internacional, y de buenas prácticas en el marco de cooperación internacional, integrándose en distintas plataformas internacionales. Muestra de ello es la estrecha colaboración que mantiene la ORGA con otras redes internacionales de ORA's extracomunitarias, con las que también se posibilita el intercambio recíproco de información financiera y económica.

La ORGA tiene un valor añadido para el éxito del proceso penal, tanto en la investigación; con su participación en una fase preprocesal con las primeras actuaciones de auxilio al Ministerio Fiscal; como en el proceso mismo, aportando datos, informaciones y hallazgos, que pueden mejorar las expectativas de éxito. Y si la autoridad que dispone la encomienda así lo establece, la inteligencia obtenida en el transcurso de la investigación criminal vendrá a aportar nuevos elementos de utilidad para la indagación patrimonial. En definitiva, la ORGA está llamada a una participación activa en el proceso penal, tanto en fase de investigación como de ejecución penal, siendo dicha participación cualitativa, por cuanto ataca directamente los beneficios del crimen y del delito, siendo su especialización y estructura garantía de su eficacia.

Por último, en relación a la gestión y realización de activos ilícitos, es oportuno dirigir la mirada a lo que se está haciendo en otros territorios, y en especial por los vínculos que tenemos con ellos, con los países latinoamericanos. Podemos utilizar como ejemplo la aplicación en el Perú de la Ley N.º 30077, Ley contra el Crimen Organizado, en especial cuando esta involucra la actuación de personas jurídicas[36]. El esfuerzo que están llevando a cabo los países de América del Sur con actuaciones de incautación, embargos, acuerdos reparatorios, congelamiento de fondos, decomisos o extinción de dominio, con especial referencia a supuestos de criminalidad corporativa, merecen nuestra atención pues son innovadores e intentan dar respuesta a la corrupción y el lavado de activos derivados del crimen, en especial de la droga, que en toda América Latina tiene una dimensión extraordinaria.

2.5. EL CRIMEN CORPORATIVO

Por último, una quinta línea estratégica se ha de ocupar del crimen corporativo, pues este es un perfil que, como se acredita en la realidad, es cada vez más importante en la lucha contra la delincuencia organizada. Sirva

---

36. *Vid.* sobre la situación en Perú, NUÑOVEROS CISNEROS, L., «Mecanismos civiles y negociados de recuperación de activos de la Gran Corrupción en el Perú», pp. 343-364, en GARRIDO CARRILLO, F. J. (director), *Planificación, estrategias y medios en la lucha contra el Crimen organizado y en la recuperación de activos*, Ed. Aranzadi, Pamplona, 2023.

como ejemplo, que más del 60% de las redes delictivas en la UE están involucradas en actos de corrupción y más del 80% utilizan sociedades mercantiles legítimas para sus actividades, mientras que sólo se confisca el 1% de los activos de origen delictivo[37].

La implicación de las personas jurídicas en el crimen organizado y en el lavado de activos necesita de una atención específica, pues esta modalidad criminal tiene una extraordinaria capacidad de transformación y adaptación, imbricándose en el corazón de nuestro sistema económico, y por lo tanto requiere que el derecho sea dinámico y ágil, y que permita articular respuestas específicas y eficaces sobre estructuras jurídicas sólidas, que con el máximo respeto a nuestro sistema de derechos y garantías sean capaces de alcanzar los objetivos que se proponen, dando respuesta a los hechos concretos, pero también actuando sobre los *modus operandi*. En este ámbito hay que trabajar en el diseño de una política criminal, que encuentre sus fundamentos y apoyos tanto en el ámbito normativo como jurisprudencial, y que permita conformar un verdadero sistema de responsabilidad penal para las personas jurídicas, ampliando el número de delitos por los que cabe imputar a las corporaciones, y exigiendo también responsabilidad penal no solo a las personas jurídicas privadas, sino también a las personas jurídico-públicas.

Por otro lado, en este ámbito del crimen corporativo, es necesario un análisis desde el derecho comparado de los distintos modelos existentes de responsabilidad penal de la persona jurídica, distinguiendo ente el modelo de responsabilidad derivada, el modelo de responsabilidad autónoma u originaria, y el modelo mixto[38]. Y de la misma forma, también es necesario abrir un debate sobre las posibles penas a adoptar y la graduación de las mismas.

Por último, en el marco de este perfil estratégico relativo al crimen corporativo, merecen una atención específica los *compliance programs*, o modelos de organización, que se traducen a través de la instrumentación de los programas de cumplimiento y los sistemas de denuncia en la empresa, conocidos como *whistleblowing*. Los denominados «*compliance programs*», se han convertido en una especie de «estrella» de este firmamento, teniendo

37. *Vid.* Informe SOCTA 2021 sobre la amenaza de la Delincuencia Organizada y Grave en la Unión Europea, ver informe de 14 de abril de 2021.

38. De estos modelos se ocupa extraordinariamente José Daniel Cesano en su trabajo: CESANO, J. D. «Entre modelos y compromisos: La Ley de responsabilidad penal empresaria argentina (n.º 27.401). Consideraciones comparatistas y político criminales», pp. 449-481, en GARRIDO CARRILLO, F. J. (director) *Respuesta Instituciona y normativa al Crimen Organizado. Perfiles estratégicos para una lucha eficaz*. Ed. Aranzadi, Pamplona, 2022.

un papel central tanto en el ámbito de la prevención del crimen, como en el enjuiciamiento del delito, en especial por los efectos exonerantes de responsabilidad penal para las personas jurídicas, que dichos programas otorgan. En este sentido y concretamente en el *compliance* en materia fiscal, la «Norma UNE 19602 *Sistemas de gestión de compliance tributario. Requisitos con orientación para su uso*» otorga a la empresa mecanismos adecuados para detectar, corregir y minimizar sus riesgos tributarios, proporcionando modelos de aprendizaje y concienciación para evitarlos en un futuro. Así, en relación particularmente al delito fiscal las organizaciones podrían, por tanto, a la luz de la normativa comentada, eximir o atenuar su responsabilidad penal siempre y cuando adoptasen medidas encaminadas a detectar y prevenir la comisión de delitos contra la hacienda pública.

Como conclusión, estos perfiles estratégicos que hasta aquí hemos expuesto, son sólo un ejemplo de la importancia de una respuesta institucional y normativa para una lucha eficaz contra el crimen organizado. Pero como hemos dicho al principio, esta lucha no puede hacerse a costa de devaluar el sistema de derechos y garantías propios de un sistema de justicia penal de un estado democrático y de derecho que tanto ha costado conseguir. Este equilibrio entre eficacia, y derechos y garantías básicos de sospechosos y acusados, ha de ser un límite infranqueable tanto para el legislador como para cualquier política criminal.

Capítulo II

La oficina de recuperación y gestión de activos en España

1. NOTAS PREVIAS

La preocupación de la comunidad internacional por el crecimiento de la criminalidad organizada transfronteriza, así como por fenómenos como la corrupción ha tenido su correspondiente reflejo en la adopción de medidas esenciales adoptadas en instrumentos internacionales[39]. Muestra de ello, entre otras[40], tenemos la Convención de las Naciones Unidas contra la corrupción de 31 de octubre de 2003, que ya en su prefacio señala que «La corrupción es una plaga insidiosa que tiene un amplio espectro de consecuencias corrosivas para la sociedad. Socava la democracia y el Estado de Derecho, da pie a violaciones de los derechos humanos, distorsiona los mercados, menoscaba la calidad de vida y permite el florecimiento de la delincuencia organizada, el terrorismo y otras amenazas a la seguridad

39. Como señala RODRÍGUEZ GARCÍA, N. «*El decomiso de activos ilícitos*», Ed. Aranzadi, Navarra 2017, p. 28, «Ante un escenario de globalización de la economía se ha favorecido indirectamente una globalización de la delincuencia, que exige de los Estados una globalización de la respuesta penal»; Sobre la misma cuestión *Vid.* LEVI, M. (2012); «Crimes of globalization: some measurement issues», Joutsen M. (Ed); *New types of crime. Proceedings of the International Seminar held in connection With HEUNI's thirtieth anniversary Helsinki 20 October 2011*, Helsinki: European Institute for Crime Prevention and Control, pp. 107 y ss.
40. Entre la multiplicidad de medidas e instrumentos internacionales existentes podemos mencionar las siguientes; el artículo 5 del Convenio de Naciones Unidas firmado en Viena de 1988, contra el tráfico ilícito de estupefacientes y sustancias sicotrópicas, y junto a esta medida en la lucha contra la criminalidad organizada destacamos también el Convenio de las Naciones Unidas de 1961 sobre estupefacientes (art. 37); el Convenio de Viena de 21 de febrero de 1971, sobre psicotrópicos (art. 22.3); el Convenio para la represión de la financiación del Terrorismo hecho en Nueva York el 9 de diciembre de 1999; la Convención de la ONU sobre Delincuencia organizada transnacional de 15 de noviembre de 2000; y la Convención de las Naciones Unidas contra la corrupción de Nueva York, de 31 de octubre de 2003.

humana», dedicando dicha Convención internacional, su capítulo V (Arts. 51-59), a la recuperación de activos.

Por otro lado, desde instituciones como la Unión Europea, preocupada por la lucha contra las diferentes manifestaciones de la criminalidad organizada, se han adoptado medidas que vienen dando una gran relevancia a la localización, seguimiento, incautación y confiscación, no solo dentro de las fronteras de cada Estado, sino también en la dimensión transfronteriza del decomiso de bienes de origen delictivo. Sin duda alguna la lucha contra la delincuencia organizada y transfronteriza es, a día de hoy, una prioridad en Europa que se articula en tres líneas de intervención, el decomiso, el blanqueo de capitales y la recuperación de activos[41], siendo un elemento transversal en estas líneas de intervención, la lucha contra el beneficio económico de actividades delictivas. Pues como dice GONZÁLEZ CANO[42] «es en el ámbito transfronterizo en el que de manera más acusada se manifiestan las dificultades de lucha contra la ocultación de los beneficios y productos del delito»[43].

Incidiendo por lo tanto en el principio de «que el delito no resulte provechoso» y teniendo en cuenta que la criminalidad organizada existe y actúa, esencialmente, por ánimo de lucro[44], la Comisión de la Unión Euro-

41. *Vid.* GASCÓN INCHAUSTI, F., «Las nuevas herramientas procesales para articular la política criminal de decomiso total: La intervención en el proceso de terceros afectados por el decomiso y el proceso para decomiso autónomo de los bienes y productos del delito», *Revista General de Derecho Procesal,* 2016, núm. 38, p.1; GARRIDO CARRILLO, F. J., «Destrucción y realización anticipada de efectos judiciales», en *Estudios sobre el Código Penal Reformado (leyes Orgánicas 1/2015 y 2/2015),* MORILLAS CUEVA, L. (Director), Ed. Dykinson, 2015, pp. 975 y ss.
42. GONZÁLEZ CANO, M. I., *El decomiso como instrumento de la cooperación judicial en la Unión Europea y su incorporación al proceso penal español,* Ed. Tirant lo Blanch, Valencia, 2016, p. 15.
43. Estas actuaciones de ocultación de los beneficios y productos del delito, y de llevar a cabo acciones y actuaciones obstativas para la localización de dichos beneficios y productos, es ya algo inherente a la delincuencia organizada transnacional. *Vid.* GONZÁLEZ LÓPEZ, V., «Ejecución de resoluciones de decomiso», en VVAA (Coord. JIMENO BULNES), *La cooperación judicial civil y penal en el ámbito de la Unión Europea; instrumentos procesales,* Ed. Bosch, Barcelona 2007, p. 373. Toda esta situación ha dado lugar a que algún autor mantenga que se ha asentado una sensación de «ineficiencia procesal», *Vid.* DEL MORAL GARCÍA, A. «Justicia penal y corrupción. Análisis singularizado de la ineficiencia procesal», CASTRO MORENO., A, OTERO GONZÁLEZ, M. (Dirs.) *Prevención y tratamiento punitivo de la corrupción en la contratación pública y privada,* Ed. Dykinson, 2016, Madrid, p. 51 y ss.
44. Pues, como dice MARTÍN PALLÍN, J. A., «Blanqueo de dinero, secreto profesional y criminalidad organizada», en *Derecho y justicia penal en el Siglo XXI. Liber Amicorum en Homenaje al profesor Antonio González-Cuéllar García,* Madrid, 2006, p. 651, «el robo

pea resumía en un comunicado[45] la legislación puesta en marcha, subrayando específicamente que el decomiso y la recuperación de bienes de origen delictivo eran las herramientas más eficaces en la lucha contra estas expresiones criminales, puesto que reducían su influencia y generaban un efecto disuasorio. Del decomiso haremos las referencias necesarias, que nos permitan entender su centralidad en la lucha contra el crimen organizado, y su proyección y conexión con la recuperación y gestión de activos, por lo que en este trabajo me centraré en la importancia de contar con un sistema eficaz de recuperación y gestión de activos, que permita asfixiar económicamente a las organizaciones criminales mediante la expropiación de las ganancias proporcionadas por sus actividades delictivas.

Hay que tener en cuenta que, con la entrada en vigor del Tratado de Lisboa, las posibilidades de desarrollo de la legislación penal de la UE permitían que la integración normativa en este ámbito alcanzara un nivel superior, pues el artículo 83 TUE, en cuanto base jurídica explícita para la adopción de directivas en materia de derecho penal sustantivo, supuso un salto cualitativo en la materia que permitía garantizar la aplicación efectiva de las políticas de la UE. Asimismo en la conformación de una nueva Europa, el espacio de libertad, seguridad y justicia europeo (ELSJ) se convirtió en un elemento esencial en la actuación de la UE y en la profundización en la integración social y jurídica de los distintos Estados Miembros. Hay que recordar que los ámbitos de la libertad, la seguridad y la justicia son, para los ciudadanos europeos cuestiones de primer orden[46].

En este marco la UE convirtió en prioridad la lucha contra la delincuencia organizada en Europa, y entre otras medidas adoptó la Directiva

tradicional no es negocio» y «la gran expectativa del presente y del futuro es la criminalidad organizada» que produce excedentes suficientes «para corromper a los poderes políticos, a las empresas y a los grupos financieros».

45. Comunicado de la Comisión al Parlamento Europeo y al Consejo, de 20 de noviembre de 2008, Productos de la delincuencia organizada: garantizar que «el delito no resulte provechoso», (COM (2008) 766 final —no publicado en el Diario oficial—.

46. Y por ello son objeto de atención preferente del Consejo Europeo como se constató en las prioridades que estableció la UE en el programa plurianual para el período de 2010-2014 (Programa de Estocolmo) en relación al espacio de libertad, seguridad y justicia (Diario Oficial C-115, de 4 de mayo de 2010). Dicho Programa de Estocolmo ha sido sustituido por el Programa «Justicia» para el periodo 2014-2020 (Aprobado por el Reglamento UE n.º 1382/2013 del Parlamento Europeo y del Consejo de 17 de diciembre de 2013. DO L 354 de 28 de diciembre de 2013). cuyo objetivo general era «contribuir a seguir desarrollando un Espacio Europeo de Justicia, basado en el reconocimiento y la confianza mutuos, en particular mediante el fomento de la cooperación judicial en materia civil y penal» (art. 3). Este Reglamento fue derogado por el Reglamento (UE) 2021/693 del Parlamento Europeo y del Consejo de 28 de abril de 2021, por el que se establece el programa justicia para el periodo 2021-2027.

2014/42/UE del Parlamento Europeo y del Consejo de 3 de abril de 2014 sobre el embargo y el decomiso de los instrumentos y del producto del delito en la Unión Europea[47], consciente de que «entre los medios más eficaces en la lucha contra la delincuencia organizada se encuentran el establecimiento de consecuencias jurídicas graves por la comisión de tales delitos, así como la detección eficaz y el embargo y el decomiso de los instrumentos y del producto del delito»[48], aunque es la propia directiva la que después de reconocer que el decomiso es uno de los medios más eficaces, señala que sigue siendo un mecanismo «infrautilizado»[49]. En definitiva, se trataba de una directiva de «mínimos» que, en su adaptación, el legislador español ha rebasado con creces, desbordando las previsiones que se encontraba obligado a adaptar, lo que ha planteado distintas dificultades tanto desde la perspectiva penal como procesal[50].

2. LA OFICINA DE RECUPERACIÓN Y GESTIÓN DE ACTIVOS

2.1. ANTECEDENTES

En la realización de los efectos judiciales y en la determinación del decomiso tiene un papel central las denominadas «Oficinas de Recuperación y Gestión de Activos». Estas surgieron en el marco de la lucha contra las organizaciones criminales, y bajo el principio de que «el delito no resulte provechoso» con el objeto, como señalaba JIMÉNEZ-VILLAREJO FERNÁNDEZ, de «dar respuesta a la necesidad de un órgano instrumental, centralizado y especializado, que tenga funciones de policía judicial y que, en relación principalmente con procedimientos e investigaciones de delincuencia organizada, auxilie a las Fiscalías y órganos judiciales en la localización de activos, la siempre ingrata administración y gestión de los activos incautados durante la tramitación de los procedimientos judiciales en relación con actividades delictivas cometidas en el marco de una organización criminal y la realización final de activos incautados»[51]. El origen de estas nuevas oficinas de recuperación de activos que se incorporan a nuestra legislación en el año 2010, hay que buscarlo en la Decisión 2007/845/JAI del Consejo, de 6 de diciembre de 2007 sobre cooperación entre los organismos

47. DOUE de 29 de abril de 2014, L-127, 39-50.
48. Considerando n.º 3 Directiva 2014/42/UE.
49. Así lo recoge expresamente en el considerando 4.
50. Estas dificultades y problemas los anticipaba ya VERVAELE, J., en su trabajo «Las sanciones de confiscación: ¿Un intruso en Derecho Penal?», *Revista Penal*, 1998, n.º 2, p. 68.; *Vid.* también sobre el tema GARRIDO CARRILLO, F. J. *Deficiencias y contradicciones del decomiso …. Op. Cit.* pp.343-380.
51. JIMÉNEZ-VILLAREJO FERNÁNDEZ, F. «Novedades Legislativas en materia de decomiso y recuperación de activos», *Revista de Derecho Penal n.º 34, 2011, p. 115.*

de recuperación de activos de los Estados Miembros en el ámbito del seguimiento y la identificación de productos del delito o de otros bienes relacionados con el delito[52].

Por otro lado La Directiva 2014/42/UE sobre el embargo y el decomiso de los instrumentos y del producto del delito en la Unión Europea, en su artículo 10 insta a los distintos Estados miembros a adoptar las medidas necesarias, como por ejemplo la creación de oficinas nacionales centrales, «con objeto de garantizar las administración adecuada de los bienes embargados preventivamente con miras a su posible decomiso», con ello, como señala el legislador, «se pretende optimizar la prevención y la lucha contra la delincuencia organizada transfronteriza, neutralizando el producto del delito, pues se entiende que la principal motivación de esta forma de delincuencia es la obtención de beneficios financieros»[53]. Y la mencionada Directiva, junto con la normativa de transposición, LO 1/2015, y Ley 41/2015[54] nos configuran el marco legal de la Oficina de Recuperación y Gestión de Activos, prevista en el artículo 367 *septies* de la LECr. (en la nueva redacción dada al mismo por la LO 1/2015), y en la Disposición Adicional Sexta de la LECr. (introducida por la Ley 41/2015 de reforma de la LECr.), y posteriormente desarrollado reglamentariamente en el Real Decreto 948/2015 de 23 de octubre por el que se regula la mencionada Oficina de Recuperación y

52. La Decisión 2007/845/JAI del Consejo de 6 de diciembre de 2007, recogía en su artículo primero que «Cada Estado miembro creará o designará un organismo nacional de recuperación de activos a fin de facilitar el seguimiento y la identificación de los productos de actividades delictivas y otros bienes relacionados con el delito que puedan ser objeto de una orden de embargo preventivo, incautación o decomiso dictada por una autoridad judicial competente en el curso de un proceso penal, o, en la medida que lo permita el Derecho Nacional del Estado miembro afectado, de un proceso civil». A su vez, el antecedente a esta norma de la Unión Europea es la Red informal creada en la Haya los días 22 y 23 de septiembre de 2004, por Austria, Bélgica, Alemania, Irlanda, los Países Bajos y el Reino Unido, Red (CARIN) —Camden Assets Recovery Inter-Agency Network—, que conformó una red global de profesionales y especialistas de los servicios policiales y judiciales en materia de decomiso y recuperación de activos, cuyo objetivo es trabajar y profundizar en el conocimiento común de métodos y técnicas aplicables a la identificación, embargo, incautación y decomiso transfronterizo de productos procedentes del delito y de otros bienes relacionados con el mismo.

53. *Vid*. Exposición de motivos, parágrafo I, *in fine*, del RD 948/2015 de 23 de octubre, por el que regula la Oficina de Recuperación y Gestión de Activos.

54. La Directiva estableció un plazo de transposición que finalizaba el 4 de octubre de 2016, por lo que en esta ocasión el Estado español se anticipó en dicha transposición, que realizaría por la LO 1/2015 de 30 de marzo de reforma del CP, y por la Ley 41/2015 de 5 de octubre de modificación de la LECr., con un año de antelación a la finalización del proceso de transposición.

Gestión de Activos[55]. Por último, este Real Decreto 948/2015[56] fue modificado posteriormente por el Real Decreto 93/2018, de 2 de marzo.

2.2. NATURALEZA Y ESTRUCTURA

Atendiendo a la normativa reguladora, la Oficina de Recuperación y Gestión de Activos (en adelante ORGA), se define como «el órgano administrativo al que corresponden las funciones[57] de localización[58], recupera-

55. El Real Decreto 948/2015 fue modificado posteriormente por el Real Decreto número 93/2018 de 2 de marzo, y a este desarrollo Reglamentario hay que añadir el Plan de Acción aprobado el 10 de febrero de 2016, que ha sido complementado con la Orden JUS/188/2016 de 18 de febrero del Ministerio de Justicia por la que se determina el ámbito de actuación y la entrada en funcionamiento operativo de la oficina de Recuperación y Gestión de Activos y la apertura de su cuenta de depósitos y consignaciones (BOE núm. 44 de 20 de febrero de 2016), así como por la Resolución de la Secretaria de Estado de Justicia, de 16 de septiembre de 2016, por la que se desarrolla el procedimiento de gestión de activos por la Oficina de Recuperación y Gestión de Activos y su régimen económico, y por último la Resolución de 5 de abril de 2018 de la Secretaría de Estado de Justicia por la que se publica el Convenio con el Consejo General del Poder Judicial en materia de colaboración y apoyo al funcionamiento de la Oficina de Recuperación y Gestión de Activos.
56. Publicado en el BOE de 13 de marzo de 2018, y que afectó a los artículos 1,3,5,6,9 y 11 a 13, se añadió el capítulo VI y la disposición Adicional tercera. El objetivo de reforma es «configurar el marco normativo de la actuación de la oficina adecuándolo a los principios de seguridad jurídica, transparencia, eficacia y eficiencia, pues al tratarse la Oficina de un órgano de la administración General del Estado de nueva creación y con la peculiaridad de ser auxiliar de la administración de justicia, surge la necesidad de desarrollar su régimen de funcionamiento regulando los procedimientos que seguirá la Oficina para el desarrollo de la función de gestión de los bienes encomendados por la autoridad judicial» (Parágrafo II del preámbulo de RD 93/2018 de 2 de marzo), puesto que no existía una regulación de los procedimientos de gestión de activos por la Oficina con el rango normativo adecuado para surtir efectos jurídicos frente a terceros.
57. Dejemos dicho en este momento, que ya no se puede predicar el carácter de policía judicial de la oficina de Recuperación y gestión de activos, por cuanto que la reforma legal operada por la LO 1/2015 en el artículo 367 *septies* LECr., suprimió la mención a este carácter de policía judicial, sustituyendo el párrafo entonces vigente, por el actual párrafo segundo que señala que «La organización y funcionamiento de dicha oficia se regularán reglamentariamente». Por otra parte, esto no ha de extrañar por cuanto que dicha oficina opera fuera del ámbito de la Fiscalía y del órgano jurisdiccional, estando adscrita al Ministerio de justicia y desarrollándose su estructura, organización y funcionamiento en el RD 948/2015. Sobre esta cuestión, CORRAL ESCARIZ mantiene que la concepción inicial de la ORA integrada en la Policía Judicial fue extraña por encuadrarse extramuros de Fuerzas y Cuerpos de Seguridad, aunque para él no supone inconveniente habida cuenta de la redacción del art. 238 LECr. que continúa considerando como tales a figuras como el alcalde. *Vid.* CORRAL ESCARIZ, V., Capítulo VI: Las oficinas de recuperación de activos como instrumento de lucha contra el crimen organizado y la corrupción en *Corrupción y delito: Aspectos de derecho penal español y desde la perspectiva comparada*, Dykinson, Madrid, 2017, p. 171.

ción, conservación, administración y realización de efectos procedentes de actividades delictivas en los términos previstos en la legislación penal y procesal» (DA Sexta apartado 1 LECr.). Pudiendo solicitar la ORGA la realización anticipada; ser uno de los destinatarios del producto de la realización; y solicitar al juez la utilización provisional de los efectos cautelarmente decomisados y las medidas de conservación a adoptar, sobre las que debe informar al Juez y al Ministerio Fiscal. Por lo tanto, la naturaleza de la ORGA es administrativa configurándose como un «órgano de la administración General del Estado y auxiliar de la Administración de Justicia» (Art. 1 RD 948/2015)[59].

La Oficina actuará, bien por encomienda del juez o Tribunal, o de oficio, o a instancia del ministerio fiscal o de la propia oficina, habiéndose incorporado un segundo párrafo al art. 1 del RD 948/2015 (por la modificación operada por RD 93/2018), que *in fine,* señala que «en fase de ejecución de sentencia su actuación podrá ser a instancia del Letrado de la Administración de Justicia».

Por lo que se refiere a la estructura de la Oficina de Recuperación y Gestión de Activos (capítulo II del RD 948/2015)[60] la misma tendrá rango de Dirección General y dependerá del Ministerio de Justicia estando ads-

58. En el ámbito de la localización de bienes tengamos en cuenta la Disposición Adicional tercera que se añade al RD 948/2015 por el artículo único 10 del Real Decreto 93/2018 de 2 de marzo, que se ocupa de la colaboración en el ámbito de la localización de bienes, y en la que se establece en su apartado 1 que el CITCO a través de los canales policiales internacionales realizará el intercambio de información policial internacional relacionada con la localización de bienes. En su segundo apartado señala que la ORGA realizará «el intercambio de información pasivo proveniente de otras oficinas, instituciones u organismos judiciales o multidisciplinares cuyo único fin sea el embargo o decomiso en el marco de un procedimiento penal. Así mismo, en cumplimiento de las encomiendas judiciales y del Ministerio Fiscal recibidas podrá dirigirse para el intercambio de información activo a cualquier oficia o institución que tenga competencias en la materia independientemente de su naturaleza». Y en el tercer punto concreta que la ORGA y el CITCO intercambiaran las informaciones que fueran necesarias a fin de evitar duplicidades o pérdidas de eficiencia, prestándose mutua colaboración en la materia, en el marco de la normativa de protección de datos de carácter personal.
59. Por tanto, está en la línea del informe del Pleno del CGPJ que entendía que «es un acierto» que la oficina dependa orgánicamente del Ministerio de Justicia, pero funcionalmente actúe bajo la autoridad judicial. Entendía el CGPJ que su adscripción a Justicia, y no a otras Administraciones como el Ministerio del Interior, es un acierto y responde a criterios de «racionalidad y eficiencia».
60. Por lo que se refiere a la estructura y funciones de la ORGA *Vid.* VALLÉS CAUSADA, L., La oficina de recuperación y gestión de activos en la escena nacional e internacional. ¿cómo hacer efectivos el embargo y el decomiso? en *Criminalidad en un mundo global: Criminalidad de empresa, transnacional, organizada y recuperación de activos,* Tirant Lo Blanch, Valencia, 2020, pp. 470-473.

crita a la Secretaria de Estado de Justicia (Art. 4 RD 948/2015). Contará con un Director General que será nombrado y separado por real decreto del Consejo de Ministros, a propuesta del Ministerio de Justicia, que, entre otras funciones, tendrá; la de representar a la Oficina, dirigir su actividad, planificar su actuación y aprobar un plan de acción con el ámbito temporal que se determine (art. 5 RD 948/2015). Hay que mencionar que en 2018 se incorporó al referido artículo 5 del Real decreto la función para el Director General de «k) Resolver sobre la adjudicación de bienes, como resultado de su realización y sobre la adjudicación del uso provisional de bienes intervenidos o embargados judicialmente», previendo en coherencia un nuevo apartado 4 para este artículo 5, en el que se recoge que las resoluciones dictadas por el Director General de la ORGA a las que se refiere el mencionado apartado k), en materia de adjudicación de bienes como resultado de su realización, pondrán fin a la vía administrativa[61].

La Oficina se estructura internamente en dos Subdirecciones Generales, la subdirección general de localización y recuperación de bienes, y la subdirección general de conservación, administración y realización de bienes (art. 6 RD 948/2015)[62].

Por lo que se refiere a la subdirección general de localización y recuperación de bienes, hay que señalar, que, también se ha visto actualizada con la reforma legal de 2018,y así ha el artículo 6 en la redacción anterior especificaba que «...para el desarrollo de esta función, el personal de la Oficina de Recuperación y Gestión de Activos actuará de manera coordinada con las unidades centrales de las Fuerzas...», y actualmente la nueva redacción concreta que «En el ejercicio de esas funciones y dentro del marco de la encomienda judicial o del Ministerio Fiscal, se coordinará con las Fuerzas...»[63], incorporando a su vez un tercer párrafo en art. 6.1.a), por el que

61. Modificaciones incorporadas por el RD 93/2018.

62. Es gran importancia señalar que el art. 8 del RD 948/2015 crea la Comisión de Adjudicación de bienes producto del delito como órgano colegiado adscrito orgánicamente al Ministerio de Justicia a través de la Secretaria de Justicia, al que corresponde las funciones de distribución de los recursos económicos obtenidos por la Oficina, en los términos del artículo 15, es decir la distribución de los recursos de los beneficiarios tendrá lugar mediante acuerdo de la Comisión en el marco de los criterios que serán definidos anualmente mediante Acuerdo del Consejo de Ministros.

63. Tengamos en cuenta que en el ámbito nacional, además del acceso a las bases de datos de las fuerzas de seguridad presentes en la Oficina, como la Policía Nacional y la Guardia Civil, los analistas pueden recabar y analizar datos del Punto Neutro Judicial (bases de datos ofrecidas por el Consejo General del Poder Judicial), Agencia Tributaria, Seguridad Social, Registros de bienes muebles, inmuebles y mercantil, OCP-Notariado y protocolos notariales, Catastro, Dirección General de Tráfico, Fichero de

corresponde a esta Subdirección General el «intercambio patrimonial con oficinas análogas en el ámbito internacional». En nuestra opinión esta modificación supone una mejora del texto pues establece con claridad que la actuación de la oficina ha de darse en el «marco de la encomienda judicial o del ministerio Fiscal».

Por otro lado, se reconoce y asigna a la ORGA el intercambio de información patrimonial con oficinas análogas de otros países (previsión recogida en el art. 12 RD y plenamente ejercitada por la ORGA[64] por estar incluida entre los organismos regulados en la Ley 31/2010, de 27 de julio, sobre simplificación del intercambio de información e inteligencia entre los servicios de seguridad de los Estados miembros de la Unión Europea[65], así como lo que dispongan los acuerdos y tratados internacionales respecto de los terceros países)[66]. Esta previsión, junto al intercambio de buenas prácticas ha permitido que la ORGA complete su cooperación internacional y en este sentido hay que destacar las magníficas relaciones que con los distintos países mantiene a través de la Plataforma ARO[67], la Red de Recuperación de Activos del Grupo de Acción Financiera GAFILAT[68], la red *Camden Asset Reovery Inter-Agency* (CARIN)[69], en la que la ORGA se ha integrado

Titularidades Financieras, Fichero de Titularidades Reales, sector bancario y crediticio, sector asegurador, SEPBLAC (unidad española de inteligencia financiera), registros de embarcaciones y aeronaves, etc. Igualmente, se explotan las bases de datos ofrecidas por los diferentes organismos de la Unión Europea, actualmente en un periodo de desarrollo y amplia expansión.

64. *Vid.* art. 2.2 de la Decisión 2007/845/JAI: «Los Estados miembros garantizarán que dicha cooperación no se vea afectada por el estatuto de los organismos de recuperación de activos con arreglo al Derecho nacional, independientemente de que formen parte de una autoridad administrativa, policial o judicial».
65. *Vid.* lo dispuesto en el art. 3.1 de la Decisión 2007/845/JAI.
66. Y además de ello se coordina con el CITCO, como dispone la Disposición Adicional Tercera del RD 948/2015, pues el intercambio de información y buenas prácticas, en la medida en que supone poner en marcha actuaciones de cooperación internacional es una actividad compartida con el CITCO del Ministerio del Interior como oficina de recuperación en activos en el ámbito estrictamente policial.
67. En su acrónimo inglés, *Asset Recovery Office* u Oficina de Recuperación de Activos, que agrupa a veintisiete países miembros de la UE a través del sistema de comunicaciones telemáticas seguras SIENA de EUROPOL.
68. RRAG – América Central y del Sur, que cuenta con una plataforma de comunicaciones seguras para el intercambio de información.
    El GAFILAT es un grupo regional dedicado a la prevención y al combate del lavado de activos y financiamiento del terrorismo. Véanse los sitios web https://www.gafilat.org/index.php/es/ y https://www.fatf-gafi.org/
69. En proceso de ampliación y que agrupa en la actualidad a expertos de cincuenta y ocho jurisdicciones.

en su dirección, o la red subsidiaria de la anterior ARIN-CARIB[70] (para intercambio de información con los países del Caribe), y otras redes regionales ARIN[71], y el Programa Europa Latinoamérica de asistencia contra el crimen organizado (PacCto)[72]. En cuanto a las redes judiciales, se mantiene contractos a través de la RJUE, COMJIB, IberRed (Red iberoamericana de cooperación jurídica internacional), EUROJUST[73], etc.

Hay que hacer constar que la ORGA ha mejorado extraordinariamente sus capacidades y competencias en la elaboración de informes de patrimonio nominal, tanto en el ámbito nacional como en el internacional, pero es en la aportación de indicios para el posible levantamiento del velo sobre el patrimonio no nominal o real donde de forma más sensible la ORGA, en coordinación con las unidades de investigación criminal, contribuye al cumplimiento de las misiones encomendadas, ya que se logra identificar aquellos bienes, también en la escena internacional, que han sido objeto de ocultación, de blanqueo de capitales, alzamiento, interposición de testaferros y sociedades instrumentales, empleo de paraísos fiscales, colocado en estructuras opacas o fiduciarias, etc.

Como señala VALLÉS CAUSADA[74], «los equipos multidisciplinares compuestos por funcionarios y analistas de la Subdirección General de Localización y Recuperación de Bienes (SGLR), previa recepción de una encomienda u orden de los jueces o fiscales, y siempre bajo su control y mandato expreso, elaboran completos informes de investigación patrimonial orientados a facilitar el embargo o decomiso. Estas investigaciones se realizan a partir de los datos obtenidos procedentes de una amplia variedad de fuentes cuyo acceso no esté restringido por la Ley o conservados en aquellas otras de carácter restringido cuyo conocimiento conlleve alguna

70. La ORGA participa en ARIN-CARIB (jurisdicciones del Caribe) con estatus de observador.
71. Hasta un total de 7.
72. *Vid.* VALLÉS CAUSADA, L., La oficina de recuperación y gestión de activos en la escena nacional e internacional. ¿cómo hacer efectivos el embargo y el decomiso? en Criminalidad en un mundo global: Criminalidad de empresa, transnacional, organizada y recuperación de activos, Tirant Lo Blanch, Valencia, 2020, pp. 476-477 y Memoria de la ORGA del ejercicio 2017. Se puede consultar en la siguiente URL: https://www.mjusticia.gob.es/es/AreaTematica/OficinaRecuperacion/Documents/1292430615184-Memoria_2017.PDF. Consultada el 6 de abril de 2024.
73. La Directora General de Seguridad Jurídica y Fe Pública forma parte del Sistema Nacional de Coordinación de EUROJUST y el Subdirector General de Localización y Recuperación de Activos es punto de contacto de la RJUE e IberRed.
74. VALLÉS CAUSADA, L. M. «Experiencia en la recuperación y gestión de activos en España» en *Respuesta institucional y normativa al crimen organizado. Perfiles estratégicos para una lucha eficaz,* GARRIDO CARRILLO F. J. (director), Ed. Aranzadi 2021, pp. 390-391.

limitación de derechos y que, por tanto, precisen de un mandato expreso del órgano auxiliado»[75].

Respecto de las funciones de la segunda subdirección general de conservación, administración y realización de bienes, el texto original también se ha visto afectado por la reforma de 2018. En este este sentido hay que destacar que el art. 6.1.b) RD 948/2015 dispone que la «Oficina podrá gestionar los bienes de cualquiera de las formas previstas en la legislación aplicable a las Administraciones Públicas, sin perjuicio de la sujeción a otra normativa que resultara aplicable»[76]. Y por otro lado el nuevo apartado 3.º del art. 6.1.b) del mismo texto legal, se ocupa de la realización de los bienes, que comprenderá la actividad tendente a la venta de los bienes, efectos, ganancias e instrumentos, cuya gestión se haya encomendado judicialmente a la Oficina de Recuperación y Gestión de Activos, tras el decomiso de los mismos. En este mismo precepto se incorpora *ex novo* que «por encomienda del órgano judicial, le corresponderá la realización de los bienes decomisados adjudicados al Estado, salvo que se hayan inscrito a nombre del Estado en el correspondiente Registro de la Propiedad o Registro de bienes Muebles», y por último, mantiene la regulación actual, que corres-

75. Si la formación de un Catálogo Nominal de Bienes no precisa de mayores actuaciones que las de descargar los datos desde sus fuentes, que en España pueden accederse en su gran mayoría de forma telemática (el sistema de gestión de casos ARGO cuenta con una aplicación de integración de datos, bien proveídos automáticamente a través de la plataforma de intermediación de datos, bien mediante su carga en formato XML (buena parte de los organismos que facilitan datos en esta segunda modalidad están actualmente evolucionado hacia a la primera mediante la implementación de las tecnologías más modernas), lo que permite la formación del Catálogo Nominal de Bienes en tiempo muy breve) y reunirlos ordenadamente en el correspondiente informe, en caso de que sea necesario desvelar la titularidad real de los bienes mediante una investigación patrimonial propiamente dicha, sí es necesaria la actuación conjunta y coordinada del personal especializado de la ORGA con las unidades de investigación criminal de la Policía Nacional, Guardia Civil, Agencia Tributaria, Dirección Adjunta de Vigilancia Aduanera, policías autonómicas, etc.
Es necesario aclarar que, cuando se encomienda una investigación patrimonial a la Oficina, no siempre hay una unidad de la policía judicial designada (o incluso no quedan autorizados la cooperación o el intercambio de información con la que sí esté designada) y, particularmente, en los casos instados desde el extranjero. Respecto de esto último, las informaciones contenidas en los expedientes de intercambio de información o la que llega con las OEI (Órdenes Europeas de Investigación) o los procedimientos de cooperación jurídica internacional devienen en una sustanciosa fuente de inteligencia criminal que puede propiciar el conocimiento de sensibles fenómenos delictivos que, por afectar a la seguridad nacional, requieran la más inmediata intervención de los poderes públicos.

76. En la redacción original el art. 6.1.b) del RD 948/2015 hacía referencia a que «la función de administración se regirá por la normativa en materia de contratación pública y patrimonial...».

ponde a esta Subdirección General, la venta anticipada de bienes embargados cuando ésta haya sido autorizada judicialmente, aunque ahora el texto legal habla de «bienes intervenidos o embargados».

2.3. FUNCIONES

Por lo que se refiere a las funciones de la ORGA, ya hemos señalado que las mismas son las de «localización, recuperación, conservación, administración y realización de efectos procedentes de actividades delictivas en los términos previstos en la legislación penal y procesal»[77], pudiendo recabar, cuando sea necesario la colaboración de cualesquiera entidades públicas y privadas, que estarán obligadas a prestarla de conformidad con su normativa específica (DA 6.ª LECr.)[78].

---

77. Anotar que el artículo 1 del RD 948/2015, dedicado al objeto y naturaleza de la ORGA, no habla de funciones sino de «competencias» de localización, recuperación, conservación, administración y realización de los efectos, bienes, instrumentos y ganancias procedentes de actividades delictivas «cometidas en el marco de una organización criminal, y de cualesquiera otras que se le atribuyan, en los términos previstos en la legislación penal y procesal».

78. Podemos destacar entre otros convenios los siguientes: Resolución de 5 de abril de 2018, de la Secretaría de Estado de Justicia, por la que se publica el convenio con el Consejo General del Poder Judicial, en materia de colaboración y apoyo al funcionamiento de la Oficina de Recuperación y Gestión de Activos. BOE núm. 90, de 13 de abril de 2018; Resolución de 7 de octubre de 2020, de la Subsecretaría, por la que se publica el Convenio entre la Administración de Justicia y la Agencia Estatal de Administración Tributaria, en materia de cesión de información y para la cooperación de vigilancia aduanera. BOE núm. 274, de 16 de octubre 2020; Resolución de 13 de junio de 2019, de la Secretaría de Estado de Justicia, por la que se publica la adenda de prórroga y modificación al convenio con el Consejo General del Notariado, en materia de acceso a la información notarial por parte de la Oficina de Recuperación y Gestión de Activos. BOE núm. 148 de 21 de junio de 2019; y Resolución de 19 de abril de 2017, de la Secretaría de Estado de Justicia, por la que se publica el convenio de colaboración con el Ilustre Colegio de Registradores de la Propiedad, Mercantiles y Bienes Muebles de España en materia de acceso a la información registral por parte de la Oficina de Recuperación y Gestión de Activos. BOE núm. 101, de 28 de abril de 2017; Resolución de 5 de abril de 2018, de la Secretaría de Estado de Justicia, por la que se publica el Convenio con la Unión Española de Entidades Aseguradoras y Reaseguradoras, en materia de información de seguros implicada en investigaciones o decisiones judiciales. BOE núm. núm. 90, de 13 de abril de 2018.
Así mismo, también ha suscrito con la ORGA convenios con entidades privadas y en este sentido ha suscrito una licencia de acceso a las bases de datos de información societaria de la plataforma AXESOR, con las que completa la información procedente de fuentes abiertas o restringidas de instituciones públicas, tal y como se informa en su Memoria del ejercicio 2017.

La previsión realizada en la LECr. sobre las funciones de la ORGA es recogida y ampliada por el artículo 3 del RD 948/2015, atribuyéndole en concreto:

- Además de la localización y recuperación de efectos, bienes, instrumentos y ganancias procedentes de actividades delictivas, también les atribuye su conservación, administración y realización[79].
- Asimismo le corresponde resolver, conforme a las previsiones legales y reglamentarias, sobre la adjudicación del uso de los efectos embargados cautelarmente y sobre las medidas de conservación que deban ser adoptadas.
- Y, por último, se señala como función esencial, el asesoramiento técnico a los juzgados, tribunales y fiscalías, que lo soliciten en materia de ejecución de embargos y decomisos, a los efectos de evitar actuaciones antieconómicas y garantizar, dentro del respeto a la ley y con el cumplimiento de todas las garantías procesales, el máximo beneficio económico.

Por lo que se refiere a la gestión de los recursos, se distingue cuando se encomienden a la ORGA con anterioridad a que se dicte resolución judicial firme de decomiso, o cuando esta encomienda se hace una vez ha recaído dicha resolución[80]. En el primer caso, si se encomiendan los recursos con «anterioridad a que se dicte resolución judicial firme de decomiso se podrán gestionar a través de la cuenta de depósitos y consignaciones judiciales cuando se trate del dinero resultante del embargo o la realización anticipada de los efectos. Para los restantes bienes, en atención a las circunstancias, la Oficina podrá gestionarlos de cualquiera de las formas previstas en la legislación aplicable a las Administraciones Públicas» (art. 13.1 RD 948/2015). Los intereses del dinero y los rendimientos y frutos de los bienes se destinarán a satisfacer los costes de gestión, incluyendo los que correspondan a la Oficina; la cantidad restante se conservará a resultas de lo que se disponga mediante resolución judicial firme de decomiso.

---

79. El art. 3.1 del RD 948/2015 *in fine*, establece que «no corresponderá a la Oficina, la localización gestión de bienes cuyo único fin sea el pago de una pena de multa».
En relación a las labores de investigación TARAZONA LAFARGA, señala que *«la ORGA realiza una investigación patrimonial en profundidad, de allí la complejidad de su actuación, que no se limita a titularidades reales, sino a aflorar cualquier indicio patrimonial que en el análisis del caso se pueda detectar». Vid.* TARAZONA LAFARGA, I., 11. El funcionamiento en España de la Oficina de Recuperación y Gestión de Activos (ORGA), *Los avances del espacio de Libertad, Seguridad y Justicia de la UE en 2017: II Anuario ReDPE*, Wolters Kluwer, Las Rozas, 2018, p. 5.

80. Dicha distinción se recoge en la DA sexta apartado 2 de la LECr.

En el segundo supuesto, si ha recaído ya resolución judicial firme de decomiso, los recursos obtenidos serán objeto de realización y la cantidad obtenida se aplicará en la forma prevista en el artículo 367 *quinquies* de la LECr. (art. 13.2 RD 948/2015). La cantidad restante, así como el producto obtenido por la gestión de los bienes durante el proceso, se transferirá al tesoro como ingreso de derecho público, del que, una vez deducidos los gastos de funcionamiento y gestión de la Oficina de Recuperación y Gestión de Activos, dotados en el Presupuesto del Ministerio de Justicia, se afecta hasta un 50 por ciento a la satisfacción en los fines señalados en el apartado tercero de la Disposición Adicional 6.ª LECr. Estos fines son los siguientes[81]:

- El apoyo a programas de atención a víctimas del delito, incluido el impuso y dotación de las oficinas de Asistencia a las Víctimas.
- El apoyo a los programas sociales orientados a la prevención del delito y el tratamiento del delincuente.
- La intensificación y mejora de las actuaciones de prevención, investigación, persecución y represión de delitos.
- La cooperación internacional en la lucha contra las formas graves de criminalidad.
- Y los que puedan determinarse reglamentariamente.

Por último hay que destacar que en ambos supuestos, ya sea si se han gestionado los recursos con anterioridad a que se dicte una resolución judi-

81. Estos fines también se recogen, con otro orden, y con la denominación de «objetivos prioritarios», en el artículo 2 del RD 948/2015, el cual incorpora un nuevo fin con la letra «f) la satisfacción de los propios gastos de funcionamiento y gestión de la oficina, incluyendo los que se hubieran causado en el ejercicio de las funciones contempladas en el artículo siguiente», y asimismo concreta el objetivo señalado con la letra d) relativo a «la intensificación y mejora de las actuaciones de prevención, investigación, persecución y represión de delitos», incluyendo en el mencionado Real Decreto en relación a este fin cuatro concreciones:

    1.º Los gastos necesarios para la obtención de pruebas en la investigación, comprendiendo el coste de las pericias del Instituto Nacional de Toxicología y Ciencias Forenses y de los Institutos de Medicina Legal y Ciencias Forenses.
    2.º La adquisición de medios materiales para los órganos competentes en la represión, investigación y realización de las pruebas periciales.
    3.º La formación y capacitación especializada de los órganos encargados de la prevención y represión de la criminalidad organizada.
    4.º El reembolso de los gastos en que lícitamente hayan podido incurrir los particulares o los servicios de las Administraciones Públicas que hubiesen colaborado con los órganos competentes en la investigación.

cial firme de decomiso, o si la misma ya ha sido dictada, se habrán de satisfacer los gastos de funcionamiento y gestión de la Oficina de Recuperación y Gestión de Activos, previsión que se contiene tanto en la DA Sexta 2 LECr., como en el artículo 14 del Real Decreto 948/2015[82]. El legislador muestra un especial interés en la necesidad de hacer frente a estos gastos de funcionamiento y gestión pues los vuelve a incorporar en otro apartado de la disposición reglamentaria, en concreto lo hace en el artículo 2 f), y esta vez como un nuevo fin u «objetivo prioritario», fin que no estaba previsto en la DA Sexta de la LECr, y cuya incorporación con tal calidad en el Reglamento entendemos que es desafortunada tanto por el instrumento normativo utilizado —la disposición reglamentaria— como por el hecho de que la satisfacción de los propios gastos de la oficina no puede ser un fin de la misma[83].

3. LA ORGA COMO ELEMENTO CENTRAL EN LA REALIZACIÓN DE EFECTOS JUDICIALES

Ya hemos señalado que en la Unión Europea es esencial, a día de hoy, la lucha contra la vertiente económica de la delincuencia grave que desarrollan los distintos entramados y organizaciones criminales. Por tanto, se hace prioritario adoptar las iniciativas necesarias y conformar los instrumentos adecuados para provocar la asfixia económica de estas estructuras delictivas, eliminando la obtención de beneficios financieros, que es su motivación principal. Esta situación exige potenciar y profundizar en la investigación patrimonial y en la figura del decomiso, y es necesario que las autoridades judiciales dispongan de un sistema eficaz para la localización y administración de los activos de origen delictivos, que cuente con la estructura institucional y los recursos financieros y humanos necesarios que

82. La previsión reglamentaria del artículo 14 del RD 948/2015, distingue entre gastos ordinarios y gastos excepcionales, y así en su primer apartado determina que la Oficina únicamente asumirá los costes y gastos correspondientes a los bienes que gestione, y desde el momento en que le sean encomendados. Pudiendo excepcionalmente asumir costes y gastos procedentes cuando ello resulte conveniente para la adecuada gestión del bien y así lo acuerde el Director General. Y en su apartado segundo establece que los gastos ordinarios de la Oficina de Recuperación y Gestión de Activos por el desarrollo de su actividad serán el cinco por ciento del valor de los recursos obtenidos. Este porcentaje se podrá modificar mediante orden conjunta del Ministro de Justicia y del Ministro de Hacienda y Administraciones públicas.
83. Bien es cierto que dichos gastos han de ser atendidos y cubiertos, pero esto no es, no puede ser un fin de la misma, es una necesidad y una consecuencia de su actividad, pero no se puede justificar la conformación de esta oficina y su funcionalidad en atender y satisfacer los gastos de su mantenimiento, pues por definición carecería de sentido. Con la previsión recogida en los artículos 13 a 16 del RD, dedicados al régimen económico de la Oficina y distribución del producto obtenido era más que suficiente.

les permitan y facilite la labor de embargar y decomisar bienes en el marco del procedimiento penal establecido.

A ello respondió la creación de la ORGA en España, que, como auxiliar de la Administración de Justicia, estará al servicio de los Juzgados y Tribunales en el marco de los procesos penales a los que nos venimos refiriendo. Y lo hará también como auxiliar del MF en el ejercicio de sus funciones relacionadas con las investigaciones patrimoniales[84]. Se convierte así en un elemento clave en la gestión[85] y realización de efectos judiciales teniendo un papel principal en las distintas fases y procedimientos. Recuérdese, como ya hemos puesto de manifiesto en el apartado anterior, que una de las subdirecciones generales en las que se divide la ORGA, se ocupa concretamente de la conservación, administración y realización de bienes, y en la enumeración de sus funciones, que se recoge en el artículo 6.1.b) del RD 948/2015, la tercera se concreta en «*La realización de los bienes, que comprenderá la actividad tendente a la venta de los bienes, efectos, ganancias e instrumentos cuya gestión se le haya encomendado judicialmente a la Oficina de Recuperación y Gestión de Activos tras el decomiso de los mismos. Asimismo, por encomienda del órgano judicial, le corresponderá la realización de los bienes decomisados adjudicados al Estado, salvo que se hayan inscrito a nombre del Estado en el correspondiente Registro de la Propiedad o Registro de Bienes Muebles.*

Esta función comprenderá también la venta anticipada de bienes intervenidos o embargados, cuando ésta haya sido autorizada judicialmente en el ámbito de la actuación de la Oficina».

Y junto a las previsiones contenidas en el Reglamento de la ORGA relativas a la realización de bienes, que hemos tratado al hablar de las funciones

84. En este punto es prudente llamar la atención sobre la necesidad de distinguir las labores indagatorias de la ORGA de las funciones de investigación del delito llevadas a cabo por la autoridad judicial, en especial en lo que se refiere a determinadas figuras delictivas como el blanqueo de capitales, delito fiscal, estafa.... Pues, para la investigación de ciertos delitos y/o para llevar a cabo el decomiso de sus ganancias las autoridades penales instruyen y recopilan un gran volumen de fuentes de prueba directa o indiciaria mediante la práctica de diligencias de investigación patrimoniales idénticas a las que ejecuta la ORGA, incluso comparten herramientas de trabajo. Por ello, como indica ACÓN ORTEGA, aunque existe una clara interconexión entre ambas actividades, las mismas tienen distinta naturaleza y fines, aunque los datos obtenidos con cada una de estas operaciones resulten de interés para ambas. *Vid.* ACÓN ORTEGO, I., *La oficina de recuperación y gestión de activos: Aspectos procesales en Decomiso y Oficina de gestión y recuperación de activos*, Fiscalía General del Estado, 2016, pp. 12-13.

85. Hasta la reforma legal operada por la LO 1/2015, se hablaba de Oficina de Recuperación de Activos, es a partir de esta reforma que se incorpora acertadamente el término «Gestión», y se pasa a hablar de Oficina de Recuperación y Gestión de Activos, siendo este un cambio muy significativo.

de la misma, hemos de añadir que también existen las correspondientes referencias en el procedimiento, y así el artículo 11 que se ocupa de la tramitación del expediente, establece en su apartado 3.º que «La Oficina de Recuperación y Gestión de Activos, en el marco de su gestión, podrá proceder, previa autorización del Juez o Tribunal competente a la realización anticipada o utilización provisional de los bienes y efectos intervenidos», y en estos casos, también previa autorización del Juez o tribunal competente, resolverá sobre la adjudicación del uso de los efectos embargados y sobre las medidas de conservación que deban ser adoptadas, de acuerdo con lo previsto a tal efecto en la Ley de Enjuiciamiento Criminal, informando de lo acordado al Juez o Tribunal y a la Fiscalía.

Por lo tanto, el legislador, en el diseño de la ORGA, le otorga un papel central, autónomo y activo (pues la misma Oficina dispone de la capacidad de instar las distintas actuaciones) en la encomienda para la localización, conservación y la administración de los efectos, bienes, e instrumentos procedentes de actividades delictivas. Puede ser la destinataria del producto de la realización de los efectos; podrá instar la utilización provisional de los efectos y bienes; y puede resolver sobre la adjudicación del uso de los efectos decomisados cautelarmente y sobre las medidas de conservación que deban ser adoptadas. Como vemos, todo un conjunto de capacidades y funciones que configuran la ORGA como un organismo de naturaleza administrativa que se inserta en el proceso penal especial de decomiso, con unas potencialidades extraordinarias. Sin duda, esto también es una muestra de la política de «Decomiso total» del legislador español.

3.1. LA OFICINA EN LA ENCOMIENDA PARA LA LOCALIZACIÓN, CONSERVACIÓN Y ADMINISTRACIÓN DE LOS EFECTOS, BIENES, INSTRUMENTOS Y GANANCIAS

La redacción del artículo 367 *septies* de la LECr. prevé que la «localización, la conservación y la administración de los efectos, bienes, instrumentos y ganancias procedentes de actividades delictivas cometidas en el marco de una organización criminal» se pueda asignar a la Oficina de Recuperación y Gestión de Activos, y dicha encomienda la puede realizar el Juez o Tribunal no sólo y exclusivamente a instancia del Ministerio Fiscal, como pasaba hasta que se produjo la reforma de 2015, sino también de oficio, y a instancia de la propia Oficina de Recuperación y Gestión de Activos, a la que, por lo tanto se le reconoce un singular papel activo en el marco de un proceso penal.

El procedimiento a seguir, que se regula en el art. 9 del RD 948/2015, se inicia con la recepción del testimonio de la resolución judicial o del decreto del fiscal que solicite la intervención de la Oficina de Recuperación y Gestión de Activos. Estando previsto el supuesto de que sea la propia Oficina la que inste al órgano judicial o a la fiscalía, en su caso, la remisión de un procedimiento, en este supuesto, se incoará un procedimiento con dicha solicitud. Se constata con esta regulación la autonomía de la Oficina, por cuanto la misma puede instar «la remisión de un procedimiento» tanto al Juzgador como a la Fiscalía, no debiendo de acomodar su decisión para esta actuación, a la de la Fiscalía. En este contexto hemos de cuestionarnos si es posible que el órgano jurisdiccional acceda a la petición de la Oficina, en el caso de que el criterio del Ministerio Fiscal —al que se le ha de haber dado traslado de la petición de la oficina— fuere contrario al de la oficina en cuanto a la solicitud planteada por la misma. La normativa no resuelve la cuestión, que se encuadra en la complejidad del singular estatus de participación que tiene la ORGA en el procedimiento penal, en relación a su autonomía, a sus capacidades, y su interrelación con el Ministerio Fiscal.

En caso de estimarse la propuesta de la Oficina, el procedimiento continuará por los trámites previstos en el capítulo II (arts. 9 a 12 RD 948/2015), y en caso de desestimación, se archivará con la recepción de la resolución judicial o del decreto del fiscal en que así se haga constar. Por tanto, junto al Ministerio Fiscal y las partes, y al margen del juez que puede acordar de oficio la realización de los efectos judiciales, el legislador también incorpora a la ORGA, como actor procesal con capacidad para instar al Juez, previa audiencia del interesado, a la mencionada realización de efectos judiciales (artículo 367 *quáter* 2 LECr.), dota por lo tanto a su actuación de autonomía respecto del MF[86] cuando concurran alguno de los supuestos previstos en el art. 367 *quáter* 1 LECr.[87]. En definitiva, junto a los distintos participantes en el proceso penal, Ministerio Fiscal y las partes, se incorpora la Oficina de Recuperación y Gestión de Activos, con un papel y un estatus singular en el proceso, que a buen seguro generará problemas, pues el Ministerio Fiscal se halla sometido en su actuación al principio de legalidad e imparcialidad,

86. Ello en base a la modificación realizada por el legislador en el artículo 367 *quater* 2 de la LECr por la LO 1/2015 de reforma del CP.

87. Recordemos que el artículo 367 *quáter*. 1 LECr. enumera los supuestos en los que es posible la realización de efectos judiciales, concretándose en los siguientes: a) Cuando sean perecederos. b) Cuando su propietario haga expreso abandono de ellos. c) Cuando los gastos de conservación y depósito sean superiores al valor del objeto en sí; d) Cuando su conservación pueda resultar peligrosa para la salud o seguridad pública, o pueda dar lugar a una disminución importante de su valor, o pueda afectar gravemente a su uso y funcionamiento habituales; e) Cuando se trate de efectos que, sin sufrir deterioro material, se deprecien sustancialmente por el transcurso del tiempo; f) Cuando, debidamente requerido el propietario sobre el destino del efecto judicial, no haga manifestación alguna.

mientras que, entre otras cuestiones, la ORGA es un órgano administrativo, que actúa como tal incardinado en el Ministerio de Justicia.

3.2. LA OFICINA COMO DESTINATARIA DEL PRODUCTO DE LA REALIZACIÓN DE LOS EFECTOS JUDICIALES

Por otro lado, el producto de la realización de los efectos, bienes, instrumentos y ganancias podrá asignarse, total o parcialmente de manera definitiva a la ORGA (art. 367 *quinquies* 3 LECr.). La previsión legal sobre la aplicación del producto de la realización de los efectos, bienes, instrumentos y ganancias determina que, en primer lugar, se aplicarán a los gastos causados en la conservación de los bienes y en el procedimiento de realización de los mismos[88], ingresando la parte sobrante en la cuenta de consignaciones del juzgado o tribunal, quedando afecta al pago de responsabilidades civiles y costas que se declaren, en su caso, en el procedimiento. Al margen de estas aplicaciones del producto de realización de los efectos, también podrá asignarse, ya sea de forma total o parcial, y de manera definitiva tanto a la Oficina de Recuperación y Gestión de Activos como a los órganos del Ministerio Fiscal encargados de la represión de las actividades de las organizaciones criminales[89].

La previsión del art. 367 *quinquies* 3 de la LECr., hay que completarla en relación con lo dispuesto en el art. 16.1 del Real Decreto 948/2015 que señala que podrán ser beneficiarios de los recursos de la oficina a los que se refiere el capítulo IV (que se ocupa del régimen económico de la oficina y de la distribución del producto obtenido) distintos organismos, instituciones, administraciones públicas y personas jurídicas, encontrándose entre estos organismos la propia Oficina de Recuperación y Gestión de Activos, que recibirá de manera prioritaria los recursos necesarios para su adecuado mantenimiento (art. 16.1 a) RD 948/2015).

88. Lo que ya supone en cierta forma la primera intervención y adjudicación a la ORGA, en los supuestos en que la misma haya participado tanto en la conservación de los bienes y en el procedimiento de realización de los mismos. Pues como se señala en el art. 11.2 RD «Cuando la habilitación judicial así lo estipule, se encargará —La oficina de Recuperación y Gestión de Activos— de la conservación y administración de dichos bienes». Así mismo no olvidemos que el artículo 2 RD 948/2015 regula los fines a los que se aplicará el producto de la gestión y realización de los efectos, bienes, instrumentos y ganancias del delito, y entre los objetivos prioritarios se encuentra el apartado «f) La satisfacción de los propios gastos de funcionamiento y gestión de la oficina, incluyendo los que se hubieran causado en el ejercicio de las funciones contempladas en el artículo siguiente».

89. Todo ello sin perjuicio de lo dispuesto para el Fondo de Bienes decomisados por tráfico ilícito de drogas y otros delitos relacionados.

3.3. LA OFICINA EN EL PROCEDIMIENTO PARA AUTORIZAR LA UTILIZACIÓN PROVISIONAL DE LOS BIENES O EFECTOS

Al margen del papel de la Oficina en la encomienda para la localización, conservación y administración de los efectos, o de su situación como destinataria del producto de la realización de los efectos judiciales, hemos de referirnos en tercer lugar a la posibilidad de la utilización provisional de los bienes. El legislador ha considerado que, en ocasiones, es de mayor interés la utilización provisional de los bienes antes que su realización anticipada. Y en este sentido ha habilitado la posibilidad legal (art. 367 *sexies* 1 LECr.) de la utilización provisional de los bienes o efectos decomisados cautelarmente, que procederá cuando se trate de efectos especialmente idóneos para la prestación de un servicio público, o cuando concurriendo las circunstancias previstas en las letras b) a f) del art. 367 *quater* 1 LECr, la utilización de los efectos permita a la Administración un aprovechamiento de su valor mayor que con la realización anticipada, o no se considere procedente la realización anticipada de los mismos.

Esta utilización provisional la acordará el Juez de oficio, a instancia del Ministerio Fiscal o de la Oficina de Recuperación y Gestión de activos, previa audiencia del interesado, salvo que concurra alguna de las circunstancias previstas en el art. 367 *quáter* 2 párrafo segundo[90]. Por lo que constatamos nuevamente la autonomía de intervención en el procedimiento que se le reconoce a la Oficina de Recuperación y Gestión de Activos, al igual que la tiene reconocida el Ministerio Fiscal.

3.4. LA OFICINA EN LA ADJUDICACIÓN DEL USO DE LOS EFECTOS DECOMISADOS, Y EN LA ADOPCIÓN DE MEDIDAS DE CONSERVACIÓN

Por último, corresponde a la ORGA resolver, conforme a lo previsto legal y reglamentariamente, sobre la adjudicación del uso de los efectos decomisados cautelarmente y sobre las medidas de conservación que deban ser adoptadas. Debiendo informar la oficina de lo que hubiere acordado al Juez o Tribunal y al Fiscal (Art. 367 *sexies* 3 LECr.). Por tanto, se concreta por el legislador que, únicamente será la Oficina de Recuperación y Gestión de Activos la que tendrá competencia para resolver tanto sobre la adjudi-

90. Es decir, no deben estar pendiente de resolución el recurso interpuesto por el interesado contra el embargo o decomiso de los bienes o efectos, y la medida no ha de resultar desproporcionada a la vista de los efectos que pudiera suponer para el interesado y, especialmente, de la mayor o menor relevancia de los indicios en que se hubiera fundado la resolución cautelar de decomiso.

cación del uso de los efectos decomisados cautelarmente, como sobre las medidas de conservación que hayan de adoptarse. Estableciendo como única condición de su actuación, la de informar al órgano jurisdiccional y al Fiscal.

En definitiva, la ORGA tiene reconocida la capacidad para solicitar del juez la realización de los efectos judiciales (art. 367 *quáter*.2 LECr.), está presente en el procedimiento para determinar el destino del producto de la realización de efectos (art. 367 *quinquies* 3 LECr.), puede solicitar la autorización para la utilización provisional de los efectos judiciales (art. 367 *sexies*.1 LECr.), le corresponde resolver sobre la adjudicación del uso de los efectos decomisados cautelarmente y sobre las medidas de conservación que hayan de adoptarse (art. 367 *sexies* 3 LECr.), y puede ser destinataria y solicitante de la encomienda para la localización, conservación y administración de los efectos, bienes, instrumentos y ganancias derivados de actividades cometidas en el marco de una organización criminal (art. 367 *septies* LECr.). En conclusión, y a la vista de lo expuesto la ORGA está llamada a tener un papel central en los procesos que nos ocupan, que no olvidemos, son procesos de naturaleza penal, por lo que se deberá prestar especial atención a las capacidades, potencialidades y actuaciones de la ORGA en el referido proceso penal, al objeto de que no se vean minoradas las garantías y derechos de los participantes y afectados en el proceso penal, pues el mismo no puede, y no deber ser desnaturalizado.

Téngase en cuenta, que a la vista de la regulación vigente, se ha configurado la Oficina de Recuperación y Gestión de Activos como un órgano de naturaleza administrativa, dependiente del Ministerio de Justicia, con un haz de capacidades extraordinarias, que se inserta en un procedimiento penal, en concreto en la realización de efectos judiciales (también con carácter cautelar y para la realización anticipada de los mismos) y en el contexto del ejercicio del *ius puniendi* del Estado, con un estatuto singular, pues no es parte pasiva, y tampoco parte activa, ejerciendo funciones que podrían definirse de «tutela del interés público» por razones de eficacia, con autonomía funcional, y con una especial relación con el Ministerio Fiscal. Este diseño, así como la especial conformación de la ORGA, a buen seguro producirán distorsiones en el funcionamiento de la institución. El papel y capacidades que el legislador ha reconocido a la Oficina de Recuperación y Gestión de Activos, en relación a sus potencialidades y facultades en el procedimiento jurisdiccional, va a ser sin duda un elemento central y generador de tensiones, pues se trata de un órgano administrativo dependiente del Estado, cuya legitimidad deriva de la ley, que participa en el proceso, junto al Ministerio Fiscal y a las partes, en la realización de los efectos judiciales, y no cabe duda de que interfiere en un proceso penal en curso, afectando su actuación a derechos y garantías del afectado como titular del bien o efecto que se realiza.

Por otro lado, no existe un mecanismo de control jurisdiccional de la actuación de este órgano, pues recordemos que, por ejemplo, es la oficina la que resuelve sobre la adjudicación del uso de los efectos decomisados cautelarmente, así como sobre las medidas de conservación que se hayan de adoptar (Cfr. Art. 367 septies LECrim), sin más obligación que la de informar al órgano jurisdiccional y al Fiscal. Por lo tanto, y a la vista de la regulación vigente, podría darse el caso de que la Oficina resolviera sobre el uso de un bien decomisado cautelarmente, que posteriormente se resolviera el decomiso sobre el bien, y que, habiéndose realizado el bien, ni siquiera le alcanzase el producto de su venta, pues el mismo habría ido destinado a sufragar el procedimiento de realización del bien y los gastos de conservación del mismo (Art. 367 *quinquies*. 3 LECrim), y todo ello hubiera tenido lugar sin la intervención del afectado. Por lo que habremos de concluir que la Oficina de Recuperación y Gestión de activos, como poco tiene una posición nuclear de relevancia, que en los próximos años pondrá de relieve si la regulación en la que se sostiene es suficiente y acertada.

4. LA GESTIÓN DE ACTIVOS POR LA ORGA

No es, sino hasta la regulación reglamentaria por el RD 948/2015, cuando se incorpora el término «Gestión», a la oficina de recuperación de activos, que pasa a denominarse a partir de ese momento Oficina de Recuperación y Gestión de Activos. Y ha habido que esperar a la modificación del RD 948/2015, operada por el Real Decreto 93/2018 de 2 de marzo, para poder contar con un nuevo capítulo VI que se ocupa específicamente de «la gestión de activos por la oficina», regulando en 27 artículos (artículos 19 a 46), de una forma extensa y prolija, esta segunda vertiente de la ORGA, clave para le eficacia y eficiencia de la oficina y para que la misma pueda alcanzar con éxito sus fines.

- **Ámbito de gestión de activos**

Se delimita por el legislador el ámbito de gestión de activos, y se prescribe que «La Oficina llevará a cabo la gestión de bienes procedentes de actividades delictivas que hayan sido intervenidos, embargados o decomisados judicialmente en el ámbito de las actividades delictivas cometidas en el marco de una organización criminal, así como de las actividades delictivas propias del ámbito del decomiso ampliado, que le encomiende el órgano judicial» (art. 19.1). No estando dentro de sus funciones de gestión, ni el depósito de bienes que le sean encomendados, ni la gestión de sociedades, en tanto no se dicte orden del Ministerio de Justicia que disponga la realización de estas actuaciones (art., 19.4).

Por otro lado, cuando la Oficina actúe por encomienda del órgano Judicial, producida a instancia de la propia oficina, esta actuación se llevará a cabo «basándose en motivos de oportunidad en el marco de cualquier actividad delictiva y en los términos previstos en las leyes penales y procesales, e independientemente de la fecha del embargo o decomiso» (art. 19.3). Nada se dice en este precepto sobre estos motivos de «oportunidad», por lo que los mismos, entendemos, son adoptados con discrecionalidad por la referida oficina, que recordemos es un órgano administrativo, inserto en la estructura administrativa del Ministerio de Justicia, y sujeto por lo tanto a la jerarquía y obediencia administrativa.

- **Procedimiento administrativo clásico**

Se estructura un procedimiento administrativo «clásico», que principia con la apertura del mismo, previendo los escenarios en los que procede su continuación, así como aquellos en los que corresponde el archivo del mismo (art. 20). Se regula el acceso a la información sobre los activos, así como la tasación de los bienes, evitando en este último caso la tasación de los bienes carente de un valor significativo, inservibles o sin utilidad (art. 22). Se establece por otro lado un análisis económico de los bienes, cuando la encomienda judicial no contemple el destino de los bienes. El objeto de este análisis económico no es otro que evitar actuaciones antieconómicas y garantizar el máximo beneficio económico. Una vez realizado este análisis económico la ORGA realizará una propuesta de actuación al órgano judicial con una o varias de las siguientes actuaciones (art. 24): a) En caso de dinero intervenido, embargado o decomisado, su ingreso en la Cuenta de Depósitos y Consignaciones de la Oficina; b) En su caso, medidas a adoptar para la conservación y administración de los bienes.; c) La autorización de la utilización provisional de los bienes intervenidos o embargados.; d) La realización de los bienes, incluida la realización anticipada de los bienes intervenidos o embargados.; e) La destrucción de los bienes.

- **Actuaciones previas y formas de realización de bienes**

En el caso de realización de los bienes o efectos, se prevé una serie de actuaciones previas (art. 25), y en este sentido «la Oficina pondrá en conocimiento del órgano judicial la forma de realización y las condiciones para su desarrollo, así como que dicho procedimiento se iniciará en los términos comunicados salvo que en el plazo de diez días el órgano judicial disponga otra cosa. Este plazo podrá reducirse por razones de urgencia, en caso de bienes perecederos o de bienes que, por su naturaleza, ubicación u otras circunstancias concurrentes exijan celeridad en el proceso de realización». Y, por lo que se refiere a las formas de realización, las mismas pueden consistir en (art. 26);

a) la entrega a entidades sin ánimo de lucro o a las administraciones públicas;

b) la realización por medio de persona o entidad especializada;

c) o la subasta pública.

En relación a la subasta, se da una regulación minuciosa en la que se establece el objeto de la misma, que puede ser presencial o electrónica, y se concretan las condiciones para su convocatoria, los requisitos para licitar, el desarrollo del proceso y la resolución de la subasta con la aprobación del remate, y la certificación de la adjudicación. Como ya hemos dicho se prevé la posibilidad de subasta electrónica[91], subasta presencial y subasta simplificada[92].

Cuando no se logre adjudicar por ninguno de los procedimientos previsto un bien embargado cuya realización se le hubiera encomendado a la Oficina, y no proceda ni su utilización por la Administración ni su destrucción, se pondrá este hecho en conocimiento del órgano judicial competente que decidirá lo que estime procedente (art. 38).

- **Otros aspectos en la gestión activos**

Por último, en este capítulo dedicado a la gestión de activos por la oficina, se regula la utilización provisional, y la destrucción de los bienes (art. 39 y 40), la posibilidad de recabar la asistencia y asesoramiento de otras Administraciones y organismos públicos en materia de ejecución de embargos y decomisos acordados por la autoridad judicial. Y se hacen las necesarias referencias a la cuenta de depósitos y consignaciones de la oficina,

91. En este caso, «La subasta electrónica se celebrará en el Portal dependiente de la Agencia Estatal Boletín Oficial del Estado y se desarrollará conforme a las reglas previstas en los artículos 648 y 649 de la Ley 1/2000, de 7 de enero, de Enjuiciamiento Civil, para la celebración electrónica de subastas judiciales». (art. 35.1 RD 948/2015).

92. La Oficina podrá recurrir a la subasta simplificada, en cualquiera de los supuestos siguientes: a) Con carácter general, cuando la subasta quede desierta. b) Cuando por las características inherentes a un bien concreto, y demás circunstancias sobre su situación, se pueda presumir motivadamente que la subasta quedaría desierta. c) Cuando se trate de productos perecederos o existan otras razones de urgencia y no proceda la realización mediante entidad especializada.
Y así mismo, la subasta simplificada podrá realizarse siguiendo alguna de las modalidades previstas que son la presentación de oferta en sobre cerrado o en vía telemática. Debiendo seguir las reglas revistas en el art. 37.2 RD 948/2015.

que tiene carácter instrumental respecto de las cuentas de depósitos y consignaciones judiciales y cuya finalidad es asegurar la trazabilidad y correspondencia de los distintos expedientes incoados en la Oficina con los expedientes judiciales (art. 42); a los gastos de gestión, determinando que gastos integran este concepto y cuáles quedan excluidos; al proceso de realización de los pagos; a la liquidación del procedimiento, y a la cancelación de la cuenta expediente.

5. REFLEXIÓN FINAL

Sin duda, la delincuencia como tantas otras cosas en nuestra sociedad actual, se ha globalizado y exige una respuesta común de los distintos Estados que implica el diseño y conformación de nuevos instrumentos que incidan directamente sobre el patrimonio y las ganancias de estas estructuras criminales. Pero en esta tarea, y con el objetivo de alcanzar la eficacia deseada, es necesario exigir al legislador, ya sea nacional o supranacional, coherencia y desarrollo de una técnica legislativa depurada que supere las posibles insuficiencias y limitaciones, lo que ha de permitir, a su vez, el respeto de las exigencias mínimas de nuestro derecho sancionador y la garantía de los derechos de todas las partes intervinientes en el proceso penal, con especial atención a la situación de los sospechosos y acusados en las distintas fases del proceso. No podemos caer en una política de «decomiso total» o «decomiso generalizado», que desdibuje o vacíe de contenido la intervención de terceros, que desconozca el derecho de defensa de investigados o la posible intervención de afectados en su patrimonio.

Y en este marco de trabajo, instrumentos como las Oficinas de recuperación y gestión de activos son esenciales para el éxito en la lucha contra las organizaciones criminales, y en especial para evitar que «el delito resulte provechoso». Estas Oficinas están llamadas a ser la punta de lanza en la localización, recuperación y gestión de activos derivados del delito, tres espacios distintos e integrados, y cada uno con sus propias exigencias, por lo que el diseño e integración de estas Oficinas; primero en el entramado jurídico de cada uno de los Estados y segundo, en la concreción de su capacidad de interrelación y cooperación con sus homólogos de otros países, ha de llevarse a cabo por parte del legislador con una especial atención. Y es que estos órganos u oficinas participan en un proceso penal en el que se ejerce el *ius puniendi* del Estado; no se integran en ningún de las partes, no constituyen acusación ni defensa, pero interactúan con todos los actores del proceso penal, en especial con Jueces y Fiscales; y en dicho proceso sus actuaciones también tienen incidencia en los intereses de sospechosos, acusados y terceros. Por lo que, en la configuración de este instrumento, y en el diseño de su participación en el referido proceso penal, hay que respetar los límites infranqueables que suponen las garantías procesales básicas, en especial la presunción de inocencia, el derecho al proceso debido, y el derecho de defensa, pues de lo contrario se desnaturalizaría y devaluaría el proceso penal que hoy conocemos.

Capítulo III

La destrucción y realización anticipada de efectos judiciales

1. INTRODUCCIÓN

Las actuaciones propias de investigación y averiguación del delito, así como los actos de aseguramiento de personas y responsabilidades pecuniarias de los presuntos responsables del hecho delictivo, constituyen, en el proceso penal, el sumario o la fase de instrucción (art. 299 LECr.), y en dicha fase tiene especial relevancia, a los fines del proceso penal, analizar el objeto cautelar. En el estudio de las medidas cautelares, y haciendo uso de la distinción clásica hemos de diferenciar las medidas personales (entre las que destaca por su importancia la prisión provisional), de las medidas cautelares reales[93]. Entre estas últimas la más generalizada es la fianza por responsabilidad civil, y junto a ella se han ido incorporando otras medidas que pretender dar respuesta inmediata a determinados hechos delictivos que se hallan cubiertos por seguros obligatorios, como es el caso de los hechos originados con ocasión de tráfico de vehículos de motor.

---

93. En el caso de las medidas cautelares reales hemos de prestar especial atención a la Ley 23/2014 de 20 de noviembre de Reconocimiento mutuo de resoluciones penales en la Unión Europea, en especial al título VII que se ocupa de la Resoluciones de embargo preventivo de bienes y de aseguramiento de pruebas (arts. 143 a 156), al título VIII que trata de las Resoluciones de Decomiso (art. 157 a 172), y al Título IX que regula lo relativo a las Resoluciones por las que se imponen sanciones pecuniarias (Arts. 173 a 185). Por otro lado, hemos de recordar que la Ley 13/2009 de 3 de noviembre de reforma de la legislación procesal para la implantación de la nueva oficina judicial, dio una nueva redacción al artículo 600 y 615 de la LECr., integrando la regulación civil del embargo en el proceso penal, en el que el Letrado de la Administración de Justicia incrementa sus facultades en relación a la ejecución del auto decretando las medidas cautelares reales, y previendo la responsabilidad civil de terceras personas con arreglo a lo dispuesto en el código penal, o por haber participado por título lucrativo de los efectos del delito.

La regulación de la destrucción y realización anticipada de los efectos judiciales con la finalidad de que sirviera con carácter general para agilizar la gestión de los bienes embargados en los procesos penales sin necesidad de esperar a la sentencia[94], se incorporó en nuestro ordenamiento por la Ley 18/2006, de 5 de junio, para la eficacia en la Unión Europea de las resoluciones de embargo y aseguramiento de pruebas en procedimientos penales[95], hoy derogada por la ley 23/2014 de 20 de noviembre de reconocimiento mutuo de resoluciones penales en la Unión Europea. En concreto añadió a la LECr. un Capítulo II bis al Título V del Libro II con el título «De la destrucción y la realización anticipada de efectos judiciales», que abarcó, en un primer momento de los artículos 367 bis al 367 *sexies*[96], incorporándose posteriormente el artículo 367 *septies* por la Disposición Final 1.ª Tres de la LO 5/2010 de 22 de junio, de modificación del Código Penal[97].

A los graves problemas prácticos que esta materia ha planteado desde el primer momento por su deficiente regulación[98], responde el legislador con las modificaciones introducidas en la misma por la Disposición final Segunda números tres, cuatro, cinco, seis y siete de la LO 1/2015 de 30 de mayo de modificación de la Ley Orgánica 10/1995 del Código Penal, que supone una transformación en profundidad de la destrucción y realización de los efectos judiciales, viéndose afectados en su redacción los artículos

94. Cfr. último párrafo de la Exposición de motivos de la Ley 18/2006 de 5 de junio de Eficacia en la Unión Europea de las resoluciones de embargo y de aseguramiento de pruebas en procedimientos penales.
95. Con la que se incorporaba a nuestro derecho la Decisión Marco 2003/577/JAI del Consejo, de 22 de julio de 2003, relativa a la ejecución en la Unión Europea de las resoluciones de embargo preventivo de bienes y de aseguramiento de pruebas.
96. Sobre lo que supuso la incorporación a nuestra normativa de este capítulo, *Vid.* REYES LÓPEZ, Javier Ignacio, «Del Aseguramiento, destrucción y realización anticipada de efectos judiciales, en el orden penal», *LA LEY PENAL, n.º 57, Sección legislación aplicada a la práctica, febrero 2009, p. 75.*
97. La incorporación del artículo 367 *septies* respondía a la transposición de la Decisión Marco 2005/212/JAI del Consejo, de 24 de febrero de 2005, relativa al decomiso de los productos, instrumentos y bienes relacionados con el delito. No obstante hemos de señalar que además de la referida incorporación del art. 367 *septies* por la LO 5/2010, la regulación de la destrucción y realización de efectos judiciales ha sido modificada en otras ocasiones, en concreto el art. 367 *ter* 1 se vio afectado, en un primer momento por el art. 2.44 de la Ley número 13/2009 de 3 de noviembre de reforma de la legislación procesal para la implantación de la nueva oficina judicial, y en un segundo momento, se le dio una nueva redacción en virtud del artículo 4.º del Real Decreto-Ley 3/2013 de 22 de febrero, por el que se modificó el régimen de las tasas en el ámbito de la Administración de Justicia y el sistema de asistencia jurídica gratuita.
98. Así lo mantiene SOSPEDRA NAVAS, F. J. en la obra *Proceso penal Tomo I, Cuestiones Generales. Procedimiento abreviado.* Ed. Aranzadi, 2011, Pamplona. p. 540.

367 *ter* 3, 367 *quáter* 2 y 3, 367 *quinquies* 3, 367 *sexies*, y 367 *septies*, todos ellos de la LECr.

En la actualidad, la regulación contenida en los arts. 367 *bis* a 367 *septies* de la LECr. se aplica a los efectos judiciales intervenidos en el proceso penal que, de conformidad con lo dispuesto en el art. 367 *bis* LECrim., son los bienes puestos a disposición judicial, embargados, incautados o aprehendidos en el curso de un procedimiento penal. Esta regulación se centra en aquellos efectos judiciales que presentan un riesgo de incompatibilidad con la conservación de los mismos, distinguiéndose dos supuestos:

a) La destrucción de efectos regulada en el art. 367 *ter* de la LECr., prevista para cuando sea necesario o conveniente por la naturaleza de los efectos intervenidos y por el peligro real o potencial que comporte su almacenamiento o custodia y

b) La realización anticipada de efectos judiciales, prevista para efectos de lícito comercio, que presenten algún riesgo de incompatibilidad con la conservación a expensas del procedimiento.

La regulación deja a salvo las especialidades establecidas en el art. 374 del Código Penal y en la Ley 17/2003 de 29 de mayo, por la que se regula el Fondo de bienes decomisados por tráfico ilícito de drogas y otros delitos relacionados, y en su normativa de desarrollo (Art. 367 *quinquies*.3 LECr.)[99].

En este capítulo trataré la destrucción y realización de los efectos judiciales, distinguiendo entre la destrucción y realización anticipada de los mismos —a la luz de las modificaciones legislativas operadas en la materia— teniendo como punto de partida la regla general que se concreta en que los efectos judiciales deben ser guardados y conservados hasta el juicio oral, para, en función de lo allí resuelto, proceder a su destrucción, o devolución. Sin embargo, en ocasiones es conveniente llevar a cabo una destrucción o una realización anticipada de dichos efectos y a tal fin se proyecta la regulación contenida en el capítulo II *bis* del título V de la LECr. (arts. 367 *bis* a 367 *septies*)[100].

---

99. *Vid.* en el mismo sentido la Disposición Adicional Primera del Real Decreto 948/2015 de 23 de octubre, por el que se regula la Oficina de Recuperación y Gestión de Activos, que no obstante establece que la Oficina de Recuperación y Gestión de Activos podrá firmar un convenio de colaboración con la Delegación del Gobierno para el Plan Nacional sobre Drogas, a fin de canalizar posibles fórmulas de cooperación en las funciones de asesoramiento, gestión y realización de los efectos procedentes de actividades delictivas.

100. *Vid.* LÓPEZ BARJA DE QUIROGA, Jacobo, *Tratado de Derecho Procesal Penal, Tomo I*, Sexta edición, Ed. Thomson Reuters Aranzadi, Navarra, 2014, p. 1420.

2. LA DESTRUCCIÓN DE LOS EFECTOS JUDICIALES

2.1. SUPUESTOS EN LOS QUE PROCEDE

Los efectos judiciales son todos aquellos bienes que, embargados, incautados o aprehendidos en el curso de un procedimiento penal, son puestos a disposición judicial (art. 367 *bis* LECr.). El legislador prevé la posibilidad de que dichos bienes y efectos puedan ser destruidos (art. 367 *ter* 1 LECr.) o realizados (art. 367 *quáter* 1 LECr.).

La destrucción de bienes y efectos judiciales, embargados, incautados o aprehendidos en el curso de un procedimiento penal procede siempre y cuando:

a) Sea necesario o conveniente por la naturaleza de los efectos intervenidos,

b) o bien, por el peligro real o potencial que comporte su almacenamiento o custodia.

El legislador siempre ha sido consciente del elevado coste y de los graves problemas de seguridad que conllevaba la conservación, en especial, de las drogas tóxicas, estupefacientes y de las sustancias psicotrópicas que se intervenían en los procesos penales. las ingentes cantidades aprehendidas hicieron conveniente incorporar a nuestra LECr. un procedimiento flexible que facilitara su rápida destrucción, una vez que se hubieran realizado los informes analíticos correspondientes y se hubiese asegurado la conservación de las muestras suficientes para garantizar posteriores comprobaciones. En este marco y con esta finalidad se produjo la modificación del artículo 367 *ter* 1 de la LECr.[101] previendo la posibilidad de decretar la des-

101. El artículo 367 *ter*, 1 fue reformado por el artículo 4 del Real Decreto 3/2013, de 22 de febrero por el que se modificó el régimen de las tasas en el ámbito de la Administración de Justicia y el sistema de asistencia jurídica gratuita, y en concreto el art. 367 *ter*.1 dispone:
«1. Podrá decretarse la destrucción de los efectos judiciales, dejando muestras suficientes, cuando resultare necesaria o conveniente por la propia naturaleza de los efectos intervenidos o por el peligro real o potencial que comporte su almacenamiento o custodia, previa audiencia al Ministerio Fiscal y al propietario, si fuere conocido, o a la persona en cuyo poder fueron hallados los efectos cuya destrucción se pretende».
Cuando se trate de drogas tóxicas, estupefacientes o sustancias psicotrópicas, la autoridad administrativa bajo cuya custodia se encuentren, una vez realizados los informes analíticos pertinentes, asegurada la conservación de las muestras mínimas e imprescindibles que, conforme a criterios científicos, resulten necesarias para garantizar ulteriores comprobaciones o investigaciones, y previa comunicación al Juez instructor, procederá a su inmediata destrucción si, transcurrido el plazo de un mes

trucción de los efectos judiciales, cuando fuere necesario o conveniente por la propia naturaleza de los efectos intervenidos o por el peligro real o potencial que supusiera su almacenamiento o custodia. Al margen de determinar los dos supuestos en los que es posible la destrucción de efectos judiciales, prevé el precepto una condición que consiste en dejar «muestras suficientes» que garanticen posteriores comprobaciones o investigaciones, y prevé el correspondiente procedimiento.

2.2. PROCEDIMIENTO

El procedimiento para decretar la destrucción de los efectos requiere una condición para su actuación que, ya hemos referido y que no es otra que la de haber dejado muestras suficientes de los efectos judiciales a destruir. Cumplido este requisito, se procederá a dar audiencia al Ministerio Fiscal, al propietario en caso de que fuera conocido y a la persona en cuyo poder fueron hallados los efectos cuya destrucción se pretende (Art. 367 *ter.* 1 LECr.). Tratándose de drogas, estupefacientes o sustancias psicotrópicas, se habrá de dar audiencia al Ministerio Fiscal y a las partes.

Una vez evacuado el trámite de audiencia, el Juez resolverá sobre la destrucción distinguiendo dos supuestos:

a) En el caso de bienes en general cuya destrucción resulte necesaria o conveniente, o de efectos procedentes de delitos contra la propiedad intelectual e industrial, la decisión es discrecional en función de esta conveniencia o necesidad derivada de la naturaleza de los efectos o de su peligro o almacenamiento y

b) En caso de drogas, estupefacientes o sustancias psicotrópicas, la regla general es la destrucción de los mismos. Aunque excepcionalmente, de forma motivada, podría acordarse la conservación de la totalidad si se estima necesario.

El tipo de resolución que ha de dictarse, para el acuerdo de destrucción, ha de adoptar la forma de auto cuando exista oposición del Ministerio Fiscal o de alguno de los interesados, y desde luego en el caso en que se acuerde la conservación integra de la sustancia, pues en este caso el precepto prevé que dicha orden se lleve a cabo mediante «resolución motivada»[102].

desde que se efectuó aquella, la autoridad judicial no hubiera ordenado mediante resolución motivada la conservación integra de dichas sustancias. En todo caso, lo conservado se custodiará siempre a disposición del órgano judicial competente.

102. Cfr. Art. 367 *ter.*1 párrafo segundo LECr.

2.3. LA EJECUCIÓN

La destrucción supone la desaparición física de los efectos, por ello el art. 367 *ter* de la LECr. establece distintas cautelas, que deben ser observadas de forma escrupulosa para proceder a ejecutar la resolución. Dichas cautelas son las siguientes:

- En todos los casos, y como condición previa han de dejarse muestras suficientes para poder garantizar la contradicción sobre la composición o naturaleza de los efectos destruidos y para posibilitar, en su caso, ulteriores investigaciones en relación a los mismos.
- Y, por otro lado, la destrucción deberá documentarse mediante una diligencia que extenderá el Letrado de la Administración de Justicia, debiendo quedar constancia en autos de la naturaleza, calidad, cantidad, peso y medida de los efectos destruidos. Tratándose de efectos procedentes de delitos contra la propiedad intelectual e industrial, es necesario que los efectos hayan sido examinados pericialmente con anterioridad a la destrucción. En los demás casos deberá realizarse, con carácter previo a la destrucción, la tasación pericial de los efectos, cuando su fijación fuere imposible con posterioridad a la destrucción (Cfr. Arts. 367 *ter*. 2 y 3 LECr).

Por último, el legislador, como cláusula de cierre de este artículo 367 *ter*, prevé en su apartado cuarto el supuesto de que los «objetos no pudieren conservarse en su forma primitiva», es decir, pudieran desnaturalizarse o perder sus propiedades, en estos casos determina el legislador que el «Juez resolverá lo que estime conveniente para conservarlos del mejor modo posible» (art. 367 *ter* 4 LECr).

En el caso de que se trate de drogas tóxicas, estupefacientes o sustancias psicotrópicas[103], el art. 367 *ter*.1 párrafo segundo LECr., concreta el procedimiento legal a seguir. Este procedimiento determina que la autoridad

103. Hay que hacer constar que la aplicación de las directrices e instrucciones internacionales para la toma de muestras y la práctica de análisis de sustancias determina que la muestra remitida al Instituto Nacional de Toxicología y Ciencias Forenses o al servicio de Sanidad se corresponda con una gran cantidad de droga, que genera problemas tanto de conservación como de seguridad. Así mismo una vez realizado el correspondiente análisis no sería necesaria la conservación de todas las muestras remitidas al órgano correspondiente, bastaría la muestra mínima o imprescindible que, conforme a criterios científicos sea necesaria para realizar posteriores comprobaciones o investigaciones. Dicho de otra manera, sólo sería necesario, tras el análisis inicial, conservar la cantidad necesaria para un análisis contradictorio y un análisis dirimente (*Vid.* Recomendación del Consejo Europeo de 30 de marzo de 2004 sobre directrices para la toma de muestras de drogas incautadas a efectos de análisis).

administrativa bajo cuya custodia se encuentren estas sustancias, será la que (una vez realizados los informes analíticos correspondientes, y asegurada la conservación de las muestras imprescindibles, que conforme a criterios científicos resulten necesarias para garantizar posteriores comprobaciones o investigaciones) procederá, previa comunicación al juez instructor, a su inmediata destrucción. Esta destrucción de los efectos se podrá llevar a cabo transcurrido el plazo de un mes desde la comunicación al Juez Instructor, y siempre y cuando la autoridad judicial no hubiera ordenado mediante resolución motivada la conservación integra de dichas sustancias. En todo caso, lo conservado se custodiará siempre a disposición del órgano judicial competente.

En definitiva, la autoridad administrativa que custodia estos efectos podrá proceder a su destrucción siempre y cuando:

a) Haya realizado los informes analíticos de las sustancias.

b) Haya asegurado la conservación de las muestras imprescindibles.

c) Lo haya comunicado al Juez Instructor.

d) Haya transcurrido un mes desde la comunicación al mencionado Juez Instructor.

e) Cuando la autoridad Judicial no hubiera ordenado la conservación íntegra de dichas sustancias.

Tres observaciones al respecto. En primer lugar, vemos como el legislador señala lo que ha de considerarse por «muestras imprescindibles» estableciendo como tales las que, conforme a criterios científicos, resulten necesarias para garantizar posteriores comprobaciones o investigaciones, es decir, de esta manera se asegura adecuadamente el derecho de defensa previendo que, tras el análisis inicial de las sustancias, posteriormente se pueda llevar a cabo un análisis contradictorio y un análisis dirimente. En segundo lugar, como señala el precepto, es necesario que la autoridad judicial «no hubiera ordenado mediante resolución motivada la conservación íntegra de dichas sustancias», por lo que hemos de entender que cabe la posibilidad de que por el órgano judicial se dicte resolución motivada, suficientemente razonada, que exprese su decisión de conservar de forma íntegra las sustancias objeto del proceso. Esta resolución, aunque la norma nada diga al respecto, habrá de revestir la forma de auto[104]. Y, en tercer lugar,

104. Si bien es verdad que cabe la posibilidad de dictar providencias «sucintamente motivadas sin sujeción a requisito alguno cuando se estime conveniente» (Cfr. art. 248.1

destacamos la previsión de una «autorización tácita», pues si se han realizado los informes analíticos de las sustancias, se han asegurado las muestras imprescindibles, y se ha hecho la comunicación al Juez instructor, si este no ordena la conservación de las sustancias, transcurrido un mes la autoridad administrativa podrá proceder a la destrucción, sin más trámite.

Con esta redacción refuerza el legislador que la regla general, una vez cumplidos los requisitos formales, es la destrucción de las sustancias, siendo la excepción la conservación de las mismas, y requiriendo para ello la decisión motivada del órgano judicial. Es decir, de la regulación legal se deduce que una vez haya sido realizada la comunicación al Juez instructor, y haya transcurrido un mes se procederá a la destrucción de las sustancias, y esta no se podrá llevar a cabo en un único supuesto, que no es otro que cuando la autoridad judicial hubiera ordenado, por resolución motivada, la conservación íntegra de las mismas.

Hemos de decir que en la mayoría de los casos no tiene sentido ni se justifica la conservación de los alijos, por lo que una vez realizados los análisis necesarios y recogidas las muestras mínimas suficientes que aseguren que no se vean reducidas las garantías de las partes en el proceso penal, y atendiendo a la salvaguarda del bien jurídico protegido en los delitos contra la salud pública[105], la necesaria tutela del derecho a la protección de la salud de los miembros de las fuerzas y cuerpos de seguridad del Estado, así como la necesidad de reducir los costes económicos, justifican la oportunidad y el interés de establecer un proceso ágil para proceder a la destrucción de estos efectos judiciales[106].

Por último, como hemos referido anteriormente, en todo caso, el Letrado de la Administración de Justicia extenderá la oportuna diligencia y, si se hubiera acordado la destrucción, deberá quedar constancia en los autos de la naturaleza, cantidad, peso y medida de los efectos destruidos. Si no hubiese tasación anterior, también se dejará constancia de su valor cuando su fijación fuere imposible después de la destrucción (Art. 367 *ter*.2 LECr.).

LOPJ en relación al artículo 245.1 del mismo texto legal, y al art. 141 de la LECr.), entiendo que procede aquí dictar un auto, por cuanto que la regla general sería la de proceder a la destrucción de dichas sustancias, y la excepción sería conservar las mismas, lo que requiere en mi opinión algo más que una sucinta motivación.

105. En particular en los delitos de tráfico de drogas tóxicas, estupefacientes y sustancias psicotrópicas tipificadas en los artículos 368 a 372 del Código Penal.

106. Esta fue la razón también por la que este procedimiento del artículo 367 *ter* de la LECr. fue de aplicación a las drogas tóxicas, estupefacientes o sustancias psicotrópicas que a la entrada en vigor del mencionado precepto se encontraban bajo custodia de las autoridades administrativas (*Vid.* Disposición Transitoria Segunda del Real Decreto-Ley 3/2013, de 22 de febrero).

2.4. DESTRUCCIÓN DE EFECTOS INTERVENIDOS EN RELACIÓN CON LA COMISIÓN DE DELITOS CONTRA LA PROPIEDAD INTELECTUAL E INDUSTRIAL

Por último y en relación a la destrucción de efectos, establece el legislador en el artículo 367 *ter.* 3 LECr. una previsión específica en el caso de delitos cometidos contra la propiedad intelectual e industrial. En concreto dicho precepto legal se incorporó por primera vez con la Ley 13/2009 de 3 de noviembre de reforma de la legislación procesal para la implantación de la nueva oficina judicial, y ha sido modificado por la Disposición final Segunda número Tres de la Ley Orgánica 1/2015 de 30 de marzo por la que se modifica el código penal. La modificación ha sustituido el último inciso del artículo «una vez que tales efectos hayan sido examinados pericialmente» por el texto que señalamos a continuación en cursiva, quedando como sigue: «3. Lo dispuesto en los dos apartados anteriores será también aplicable a los efectos intervenidos en relación con la comisión de delitos contra la propiedad intelectual e industrial. *Podrá igualmente procederse a su destrucción anticipada una vez que tales efectos hayan sido examinados pericialmente, asegurando la conservación de las muestras que resulten necesarias para garantizar ulteriores comprobaciones o investigaciones, salvo que la autoridad judicial acuerde mediante resolución motivada su conservación integra en el plazo de un mes desde la solicitud de destrucción*».

Este supuesto específico, hubiera sido posible subsumirlo en el apartado primero y segundo del precepto legal, incorporando el añadido realizado por la LO 1/2015 como un nuevo párrafo dentro del art. 367 *ter.*1 LECr. o procediendo a una nueva redacción del precepto incorporando la referencia a los delitos contra la propiedad intelectual e industrial y al necesario examen pericial de los efectos en este supuesto. Esta opción hubiera sido más lógica y coherente sistemáticamente, que la opción utilizada por el legislador que ha consistido en sustituir el último inciso del modificado art. 367 *ter.*3 «Una vez que tales efectos han sido examinados pericialmente», por el añadido realizado por la LO 1/2015.

3. LA REALIZACIÓN DE EFECTOS JUDICIALES

3.1. SUPUESTOS PARA LA REALIZACIÓN DE EFECTOS JUDICIALES

Al margen de la destrucción de los efectos judiciales, cabe también la realización anticipada de los mismos, sin que sea necesario esperar a la firmeza del fallo judicial siempre y cuando sean de lícito comercio y no se trate de piezas de convicción ni deban quedar a expensas del procedimiento. Esta previsión se contiene en el artículo 367 *quáter.* 1 de la LECr. que enumera los supuestos en los que es posible la realización de efectos judiciales. Estos casos son los siguientes:

a) Cuando sean perecederos.

b) Cuando su propietario haga expreso abandono de ellos.

c) Cuando los gastos de conservación y depósito sean superiores al valor del objeto en sí.

d) Cuando su conservación pueda resultar peligrosa para la salud o seguridad pública, o pueda dar lugar a una disminución importante de su valor, o pueda afectar gravemente a su uso y funcionamiento habituales.

e) Cuando se trate de efectos que, sin sufrir deterioro material, se deprecien sustancialmente por el transcurso del tiempo.

f) Cuando, debidamente requerido el propietario sobre el destino del efecto judicial, no haga manifestación alguna.

Se trata de una lista cerrada, con seis supuestos en los que se permite la realización de los efectos judiciales cuando los mismos puedan perderse o depreciarse, cuando el coste de su conservación sea mayor que el del valor del bien, cuando sean peligrosos para la salud o seguridad pública, y cuando sus propietarios los abandonen o se desafecten de los mismos. En cualquier caso, los supuestos de realización anticipada deben ser contemplados teniendo en cuenta que el producto de la venta ha de ser aplicado; a los gastos causados en la conservación de los bienes, en el procedimiento para la realización de los mismos, al pago de las responsabilidades civiles y costas que se declaren en su caso, y también podrán asignarse total o parcialmente a la Oficina de recuperación y gestión de activos[107] y a los

107. Se habrá de estar a lo que dispone la DA 5.ª de la LECr, incorporada por el artículo único, n.º 18 de la Ley 41/2015 de 5 de octubre, de modificación de la Ley de Enjuiciamiento Criminal para la agilización de la justicia penal y fortalecimiento de las garantías procesales, dedicada a la oficina de recuperación y gestión de activos, que en su apartado segundo señala que «Los recursos que se encomienden a la oficina de Recuperación y Gestión de Activos con anterioridad a que se dicte resolución judicial firme de decomiso... Los intereses del dinero y los rendimiento y frutos de los bienes se destinarán a satisfacer los costes de gestión, incluyendo los que correspondan a la Oficina; la cantidad restante se conservará a resultas de lo que se disponga mediante resolución judicial firme de decomiso.». Asimismo, se habrá de observar lo dispuesto en el Real Decreto 948/2015 de 23 de octubre, por el que se regula la Oficina de Recuperación y Gestión de Activos, en concreto a la regulación del capítulo IV que se ocupa del régimen económico de la oficina y distribución del producto obtenido, en relación a los fines de la Oficina, previstos en el artículo 2 de dicho Real Decreto.

órganos del Ministerio fiscal encargados de la represión de las actividades de las organizaciones criminales[108].

3.2. PROCEDIMIENTO PARA ACORDAR LA REALIZACIÓN DE EFECTOS JUDICIALES

El procedimiento para la realización de los efectos judiciales, que podrá llevarse a cabo en los supuestos relacionados anteriormente y previstos en el art. 367 *quáter*. 1 LECr., está previsto en los modificados apartados dos y tres del mismo precepto[109]. Dicho procedimiento, podrá acordarse tanto de oficio por el juez, como a instancia de las partes, del Ministerio Fiscal o de la Oficina de Recuperación y Gestión de activos, y previa audiencia del interesado, existiendo dos circunstancias en las que no se podría llevar a cabo: —cuando estuviese pendiente la resolución del recurso interpuesto por el interesado contra el embargo o decomiso de los bienes o efectos—; o cuando la medida pudiese resultar desproporcionada, a la vista de los efectos que pudiera suponer para el interesado y, especialmente, de la mayor o menor relevancia de los indicios en que se hubiera fundado la resolución cautelar de decomiso.

En relación a esta nueva redacción del artículo 367 *quáter*. 2 LECr., destacamos los siguientes cambios;

- en primer lugar, se incorpora a la Oficina de Recuperación Gestión de Activos, junto a las partes y al Ministerio Fiscal como posible solicitante e interesado en la realización de efectos judiciales[110].
- y en segundo lugar, con la modificación operada en este precepto se establece ahora que, concurriendo alguno de los supuestos previstos, de oficio o a instancia de alguno de los interesados, el Juez, «acordará la realización de los efectos judiciales», es decir, con la modificación el juzgador estará vinculado por la petición de las partes debiendo acordar la realización de los efectos judiciales, pues así lo dispone el precepto legal, al contrario de cómo se recogía en el art. 367 *quáter*.2 anterior a la modificación, que establecía que el Juez «Podrá acordar la realización de efectos judiciales», es decir la versión vigente hasta

---

108. Cfr. art. 367 *quinquies*.3 LECr.
109. Los apartados 2 y 3 del art. 367 *quáter* de la LECr. fueron modificados por la Disposición final segunda, número cuatro de la LO 1/2015.
110. El artículo 9 del Real Decreto 948/2015 de 23 de octubre por el que se regula la Oficina de Recuperación y Gestión de Activos, prevé que en el caso de que el procedimiento se inicie a instancia de la propia Oficina de Recuperación y Gestión de activos, se habrán de continuar dicho procedimiento por los trámites previstos en el capítulo III de dicho Real Decreto.

el 1 de julio de 2015 establecía esta actuación como potestativa del juzgador, aunque hay que decir que sólo en el supuesto de que fuera solicitada por las partes[111], mientras que en la redacción actual operada por la modificación de la LO 1/2015, la actuación del juzgador está vinculada a la petición de las partes.

Por último, hemos de referirnos al supuesto en el que los efectos o bienes estén embargados en ejecución de un acuerdo adoptado por una autoridad judicial extranjera. En estos supuestos y en aplicación de la ley de reconocimiento mutuo de resoluciones penales en la Unión Europea (Ley 23/2014 de 20 de noviembre)[112] la realización anticipada no podrá llevarse a cabo sin obtener previamente la autorización de la autoridad judicial extranjera, lo que se convierte en un requisito de procedibilidad. (Art. 367 *quáter* 3 LECr)[113].

---

111. Hay que señalar que en la redacción vigente hasta el 1 de julio de 2015, la capacidad potestativa del Juez para acordar la realización de los efectos judiciales solo operaba cuando era solicitada por las partes, no sucedía lo mismo cuando la solicitud la hubiere realizado el Ministerio Fiscal o del Abogado del Estado. *Vid.* apartado 2 del art. 367 *quáter* previó a la modificación de la LO 1/2015, que en su segundo párrafo preveía que «Cuando se solicite la realización a instancia del Ministerio Fiscal o del Abogado del Estado, el Juez deberá acordarla, salvo que aprecie motivadamente que la petición es infundada o que, de acceder a ella, se causarán perjuicios irreparables».
112. La Ley núm. 23/2014 de 20 de noviembre de Reconocimiento mutuo de resoluciones penales en la Unión Europea (BOE de 21 de noviembre de 2014), también se ha visto modificada por la Disposición Final Cuarta de la LO 1/2015 de modificación del código penal, que ha añadido una disposición adicional cuarta a la mencionada Ley 23/2014 que regula la «Ejecución de resoluciones de decomiso dictadas por autoridades de terceros Estados no miembros de la Unión Europea», estableciendo como se llevará a cabo el reparto de bienes, valores o efectos que se hallen en España cuando en ejecución de una resolución de decomiso dictada por la autoridad competente de un Estado no miembro de la Unión Europea, se acuerde por los jueces o tribunales españoles el decomiso de estos bienes, valores o efectos. En concreto la regla que se ha establecido es la del reparto al 50 por ciento del producto obtenido entre el país requirente y el requerido, y esta regla se ha extendido fuera de las fronteras europeas, sobre la base del principio de reciprocidad, en la reforma del Código Penal por LO 1/2015.
113. El artículo 367 *quáter* 3 LECrim, en su reforma operada por la LO 1/2015 de modificación del código penal, cambia el precepto con la sustitución de la referencia «en aplicación de la Ley para la eficacia en la Unión Europea de las resoluciones de embargo y de aseguramiento de pruebas en procedimientos penales», por la referencia «en aplicación de la ley de reconocimiento mutuo de resoluciones penales en la Unión Europea». Esto se debe a que la Ley 23/2014 de 20 de noviembre de Reconocimiento mutuo de resoluciones penales en la Unión Europea, derogó la ley 18/2006 de 5 de junio para la Eficacia en la Unión Europea de las resoluciones de embargo y de aseguramiento de pruebas en procedimientos penales.

- ***Excepciones a la realización de efectos judiciales***

Como ya hemos dicho esta obligación del juez de acordar la realización de los efectos judiciales, se encuentra exceptuada en dos supuestos. El primero hace referencia a cuando «esté pendiente de resolución el recurso interpuesto por el interesado contra el embargo o decomiso de los bienes o efectos» [114]. Este supuesto, no requiere interpretación alguna y opera, por lo tanto, de forma automática; asimismo es coherente con la actuación del interesado que, oponiéndose a la resolución de embargo o decomiso, no parece lógico que pudiese consentir con la realización de los bienes embargados o decomisados.

Y en relación al segundo supuesto consistente en que «La medida pueda resultar desproporcionada, a la vista de los efectos que pudiera suponer para el interesado y, especialmente, de la mayor o menor relevancia de los indicios en que se hubiera fundado la resolución cautelar de decomiso» [115], dicho supuesto permite la interpretación y discrecionalidad del juzgador, y por lo tanto será en la audiencia previa que debe realizarse antes de que se acuerde la realización de efectos judiciales, donde el interesado habrá de hacer valer sus alegaciones.

Nada se establece en la nueva redacción dada a estos preceptos sobre la necesidad de motivación de la resolución, al contrario de lo que sucedía con el art. 367 *quáter* 2. previo a la reforma, que preveía la necesidad de que el Juez hubiera de motivar su decisión cuando entendiere que la solicitud realizada por el Ministerio Fiscal o el Abogado del Estado, es infundada o que, de acceder a ella, se causarán perjuicios irreparables a la parte. Ahora bien hemos de entender, que a pesar de que el actual art. 367 *quáter* 2 y 3 no señalen nada al respecto, y en atención a los derechos básicos de los justiciables, la resolución acordando o denegando la realización anticipada debe entenderse que adoptará la forma de auto cuando se haya suscitado controversia, y en la misma se podrá indicar asimismo el modo que se ha de utilizar para la realización de los efectos, siempre que se hayan oído al Ministerio fiscal y a los interesados sobre este extremo, de conformidad con el art. 367 *quinquies*.3 de la LECr.

3.3. MODOS DE REALIZACIÓN DE LOS EFECTOS JUDICIALES

Si se está en los supuestos regulados, y se ha acordado conforme al procedimiento previsto la realización de efectos judiciales, está se ha de llevar a cabo por alguno de los siguientes modos (Art. 367 *quinquies* 1 LECr.):

114. Cfr. art. 367 *quáter* 2 apartado a) LECr.
115. Cfr. art. 367 *quáter* 2 apartado b) LECr.

a) La entrega a entidades sin ánimo de lucro o a las Administraciones públicas.

b) La realización por medio de persona o entidad especializada.

c) La subasta pública.

El primer modo sól0o será posible cuando el efecto judicial sea de ínfimo valor o se prevea que la realización por medio de persona o entidad especializada o por medio de subasta pública resultara antieconómica (art. 367 *quinquies*.2); es decir es la opción prevista para cuando de la realización de los efectos judiciales no se prevean ingresos económicos significativos. Fuera de estos supuestos la realización se ha de ajustar a lo dispuesto en el art. 367 *quinquies* 3 LECrim, en su nueva redacción dada por la LO 1/2015, que prevé que dicha realización se llevará a cabo conforme al procedimiento que se determine reglamentariamente, tras oír al Ministerio Fiscal y a los interesados[116].

Recordemos, en relación a este desarrollo reglamentario, que, como ya hemos puesto de manifiesto en el capítulo anterior, el RD 948/2015 regula en el artículo 27 la realización de efectos judiciales cuando consiste en la entrega a entidades sin ánimo de lucro o a las administraciones públicas, también prevé que la oficina pueda optar por la realización por medio de persona o entidad especializada, regulando esta propuesta en el artículo 28, y por último también reglamenta, de una forma amplia y pormenorizada, la opción de la convocatoria de subasta, estableciendo las condiciones de la misma, los requisitos que han de cumplir los licitadores, el desarrollo concreto de todo el proceso de la subasta, la resolución de la misma y su certificación (artículos 30 a 34), e incluso prevé y regula una subasta electrónica, remitiéndose a la regulación prevista en la LEC, una subasta presencial y una subasta simplificada (art. 35 a 37). Tengamos en cuenta que conforme al art. 11.3 del mencionado Real Decreto de 2015, la oficina de recuperación y gestión de activos en el marco de su gestión podrá proceder, previa autorización del Juez o Tribunal competente, a la realización anticipada o utilización provisional de los bienes y efectos intervenidos. En este sentido habremos de estar a la regulación dispuesta en el nuevo capítulo VI del mencionado Real Decreto 948/2015[117], que se ocupa de la gestión de activos de la oficina, y que recoge en el art. 24, como una de las propuestas de

116. Es decir, se habrá de estar a lo dispuesto en la nueva Disposición Adicional Quinta de la LECr., y al Real Decreto 948/2015 de 23 de octubre por el que se regula la Oficina de Recuperación y Gestión de Activos.

117. Añadido por el artículo único 9 del Real Decreto 93/2018 de 2 de marzo.

actuación que dicha oficina puede realizar al órgano judicial es la «realización de los bienes, incluida la realización anticipada de los bienes intervenidos o embargados». Regulándose a continuación artículo 25 y siguientes, las actuaciones previas a la realización de los bienes o efectos y las formas de realización (art. 26).

Continuando con la regulación de la LECr., hay que destacar que, en el artículo 367 *quinquies* 3 de la LECr. se recoge la referencia al futuro desarrollo reglamentario del procedimiento regulador de las formas de realización de los efectos judiciales, en el mismo precepto, y en su primer párrafo, si se establece la necesidad de llevar a cabo, de forma previa, una audiencia al Ministerio Fiscal y a los interesados. En concreto se señala que «No obstante lo anterior, previamente a acordarla se concederá audiencia al Ministerio Fiscal y a los interesados». Esta audiencia hay que distinguirla de la prevista en el art. 367 *quáter*. 2 del mismo cuerpo legal, que como hemos señalado anteriormente, establece que «cuando concurra alguno de los supuestos previstos en el apartado anterior, el juez, de oficio o a instancia del Ministerio Fiscal, de las partes, o de la Oficina de Recuperación y Gestión de Activos, y previa audiencia del interesado, acordará la realización de los efectos judiciales...». Ambas audiencias son previas a la adopción del acuerdo de realización de los efectos judiciales, y así lo señalan expresamente. La diferencia significativa es que en la audiencia previa prevista en el art. 367 *quáter*.2 se contrae al interesado, en tanto que en la audiencia previa recogida en el art. 367 *quinquies* 3 tienen cabida además de los interesados, el Ministerio Fiscal.

En el análisis de estas audiencias destaca la deficiente técnica legislativa, pues se articulan en el texto normativo dos audiencias, previas a acordar la realización de efectos judiciales, prácticamente consecutivas, y como quiera que la decisión de acordar la realización de efectos judiciales se hubo de llevar a cabo de conformidad con lo dispuesto en el artículo 367 *quáter* 2 LECr, no podemos entender la audiencia prevista en el art. 367 *quinques* 3 del mismo texto legal, como una audiencia «revisora» de la anterior. La interpretación correcta sería la que nos lleva a entender esta segunda audiencia en el marco del precepto en el que se inserta, por lo que la audiencia prevista en el art. 367 *quinquies* 3, ha de centrarse, no en acordar la realización de efectos judiciales, cuestión ésta ya resuelta, sino en las incidencias que pudieran derivarse de las formas o modos de llevar a cabo esta realización de efectos, es decir al objeto del art. 367 *quinquies* de la LECr. En este sentido, y desde esta perspectiva encuentra aquí significado darle entrada al Ministerio Fiscal. Es por ello por lo que el legislador, en la audiencia previa prevista en el art. 367 *quinquies* 3 LECr., debiera de haber aclarado que está constreñida a las incidencias que pudieran acontecer en relación a la forma de realización de los efectos judiciales y al destino de su producto.

- ***Orden a seguir en la aplicación del producto***

Siguiendo con el art. 367 *quinquies* 3, en el mismo precepto, párrafo segundo determina el legislador el orden a seguir en la aplicación del producto de la realización de los efectos, bienes, instrumentos y ganancias:

- En primer lugar, se destinarán a sufragar los gastos que se hubieran causado en la conservación de los bienes y en el procedimiento de realización de los mismos.
- En segundo lugar, y de forma subsidiaria, si hubiere sobrante, el mismo se ingresará en la cuenta de consignación del juzgado o tribunal, quedando afecto al pago de las responsabilidades civiles y costas que se declaren, en su caso, en el procedimiento.
- Por último, también prevé la posibilidad de asignar estos bienes, instrumentos y ganancias, ya sea «total o parcialmente de manera definitiva», en los términos y por el procedimiento que reglamentariamente se establezcan, a la Oficina de Recuperación y Gestión de Activos[118] y a los órganos del Ministerio Fiscal encargados de la represión de las actividades de las organizaciones criminales.

  Todo ello sin perjuicio de lo dispuesto para el Fondo de bienes decomisados por tráfico ilícito de drogas y otros delitos relacionados[119].

---

118. *Vid.* por un lado, el apartado segundo de la Disposición Adicional quinta LECr. dedicada a la Oficina de Recuperación y Gestión de activos, incorporada a nuestra LECr. por el artículo único n.º 18 de la Ley 41/2015 de 5 de octubre, de modificación de la Ley de Enjuiciamiento Criminal para la agilización de la justicia penal y fortalecimiento de las garantías procesales, en dicho apartado se hace la previsión de satisfacer los gastos de funcionamiento y gestión de la Oficina de Recuperación y Gestión de Activos. Y por otro lado el Real Decreto 948/2015 de 23 de octubre por el que se regula la oficina de Recuperación y Gestión de activos, que en su artículo 13 hace la misma previsión, y en el artículo 14 establece los costes de gestión y gastos, en concreto en su apartado segundo determina que «los gastos ordinarios de la Oficina de Recuperación y Gestión de activos por el desarrollo de su actividad serán el cinco por ciento del valor de los recursos obtenidos. Este porcentaje se podrá modificar mediante orden conjunta del Ministerio de Justicia y del Ministro de Hacienda y Administraciones Públicas».
119. Hay que decir que con las modificaciones producidas por la LO 1/2015, este es el único precepto que hace referencia al Fondo de Bienes decomisados por tráfico ilícito de drogas y otros delitos relacionados, pues la referencia que se contenía en el art. 367 *Sexies* ha desaparecido al haberse modificado este precepto. El Fondo de bienes decomisados por tráfico ilícito de drogas y otros delitos relacionados se regula por la Ley 17/2003

Los cambios producidos en el art. 367 *quinquies* 3 LECr. y operados por la LO 1/2015 de modificación del código penal son sustantivos y merecen que nos detengamos en los mismos, y en especial en las siguientes cuestiones:

- Se ha pasado de la regulación anterior a la reforma operada por la LO 1/2015, que preveía que la realización de efectos judiciales se llevaría a cabo «por medio de entidad o persona especializada o mediante subasta pública» y que se efectuaría «conforme a las normas que sobre esta materia se contienen en la ley de Enjuiciamiento Civil», a la previsión contenida en el actual art. 367 *quinquies*.3 LECr. que establece un procedimiento que se determinará reglamentariamente. Para esta última cuestión ya hemos dicho que habremos de estar a la regulación prevista en el RD 948/2015, por el que se regula la Oficina de Recuperación y Gestión de Activos, tanto en su capítulo III, que se ocupa del procedimiento, como del capítulo VI que regula la gestión de activos de la oficina y prevé las distintas formas de realización de bienes.

- Por otro lado, el artículo 367 *quinquies* 3 LECr. previo a la reforma preveía la necesidad de recabar el informe del Ministerio Fiscal y de los interesados, esto ha sido sustituido en el nuevo precepto por la concesión de una audiencia al Ministerio Fiscal y a los interesados.

---

de 29 de mayo (BOE de 30 de mayo) cuyo objeto a tenor de su art. 1. Apartado 1 es «Regular el destino de los bienes, efectos e instrumentos que sean objeto de comiso en aplicación de los artículos 374 del Código Penal y 5 de la Ley Orgánica 12/1995, de 12 de diciembre de Represión del Contrabando, cuando en este último caso dichos bienes, efectos e instrumentos se hayan utilizado o provengan de la ejecución de un delito de contrabando de drogas tóxicas, estupefacientes y sustancias psicotrópicas o de sustancias catalogadas como precursores, así como de los decomisados como consecuencia accesoria del delito tipificado en el artículo 301.1 párrafo segundo del Código Penal, y que por sentencia firme se adjudiquen definitivamente al Estado, y del producto obtenido por la aplicación de las sanciones y del comiso previsto en la Ley 3/1996 de 10 de enero, o en cualesquiera otras disposiciones normativas relacionadas con la represión del narcotráfico». Y asimismo en el apartado 2 del mismo artículo se prevé «La creación de un fondo, de titularidad estatal que se nutrirá con los bienes, efectos e instrumentos contemplados en el párrafo anterior, con las rentas e intereses de dichos bienes y con el producto que se obtenga de éstos cuando no sean líquidos y se enajenen y liquiden según las previsiones de esta ley y de sus normas reglamentarias de desarrollo.
Los recursos obtenidos se aplicarán al presupuesto de ingresos del Estado para su ulterior distribución en los términos previstos en esta Ley y en sus normas reglamentarias de desarrollo.
No serán objeto de integración aquellos bienes en los que no sea posible su inscripción registral o su localización, ni aquellos inmuebles cuyas circunstancias no permitan asegurar la rentabilidad del comiso».

- Por lo que se refiere al producto de la realización de los efectos, el art. 367 *quinquies*. 3 anterior a la reforma operada por la LO 1/2015, se refería a los mismos como «El producto de la venta» estableciendo que, dicho producto, «se ingresaría en la cuenta de consignaciones del Juzgado o Tribunal quedando afecto al pago de las responsabilidades civiles y costas que se declaren, en su caso, en el procedimiento, una vez deducidos los gastos de cualquier naturaleza que se hayan producido». Tras la reforma, el actual art. 367 *quinquies*. 3 LECr. es mucho más específico, sustituye el término genérico «producto de la venta», por «producto de la realización de los efectos, bienes, instrumentos y ganancias»[120] y asimismo establece el orden en el que se aplicará este producto, y al que nos hemos referido anteriormente[121].

Por último, y en relación al último inciso del art. 367 *quinquies* 3, que se refiere al caso de realización de un bien embargado o decomisado por orden de una autoridad judicial extranjera, en estos supuestos se aplicará lo dispuesto en la Ley de reconocimiento mutuo de resoluciones penales en la Unión Europea que se regula por la Ley 23/2014 de 20 de noviembre. Recordemos que para la disposición de los bienes decomisados en el espacio de libertad, seguridad y justicia en la Unión Europea, es el artículo 172 de la mencionada Ley 23/2014 el que establece el procedimiento y las reglas a seguir por el Juez de lo Penal, ahora bien, en el caso de que se trate de la ejecución de resoluciones de decomiso dictadas por autoridades de terceros Estados no miembros de la Unión Europea habremos de estar al procedimiento recogido en la disposición adicional cuarta de la Ley 23/2014 de 20 de noviembre de reconocimiento mutuo de resoluciones penales en la Unión Europea que ha sido incorporado por la Disposición Final Cuarta de la LO 1/2015 de modificación del Código Penal.

3.4. LA COMPLEMENTARIEDAD. UTILIZACIÓN PROVISIONAL DE LOS BIENES O EFECTOS DECOMISADOS CAUTELARMENTE

El artículo 367 *sexies* de la LECr. en la redacción anterior a su modificación por la LO 1/2015, señalaba que «Lo expresado en el artículo 338 y en este capítulo se entiende sin perjuicio de lo que se establezca en normas especiales, particularmente en lo previsto en el artículo 374 del Código

120. Sobre la diferencia entre estas tres categorías, *Vid*. CARRILLO DEL TESO, A. E., *Decomiso y recuperación de activos en el sistema penal español*, Ed. Tirant lo Blanch, Valencia 2018, pp. 131-165.

121. El Real Decreto 948/2015, en su artículo 2 que se ocupa de los fines habla de «producto de la gestión y realización de los efectos, bienes, instrumentos y ganancias del delito», estableciendo a continuación los objetivos a los que irán dedicados.

Penal y por la Ley 17/2003 de 29 de mayo, por la que se regula el Fondo de bienes decomisados por tráfico ilícito de drogas y otros delitos relacionados y en su normativa de desarrollo»[122]. Este precepto ha sido completamente modificado por la disposición final Segunda Seis de la LO 1/2015, que ha previsto, en el nuevo art. 367 *sexies*.1 de la LECr. los casos en los que «Podrá autorizarse la utilización provisional de los bienes o efectos decomisados cautelarmente»[123], que serán los siguientes:

- Cuando concurran las circunstancias expresadas en las letras b) a f) del apartado 1 del artículo 367 *quater* LECr.[124], y la utilización de los efectos permita a la Administración un aprovechamiento de su valor mayor que con la realización anticipada, o no se considere procedente la realización anticipada de los mismos.
- Cuando se trate de efectos especialmente idóneos para la prestación de un servicio público.

---

122. La única referencia que queda en la regulación actual al Fondo de bienes decomisados por tráfico ilícito de drogas y otros delitos relacionados se contienen en el art. 367 *quinquies*.3 LECr., que deja a salvo las especialidades del mencionado Fondo. En el mismo sentido hay que referir también que el Real Decreto 948/2015 de 23 de octubre por el que se regula la Oficina de Recuperación y Gestión de activos, en su Disposición Adicional Primera deja excluido del ámbito de aplicación de la norma los bienes y los efectos que se produzcan en el marco del Plan nacional sobre Drogas, que deberán integrarse en el fondo regulado por la Ley 17/2003 de 29 de mayo de bienes decomisados por tráfico ilícito de drogas y otros delitos relacionados.
Por otro lado, recordemos que el artículo 338 de la LECr. incardinado en el capítulo II (Del Cuerpo del Delito) Del Título V (De la comprobación del delito y averiguación del delincuente) del Libro II, establece que «Sin perjuicio de lo establecido en el capítulo II bis del presente Título, los instrumentos, armas y efectos a que se refiere el artículo 334 se recogerán de tal forma que se garantice su integridad y el Juez acordará su retención, conservación o envío al organismo adecuado para su depósito».
123. La Oficina de Recuperación y Gestión de activos podrá utilizar provisionalmente los bienes y efectos intervenidos, previa autorización del juez o tribunal competente. (art. 11.3 RD 948/2015). Siendo esta utilización provisional una de las propuestas de actuación de la ORGA que regula el art. 24 del RD de 2015, desarrollándose específicamente esta utilización provisional de los bienes en el art. 39 del referido reglamento de la ORGA.
124. Los supuestos previstos en las letras b) a f) del art. 367 *quater* 1 de la LECr. son los siguientes: cuando su propietario haga expreso abandono de ellos; cuando los gastos de conservación y depósito sean superiores al valor del objeto en sí; cuando su conservación pueda resultar peligrosa para la salud o seguridad pública, o pueda dar lugar a una disminución importante de su valor, o pueda afectar gravemente a su uso y funcionamiento habituales; cuando se trate de efectos que, sin sufrir deterioro material, se deprecien sustancialmente por el transcurso del tiempo; y cuando, debidamente requerido el propietario sobre el destino del efecto judicial, no haga manifestación alguna. En definitiva, solo se ha eliminado el supuesto de que se trate de productos perecederos.

Recogidos en el art. 367 *sexies* 1 de la LECr. los supuestos en los que es posible la utilización provisional de los bienes y efectos decomisados, el procedimiento a seguir se recoge en el apartado 2. En este sentido, la autorización la acordará el Juez, y podrá hacerlo de oficio o a instancia del Ministerio Fiscal o de la oficina de Recuperación y Gestión de activos. Esta autorización judicial tiene unas condiciones previas:

- por un lado, la audiencia previa que el Juez habrá de dar al interesado,
- y, por otro lado, el que no concurran las circunstancias previstas en el art. 367 *quáter*.2 párrafo segundo; es decir, no debe haberse resuelto ya el recurso interpuesto por el interesado contra el embargo o decomiso de los bienes o efectos, y la medida no ha de resultar desproporcionada a la vista de los efectos que pudiera suponer para el interesado y, especialmente, de la mayor o menor relevancia de los indicios en que se hubiera fundado la resolución cautelar de decomiso.

Por último, en el presente procedimiento, el art. 367 *sexies* 3 LECr., establece que el órgano competente para resolver, no ya sobre la autorización, que corresponde al Juez con las condiciones señaladas, sino sobre el uso de los efectos decomisados cautelarmente y sobre las medidas de conservación que deban ser adoptadas, es la Oficina de Recuperación y Gestión de activos, que lo hará conforme a lo previsto legal y reglamentariamente. Debiendo de informar de su decisión al Juez o Tribunal y al Fiscal[125]. El legislador, con esta disposición, está sacando del ámbito jurisdiccional, la gestión y uso de los bienes y efectos decomisados cautelarmente. Esta competencia se adjudica a la oficina de Recuperación y Gestión de activos, un órgano administrativo[126], que resuelve sobre bienes afectos a un procedimiento penal aún sin resolver, con el único contrapeso de informar al Juez y al Fiscal. A la vista de esta regulación, se habrá de delimitar adecuadamente lo que es propiamente jurisdiccional, de los procedimental y de lo administrativo, todo ello en atención al respecto y garantía de los derechos

125. Cfr. Artículo 11, 24 y 39 del Real Decreto 948/2015 de 23 de octubre, por el que se regula la Oficina de Recuperación y Gestión de Activos.
126. Recordemos que la DA Quinta de la LECr., establece en su apartado primero que «La Oficina de Recuperación y Gestión de Activos es el órgano administrativo al que corresponden las funciones de localización, recuperación, conservación, administración y realización de efectos procedentes de actividades delictivas en los términos previstos en la legislación penal y procesal». *Vid.* en el mismo sentido el artículo 1 del Real Decreto 948/2015 de 23 de octubre, que refiere que la Oficina de Recuperación y Gestión de Activos, «se configura como un órgano de la Administración del Estado y auxiliar de la Administración de Justicia».

de los afectados en el proceso, pues la eficacia en la gestión no puede alcanzarse sobre el perjuicio y deterioro de los derechos básicos y garantías fundamentales del justiciable, y es que, en la regulación actual, es un órgano administrativo, cuya única obligación es informar al Juez, el que decide sobre bienes y efectos incursos en un proceso penal propiedad de un tercero.

Capítulo IV

La intervención de terceros afectados por el decomiso

En capítulos anteriores me he ocupado de distintos perfiles estratégicos en la lucha contra el crimen organizado, de la oficina de recuperación y gestión de activos derivados del delito, y del procedimiento para la destrucción y realización de efectos judiciales. En todos ellos ocupa un lugar central la necesidad de actuar contra los beneficios económicos de la criminalidad organizada, pues es la línea de actuación más eficaz en la lucha contra este fenómeno criminal. Ahora bien, esta línea estratégica, que se fundamenta en el desarrollo de una política criminal de decomiso total, ha de actuarse sobre la base del respeto a un sistema de derechos y garantías procedimentales propios de un Estado de Derecho. Pues este delicado equilibrio es el que legitima la referida política criminal y fortalece el Estado de Derecho. En este punto, es conveniente detenernos en la regulación que tienen los sospechosos y acusados en el procedimiento por el decomiso, y en especial los terceros afectados por el mismo, y para ello es necesario conocer como hemos llegado al marco jurídico actual en la materia.

1. INTRODUCCIÓN

Desde su aparición por primera vez en el Código Penal de 1822, y hasta el día de hoy, el instituto jurídico-penal del decomiso ha estado buscando su verdadera identidad[127], y no fue sino hasta la publicación de la Ley 41/2015 de 5 de octubre de modificación de la Ley de Enjuiciamiento Criminal para la agilización de la justicia penal y el fortalecimiento de las garantías procesales, cuando se diseñó y estableció un procedimiento que, con el título «*De la intervención de terceros afectados por el decomiso y del procedimiento de decomiso autónomo*», se incorporó a nuestra LECr. culminando

127. *Vid.* CORTES BECHIARELLI, E., Valoración crítica de la reforma del comiso, *RGDP n.º 8*, noviembre de 2007, p. 1.

con ello la transposición de la Directiva 2014/42/UE del Parlamento Europeo y del Consejo de 3 de abril sobre el embargo y el decomiso de los instrumentos y del producto del delito en la Unión Europea. Transposición, que ya se ha se había realizado en parte por la Ley Orgánica 1/2015 de reforma del Código Penal.

Esto ya ponía de manifiesto, como señalaba JIMÉNEZ-VILLAREJO FERNÁNDEZ[128], que «hasta hace poco tiempo el decomiso merecía escasa atención en nuestro Derecho Penal y era materia por desarrollar en el Derecho Procesal Penal». Pero todo ello ha cambiado sustancialmente[129] en los últimos años, sobre todo en relación con la lucha contra la delincuencia organizada y otras formas graves de delincuencia, en cuyo ámbito el decomiso se ha revelado como el medio de lucha más eficaz contra estos fenómenos, pues actúa directamente sobre el patrimonio del crimen organizado y las redes criminales, es decir sobre las ganancias de estas estructuras criminales que son, como mantiene HASSEMER, el «talón de Aquiles» de la delincuencia organizada[130].

Pero para que el decomiso fuera un instrumento eficaz en la persecución de la delincuencia organizada era necesario avanzar y profundizar en la regulación sustantiva y procesal, y al mismo tiempo había que observar y respetar los derechos y los límites de las garantías en materia sancionadora[131]. Por estas razones era necesario y urgente conformar un verdadero proceso penal de decomiso, que se concretó en la Ley 41/2015 de 5 de octubre de modificación de la Ley de Enjuiciamiento Criminal para la agilización de la justicia penal y el fortalecimiento de las garantías procesales.

Son muchas las cuestiones sobre esta materia, que tanto en el código penal como en nuestro Ley de Enjuiciamiento Criminal, requieren de un análisis detenido y minucioso, en especial porque la regulación actualmente vigente es compleja, dispersa, y hubiera merecido más coherencia así como

128. JIMÉNEZ-VILLAREJO FERNÁNDEZ, F., «Novedades legislativas en materia de decomiso y recuperación de activos», en *Revista de Derecho Penal* n.º 34, 2011, p. 92.

129. AGUADO CORREA se refiere a la sanción de decomiso como «una vieja "desconocida" en el sistema de sanciones que no cesa de adquirir protagonismo». *Vid.* AGUADO CORREA, T., Embargo preventivo y comiso en los delitos de tráfico de Drogas y otros delitos relacionados: presente y ¿Futuro?, *Estudios Penales y Criminológicos,* Vol. XXXIII (2013), p. 265.

130. *Vid.* HASSEMER, W., «Localización de ganancias: Ahora con el Derecho Penal», *Revista de Ciencias Penales,* Vol. I, núm. 1, 1998, p. 220.

131. Cfr. GASCÓN INCHAUSTI, F., *El Decomiso transfronterizo de bienes,* Ed. Colex, Madrid 2007, p. 84; *Vid.* también del mismo autor, «Decomiso, origen ilícito de los bienes y carga de la prueba», en *Problemas del Proceso iberoamericano,* Actas de las XX Jornadas Iberoamericanas de Derecho Procesal, Tomo I, Centro de Ediciones de la Diputación Provincial, Málaga 2006, p. 591 y ss.

una técnica legislativa más depurada, habida cuenta de la transcendencia de las innovaciones que ha introducido, en especial en relación a la situación en la que deja a los sospechosos y acusados, respecto de los cuales se han de cumplir con las exigencias mínimas de nuestro derecho sancionador, garantizando adecuadamente los derechos que les corresponden en las distintas fases del procedimiento. De todas estas cuestiones, que han sido objeto de una amplia atención por la doctrina, me detendré en la intervención de terceros en el decomiso.

2. EL MARCO JURÍDICO EUROPEO DE REFERENCIA

Es obligado comenzar con el marco normativo europeo de la institución, pues en el tratamiento actual del decomiso han sido esenciales, en primer lugar las medidas adoptadas en instrumentos internacionales, que han sido fiel reflejo de la preocupación de la comunidad internacional por el crecimiento de la criminalidad organizada transfronteriza así como por fenómenos como la corrupción[132], y en segundo lugar, la Unión Europea no ha sido ajena a esta preocupación, habiendo establecido como prioridad de su política criminal la persecución de la delincuencia organizada y transfronteriza que lleva a cabo, como ya he señalado con anterioridad, en tres líneas de intervención, el decomiso, el blanqueo de capitales y la recuperación de activos[133], siendo un elemento transversal de estas líneas de intervención, la lucha contra el beneficio económico de actividades delictivas.

Hay que tener en cuenta que, con la entrada en vigor del Tratado de Lisboa, las posibilidades de desarrollo de la legislación penal de la UE permitían que la integración normativa en este ámbito alcanzara un nivel superior, pues el artículo 83 TUE, en cuanto base jurídica explícita para la adopción de directivas en materia de derecho penal sustantivo[134], supuso un

132. Como señala RODRÍGUEZ GARCÍA, N., «*El decomiso de activos ilícitos*», Ed. Aranzadi, Navarra 2017, p. 28, «Ante un escenario de globalización de la economía se ha favorecido indirectamente una globalización de la delincuencia, que exige de los Estados una globalización de la respuesta penal».

133. *Vid.* GASCÓN INCHAUSTI, F., «Las nuevas herramientas procesales para articular la política criminal de decomiso total: La intervención en el proceso de terceros afectados por el decomiso y el proceso para decomiso autónomo de los bienes y productos del delito», *Revista General de Derecho Procesal*, 2016, núm. 38, p.1.

134. A este respecto podemos ver que, con anterioridad al Tratado de Lisboa (que entró en vigor el 1 de diciembre de 2009), y por tanto sin la base jurídica del mencionado artículo 83 del TUE, se adoptaron distintas medidas dirigidas a reforzar la aplicación de las políticas de la UE, sirvan como ejemplos la Directiva 2009/52/CE por la que se establecen normas mínimas sobre las sanciones y medidas aplicables a los empleadores de nacionales de terceros países en situación irregular; la Directiva

salto cualitativo en la materia que permitía garantizar la aplicación efectiva de las políticas de la UE. Como ya hemos dejado dicho, en la construcción de una nueva Europa tiene un papel central el diseño y configuración del espacio de libertad, seguridad y justicia europeo, que trasciende la actuación de la UE, profundización en la integración social y jurídica de los distintos Estados Miembros[135].

Sobre esta arquitectura jurídica la Unión Europea adoptó la Directiva 2014/42/UE del Parlamento Europeo y del Consejo de 3 de abril de 2014 sobre el embargo y el decomiso de los instrumentos y del producto del delito en la Unión Europea[136], consciente de que «entre los medios más eficaces en la lucha contra la delincuencia organizada se encuentran el establecimiento de consecuencias jurídicas graves por la comisión de tales delitos, así como la detección eficaz y el embargo y el decomiso de los instrumentos y del producto del delito»[137], aunque es la propia directiva la que después de reconocer que el decomiso es uno de los medios más eficaces[138], mantiene que sigue siendo un mecanismo «infrautilizado»[139].

2009/123/CE, por la que se modifica la Directiva 2005/35/CE, relativa a la contaminación procedente de buques y la introducción de sanciones para las infracciones; y la Directiva 2008/99/CE, relativa a la protección del medio ambiente mediante el Derecho Penal, pero la adopción de estas medidas hubo de hacerse sobre la base de la Jurisprudencia del Tribunal de Justicia (C-176/03 y C-440-05).

135. Sobre el Espacio Europeo de Liberad, seguridad y Justicia, que son cuestiones de primer orden para los ciudadanos europeos, *Vid.* ARANGÜENA FANEGO, C. (Dir.), *Espacio Europeo de libertad, seguridad y justicia. Últimos avances en cooperación judicial penal,* Ed. Lex Nova, Valladolid 2010.; GARRIDO CARRILLO, F. J., FAGGIANI, V., «La armonización de los derechos procesales en la UE», en *Revista General de Derecho Constitucional,* núm. 16, abril 2013, pp. 1-40; ARANGÜENA FANEGO, C. (Coordinadora), *Garantías procesales en los procesos penales en la Unión Europea,* Ed. Lex Nova, Valladolid, 2007; GUTIÉRREZ ZARZA, A., (Coord.), *Los retos del Espacio de Libertad, Seguridad y Justicia de la UE en 2016,* Red española de Derecho Penal Europeo (ReDPE), Ed. Wolters Kluwer, Madrid 2017; FAGGIANI, V., «*Los derechos procesales en el espacio europeo de Justicia Penal. Técnicas de Armonización*». Ed. Aranzadi, Pamplona 2017.

136. DOUE de 29 de abril de 2014, L-127, pp. 39-50.

137. Considerando n.º 3 Directiva 2014/42/UE.

138. Efectivamente es uno de los medios más eficaces, aunque como señala GIMENO BEVIÀ, J., «Recuperación de activos y proceso penal: Algunas cuestiones relevantes», *CEEJ* 2014, núm. 2, pp. 172 y ss., no es el único instrumento para lograr tal fin.

139. Así lo recoge expresamente en el considerando 4, y lo mantienen entre otros MORÁN MARTÍNEZ, R. A, «El Decomiso: Regulación en la Unión Europea y estado de su aplicación en España», en ARANGÜENA FANEGO, C. (Dir.), *Espacio Europeo de Libertad… cit.* p. 380.; RODRÍGUEZ-PIÑERO BRAVO FERRER, M., «La agilización del proceso penal, el procedimiento de decomiso autónomo y la ampliación de la apelación en el proyecto de reforma de la Ley de Enjuiciamiento Criminal», *Diario la Ley n.º 8527,* 27 de abril de 2015, p. 8.

Esta Directiva regula el embargo preventivo y decomiso de activos de origen delictivo mediante decomiso directo, decomiso del valor, decomiso ampliado, decomiso no basado en condena (en circunstancias limitadas) y decomiso de bienes de terceros. Se trata de una directiva de «mínimos» que, en su adaptación el legislador español ha rebasado con creces, desbordando las previsiones que se encontraba obligado a adaptar[140], lo que ha planteado distintas dificultades tanto desde la perspectiva penal como procesal[141].

2.1. GARANTÍAS PROCESALES MÍNIMAS EN LA UE PARA UN PROCESO DE DECOMISO

La Directiva 2014/42/UE, afecta sustancialmente a los derechos personales, no sólo de los sospechosos o acusados, sino también de terceros no procesados, y en esta medida es necesario establecer las garantías y recursos judiciales que aseguren la protección de los derechos fundamentales de todos los afectados[142]. En este sentido la Directiva de 2014 establece dos cautelas, en primer lugar, dicha directiva se deberá aplicar (Considerando n.º 40) teniendo en cuenta las disposiciones de las Directivas ya publicadas en ese momento sobre derechos de los justiciables. En concreto me estoy refiriendo a:

140. En este sentido VIDALES RODRÍGUEZ, C., «Consecuencias accesorias: decomiso (art. 127 a 127 octies)» en *Comentarios a la reforma del Código Penal de 2015*, GONZÁLEZ CUSSAC (Dir.), Tirant lo Blanch, Valencia 2015, p. 391; HAVA GARCÍA, E., «La nueva regulación del comiso», en *Comentarios a la Reforma penal de 2015*, QUINTERO OLIVARES (Dir.), Thomson Reuters Aranzadi, Cizur Menor, 2015, p. 214; VALLE MARISCAL DE GANTE, M., «El decomiso tras la LO 1/2015», en *Derecho, Justicia y Universidad. Liber amicorum de Andrés de la Oliva Santos*, DÍEZ-PICAZO GIMÉNEZ, I. y VEGA TORRES, J. (Coords.) Editorial Centro de Estudios Ramón Areces, Tomo II, Madrid, 2016, p. 3155; RODRÍGUEZ GARCÍA, N., «Lucha contra la corrupción, decomiso y recuperación de activos», en *El proceso penal en ebullición*, ROCA MARTÍNEZ, J. M., (Dir.), Ed. Atelier, Barcelona, p. 51.

141. Estas dificultades y problemas los anticipaba ya VERVAELE, cuando decía que «En resumen, los principios fundamentales del Derecho (procesal) penal están expuestos a una dura prueba. Las sanciones de confiscación se refieren con frecuencia no sólo a los hechos tenidos expresamente en cuenta, sino también a hechos similares. Además, a menudo se trata de una cuestión de carga de la prueba, consistente en tener suficientes indicios o hacerlos más plausibles; en lo relativo al origen legítimo de los bienes o valores se invierte la carga de la prueba. El embargo-confiscación está, desde el punto de vista procesal, fuertemente orientado hacia el objeto (*in rem*); la relación con la persona (*ad personam*) y el hecho penal (*mens rea-actus reus*), a menudo se reducen al mínimo». *Vid*. VERVAELE, J. «Las sanciones de confiscación: ¿Un intruso en Derecho Penal?», *Revista Penal*, 1998, n.º 2, p. 68.

142. Cfr. Considerando n.º 33.

- la Directiva 2010/64/UE del Parlamento Europeo y del Consejo de 20 de octubre de 2010 relativa al derecho a interpretación y a traducción en los procesos penales.
- Directiva 2012/13/UE del Parlamento Europeo y del Consejo de 22 de mayo de 2012 relativa al derecho a la información en los procesos penales.
- Y de la Directiva 2013/48/UE del Parlamento Europeo y del Consejo de 22 de octubre de 2013, sobre el derecho a la asistencia de letrado en los procesos penales y en los procedimientos relativos a la orden de detención europea, y sobre el derecho a que se informe a un tercero en el momento de la privación de libertad y a comunicarse con terceros y con autoridades consulares durante la privación de libertad.

A estas directivas[143], hemos de añadir las publicadas con posterioridad a la mencionada Directiva 2014/42/UE, ya que forman parte del «segundo paquete de medidas»[144] relativas a los derechos de los justiciables y a la armonización de las garantías procesales en la Unión Europea, en concreto me estoy refiriendo a:

- La Directiva (UE) 2016/343 del Parlamento Europeo y del Consejo de 9 de marzo de 2016 por la que se refuerzan en el proceso penal determinados aspectos de la presunción de inocencia y el derecho a estar presente en el juicio[145].

---

143. Que fueron publicadas respectivamente en el DOUE, L 280/1, 26.10.2010; DOUE, L 142/1, 1.6.2012; y en el DOUE, L 294/1, 6.11.2013.
144. Sobre el primer paquete de medidas, *vid.* ARANGÜENA FANEGO, C., «Nuevos avances en la armonización de garantías procesales en la Unión Europea», en GONZÁLEZ CANO, M. I. (coord.), *Cooperación judicial penal en la Unión Europea*, Tirant lo Blanch, Valencia, 2016, pp. 267 y ss.; y sobre el segundo: *Vid.* ARANGÜENA FANEGO, C., «Las garantías procesales de sospechosos e imputados en los procesos penales, en GUTIÉRREZ ZARZA, A., *Los retos del espacio de Libertad, Seguridad y Justicia de la Unión Europea en el año 2016*, Reunión Anual ReDPE 2016, La Ley, Wolters Kluwer, p. 13; y FAGGIANI, V., «Le direttive sui diritti processuali. Verso un "modello europeo di giustizia penale?"», Freedom, Security & Justice: European Legal Studies (ISSN-e 2532-2079), 2017, n.º 1, pp. 84-103 (http://www.fsjeurostudies.eu/2017,-n.-1.html).
Tengamos en cuenta, como nos recuerda ARANGÜENA FANEGO, en relación a estas Directivas, que «si bien cada uno de estos textos desarrolla el contenido específico de uno o varias garantías del imputado con previsiones particulares al respecto, comparten una serie de elementos susceptibles de integrar una cierta teoría general o presupuestos generales relativos a su ámbito de aplicación», *Vid.* ARANGÜENA FANEGO, C., «*Las garantías procesales…*», *cit.* p. 1.
145. DOUE, L 65/1, 11.3.2016.

- La Directiva (UE) 2016/800 del Parlamento Europeo y del Consejo de 11 de mayo de 2016 relativa a las garantías procesales de los menores sospechosos o acusados en los procesos penales[146].
- Y la Directiva (UE) 2016/1919 del Parlamento Europeo y del Consejo de 26 de octubre de 2016 relativa a la asistencia jurídica gratuita a los sospechosos y acusados en los procesos penales y a las personas buscadas en virtud de un procedimiento de orden europea de detención[147].

Tengamos en cuenta que, la Directiva de 2014 (considerando n.º 38) ha de interpretarse de conformidad con la Jurisprudencia del Tribunal Europeo de Derechos Humanos y la Carta de los Derechos Fundamentales de la Unión Europea, siendo imprescindible garantizar los derechos a la tutela judicial efectiva, al juicio justo y a la presunción de inocencia (artículos 47 y 48 de la Carta). De ahí que el legislador comunitario, establezca la segunda cautela a la que hacíamos referencia, dedicando el artículo 8, a las garantías procesales mínimas que los Estados miembros deberán adoptar para garantizar que las personas afectadas tengan derecho a la tutela judicial efectiva, y a un juicio justo (incluido el principio *ne bis in idem*), salvaguardando la observancia de la presunción de inocencia, y previendo la existencia de vías de recurso judicial efectivo ante un órgano jurisdiccional así como el derecho a ser informado sobre como ejercer dichos recursos.

Por lo tanto, la regulación sustantiva y procesal relativa al decomiso ha de desarrollarse respetando las garantías y derechos básicos del justiciable, que no pueden ser minorados o devaluados, y que se estructuran como los mínimos exigibles en el ámbito de la Unión Europea. En lo que se refiere a la intervención de terceros, habremos de prestar una especial atención a lo dispuesto en el apartado 7 del artículo 8 de la Directiva de 2014, por cuanto que el mismo prevé que las personas cuyos bienes se vean afectados por la resolución de decomiso tendrán derecho a acceder a un abogado durante todo el procedimiento de decomiso, por lo que respecta a la determinación de los productos e instrumentos, con el fin de ejercer sus derechos, y ser informadas de este derecho.

En definitiva, la Directiva de 2014 amplia el marco que ofrecían otras normas, y entre otros elementos tenemos que destacar sintéticamente que:

a) Amplía concepto de «producto del delito», que a partir de hora comprenderá, no solo el producto directo derivado del delito, sino

146. DOUE, L 132/1, 21.5.2016.
147. DOUE, L 297/1, 4.11.2016.

también «todas las ventajas económicas indirectas, incluida la posterior reinversión o transformación del producto directo»[148].

b) Adopta una definición amplia de los bienes susceptibles de ser embargados o decomisados, incluyendo los documentos o actos jurídicos que acreditan la titularidad sobre bienes (por ejemplo, instrumentos financieros y los títulos de crédito).

c) Prevé la posibilidad de decomiso en los casos en que no haya sido posible enjuiciar al sujeto, con mención expresa a los casos de enfermedad o fuga del sospechoso o acusado.

d) Permite una persecución unificada de los delitos (cooperación transfronteriza).

e) Y, por último, para evitar conceptos divergentes unifica el concepto de decomiso ampliado, «fijando un único estándar mínimo» (considerando 19), siendo este uno de los posibles orígenes del denominado «sistema de indicios», que con la reforma incorpora el artículo 127 bis.2 CP.

Como veremos más adelante, la Directiva 2014/42/UE y la Decisión 2007/845/JAI[149] del Consejo han sido sometidas a evaluación por la Comisión, que ha concluido que no alcanzan los objetivos previstos en la lucha contra la delincuencia organizada mediante la recuperación de sus beneficios, pues adolecen de graves deficiencias, por lo que se hace necesario reforzar el régimen de recuperación de activos en la UE, en coherencia con la Estrategia de la UE contra la Delincuencia Organizada 2021-2025[150]. Por ello, y ante el fracaso y la ineficiencia de la regulación actual del decomiso, de la que era consciente ya hace mucho tiempo el legislador europeo, se ha presentado la Propuesta de Directiva del Parlamento Europeo y del Consejo sobre recuperación y decomiso de activos de 25 de mayo de 2022[151]de la que nos ocuparemos en profundidad en el último capítulo de este trabajo.

148. Artículo 2.1 y Considerando n.º 11 de la Directiva 2014/42/UE.

149. Decisión 2007/845/JAI del Consejo, de 6 de diciembre de 2007, sobre cooperación entre los organismos de recuperación de activos de los Estados miembros en el ámbito del seguimiento y la identificación de productos del delito o de otros bienes relacionados con el delito (DO L 332 de 18.12.2007, p. 103). Recordemos que esta Decisión obligaba a los Estados miembros a crear organismos de recuperación de activos y establecía requisitos mínimos para facilitar la cooperación transfronteriza entre los mismos.

150. Comunicación de la Comisión sobre la Estrategia de la UE contra la Delincuencia Organizada 2021-2025 [COM (2021) 170, de 14.4.2021].

151. Propuesta de Directiva del Parlamento Europeo y del Consejo sobre recuperación y decomiso de activos de 25 de mayo de 2022 (COM 2022) 245 final), que finalmente ha

3. LA REFERENCIA A LOS TERCEROS EN LA DIRECTIVA DE 2014 Y EN EL CP

Pero volviendo a la regulación actual, digamos que la reforma del decomiso llevada a cabo en nuestro país por la LO 1/2015 dio cuenta de la transcendencia de la institución, pues no se trató de una modificación sino de una nueva regulación en la que el carácter retributivo con el que se concibió históricamente la institución más cercana a una pena pecuniaria ha quedado relegado a un segundado plano, teniendo actualmente mayor prevalencia la finalidad preventiva.

3.1. CONCEPTO Y CONTENIDO DEL DECOMISO

En primer lugar, el concepto de decomiso que encontramos en la Directiva 2014/42/UE define la institución como «La privación definitiva de un bien por un órgano jurisdiccional en relación con una infracción penal» (Art. 2.4.)[152], por tanto, el sujeto afectado pierde la titularidad del bien. En cambio, en nuestro país, ni en la Ley de Enjuiciamiento Criminal, ni en el Código penal encontramos un concepto claro y explícito de decomiso[153], por lo que hemos de deducirlo de la regulación legal, y acudiendo al art. 127.1 y 2 del CP, podemos concluir que el decomiso será aquella consecuencia accesoria que, obligatoriamente acompaña a una pena impuesta por un delito doloso, y, facultativamente, a la pena impuesta por delitos imprudentes si conllevan una pena privativa de libertad de más de un año, recayendo tanto sobre los efectos provenientes del delito, como sobre los bienes, medios o instrumentos con los que se haya preparado o ejecutado, así como sobre las ganancias derivadas del delito cometido, o en su caso sobre el fruto de su transformación, si se han transformado.

Este concepto permite distinguir entre; el decomiso que se realiza sobre los medios e instrumentos con los que se haya preparado el delito, el llamado «decomiso de seguridad», que encuentra su fundamento en la peli-

Propuesta de Directiva del Parlamento Europeo y del Consejo sobre recuperación y decomiso de activos de 25 de mayo de 2022 (COM 2022) 245 final), que finalmente ha

152. Esta pérdida de titularidad es lo que diferencia al decomiso del embargo. El decomiso consiste en la privación de bienes a quién es el titular de los mismos, mientras que el embargo no supone su pérdida, sino que es «la prohibición temporal de transferir, destruir, convertir, disponer o poner en circulación bienes, o la custodia o el control temporales de bienes» (art. 2 apartados 4 y 5 de la Directiva).

153. La única referencia se encuentra en la ley 23/2014 de reconocimiento mutuo de resoluciones penales en la Unión Europea que en su artículo 157.1, al definir que es «una resolución de decomiso», establece que es aquella en la que «un órgano jurisdiccional impone una sanción o medida firme a raíz de un procedimiento relacionado con una o varias infracciones penales, que tiene como resultado la privación definitiva de bienes».

grosidad de determinados bienes que justificaría que se deba evitar su utilización; y el decomiso que se lleva a cabo sobre las ganancias obtenidas o derivadas del mismo, el denominado «decomiso de confiscación», que encuentra su fundamento en evitar que el delito sea rentable, al privar al sujeto de las ventajas y ganancias que haya obtenido como producto de la actividad delictiva, siendo esta modalidad del decomiso la más importante a día de hoy y la que tiene la atención del legislador. A estas justificaciones se añade la finalidad de asegurar el cumplimiento de las responsabilidades civiles derivadas de la comisión del hecho delictivo, por lo que la regulación actual también pone de relieve la preocupación por la víctima.

En definitiva, con la actual regulación sustantiva del decomiso se pretende no solo evitar que el sujeto tengan en su poder medios para cometer delitos que ya han sido utilizados y que puede volver a utilizar (prevención de la comisión de futuras conductas delictivas), sino también que no se produzcan enriquecimientos ilícitos que conviertan al delito en una actividad rentable, es decir que pueda dar lugar a una ventaja patrimonial para su autor, otros partícipes en el mismo o terceras personas relacionadas con él[154].

3.2. EL DECOMISO DE BIENES DE TERCEROS

La Directiva 2014/42/UE no solo se ocupa del decomiso de bienes de sospechosos o acusados, sino también del decomiso de bienes de terceros, ocupándose del mismo tanto en su considerando número 24 como en su artículo 6. En primer lugar pone de relieve que el marco jurídico de la Unión no contiene normas vinculantes sobre el decomiso de bienes transferidos a terceros, siendo necesarias dichas normas para dar respuesta a la práctica, cada vez más extendida, de que un sospechoso o persona acusada transfiera activos delictivos a una tercera persona con el conocimiento de ésta, de esa situación, o que, al menos, hubieran debido tener conocimiento de que el objetivo de la transferencia o adquisición era evitar el decomiso[155], basándose en hechos y circunstancias concretas, entre ellas que la transferencia se haya realizado gratuitamente o a cambio de un importe significativamente inferior al valor del mercado. Y asimismo también establece especí-

154. Como señala nuestro Tribunal Supremo en su sentencia de 13 de noviembre de 2014, Sala 2.ª, (núm. 746/2014), su finalidad es «eliminar cualquier ventaja económica obtenida por el delito».

155. El supuesto característico es el de los testaferros, que simplemente prestan su nombre en un contrato o negocio que, en realidad es de otra persona, siendo habitual que sean familiares del «hombre de atrás», al tener que ser de su absoluta confianza. Una completa explicación de esta figura la podemos encontrar en la STS núm. 1440/2014 (Sala 2.ª) de 9 de septiembre.

ficamente que las normas sobre decomiso de bienes de terceros deben extenderse tanto a personas físicas como jurídicas, y en cualquier caso no deberán verse perjudicados los derechos de los terceros que actúen de buena fe (artículo 6 Directiva).

Continua la Directiva en el considerando n.º 24 con un ejemplo de estas adquisiciones por tercero, señalando que se refiere a las situaciones en las que el bien ha sido adquirido por un tercero, directa o indirectamente; por ejemplo, mediante un intermediario, de un sospechoso o persona acusada, incluso cuando la infracción penal haya sido cometida en su nombre o para su beneficio, en caso de que el acusado carezca de bienes que puedan decomisarse.

Esta no es la primera vez que el legislador europeo se ocupa del decomiso de bienes y efectos en poder de terceros (pues ya se preveía, hasta ahora en la DM 2005/212/JAI), ahora bien, lo hacía como una opción o posibilidad del Estado en relación a su inclusión en el ordenamiento penal interno, y con la Directiva de 2014 lo que hace es imponer la preceptiva incorporación al derecho interno de los Estados Miembros, y por ello el artículo 6 de la Directiva especifica que «los Estados miembros adoptarán las medidas necesarias para posibilitar el decomiso de productos del delito u otros bienes cuyo valor correspondan a productos, que directa o indirectamente, hayan sido transferidos a terceros por un sospechoso o acusado, o que hayan sido adquiridos por terceros —el intermediario—, de un sospechoso o un acusado…» en los supuestos previstos en el precepto.

Por otro lado, el legislador europeo, en el diseño del decomiso de bienes de terceros abrió la posibilidad de que los Estados miembros, pudieran «considerar el decomiso de los bienes de un tercero como medida subsidiaria o alternativa al decomiso directo, según proceda de conformidad con el derecho nacional» (considerando n.º 25 de la Directiva de 2014), y ante esta facultad, lo que hizo el legislador español es ir mucho más allá, configurando un decomiso que puede actuarse de forma directa, y por lo tanto no depende ni es subsidiario de un decomiso directo en los dos supuestos previstos en la norma.

Por último, la motivación contenida en la norma europea para conformar un marco normativo suficiente para el decomiso de bienes de terceros es acogida en nuestra legislación en la exposición de motivos de la Ley Orgánica 1/2015 que refiere que «En no pocas ocasiones, los bienes y efectos procedentes de actividades delictivas son transferidos por sus autores a terceras personas. La regulación del decomiso de bienes en poder de terceros ya estaba prevista en nuestra legislación, si bien la reforma introduce algunas mejoras técnicas orientadas a incrementar la eficacia y seguridad jurídica en la aplicación de esta regulación».

La previsión comunitaria del artículo 6 de la Directiva de 2014 se proyecta por el legislador español en el art. 127 *quater* del CP, aunque va más allá del contenido de la Directiva, al permitir también el decomiso de un valor equivalente. La primera apreciación que hemos de hacer sobre la regulación del art. 127 *quater* CP es que estamos ante una facultad del juzgador que «podrá decomisar, en determinados casos, los bienes efectos y ganancias que hayan sido trasferidos a terceras personas[156], o de un valor equivalente a los mismos». El catálogo de posibilidades que establece la norma es cerrado, y distingue dos supuestos, relativos a los efectos y ganancias, y otros bienes:

a) El decomiso de los efectos y ganancias, procederá cuando los terceros los hubieran adquirido con conocimiento de que proceden de una actividad ilícita o cuando de haber sido diligentes, habrían tenido motivos para sospechar, en las circunstancias del caso, de su origen ilícito.

b) El decomiso de otros bienes, procederá cuando los terceros los hubieran adquirido con conocimiento de que de este modo se dificultaba su decomiso o cuando una persona diligente habría tenido motivos para sospechar, en las circunstancias del caso, que de ese modo se dificultada su decomiso.

A la vista de esta regulación, la amplitud con la que se entiende ese tercero, como señala acertadamente GASCÓN INCHAUSTI, «ofrece cabida a una estrategia de política criminal encaminada a lograr el máximo decomiso con el menor esfuerzo procesal»[157], y por ello es necesario aplicar al tercero unas garantías procesales equivalentes a las que se ofrecen al propio investigado. En el mismo sentido AGUADO CORREA señala que el deco-

156. Ya sean físicas o jurídicas, pues, aunque el precepto no señala nada de forma expresa, la Directiva 2014/42/UE, si contiene una declaración expresa de que las normas sobre decomiso de bienes de terceros deben extenderse tanto a personas físicas como jurídicas (Considerando n.º 24). No obstante, si no hay una transmisión de bienes, que la acusación en principio debería probar, sería imposible el decomiso de esos bienes de titularidad de terceros. Y ello supone, en definitiva, limitar en la práctica la ejecución del decomiso de bienes en poder de terceros. CAMPOS NAVAS, D., «La regulación del decomiso. Reforma del Código Penal», *Cuadernos Digitales de Formación*, núm. 46, 2015, p. 23.

157. GASCÓN INCHAUSTI, F., «Las nuevas herramientas procesales para articular la política criminal de decomiso total: La intervención en el proceso de terceros afectados por el decomiso y el proceso para decomiso autónomo de los bienes y productos del delito», *Revista General de Derecho Procesal*, 2016, núm. 38, p.1.

miso de terceros demuestra «que para el Gobierno los fines justifican los medios, aunque vulneren derechos fundamentales y principios constitucionales, y que la eficacia está por encima de las garantías»[158], por ello no sorprende que en toda la regulación de las terceras personas relacionadas con los bienes a decomisar, esté presente un «tono sospechoso»[159], y no se verbalice en ninguna ocasión el principio general del derecho a la de buena fe[160], como lo demuestra la desaparición en la regulación actual de la referencia al tercero de buena fe (que serían aquellos con desconocimiento y ausencia de negligencia en orden a las circunstancias de la transmisión) contenida en el antiguo art. 127 CP y en el artículo 6.2 de la Directiva 2014/42/UE.

En definitiva, en el decomiso de bienes de terceros, el nivel de conocimiento que se le exige al tercero es un elemento central de la figura, por lo que el legislador ha decidido establecer una presunción en el art. 127 *quater*. 2 CP, entendiendo que dicho tercero conocerá —salvo prueba en contrario— la procedencia ilícita de los bienes o que se produce su transmisión con el objeto de evitar su decomiso, cuando dichos bienes sean transferidos a título gratuito o por un precio inferior al real de mercado. Sin duda alguna en el caso de que la transmisión hubiera sido a título gratuito se establece una presunción *iuris tantum*. Por otro lado, en relación a la expresión «precio inferior al real...» no deja de ser equívoca y necesitará a buen seguro precisión jurisprudencial, a estos efectos resulta más precisa la empleada en el considerando número 24 y en el artículo 6 de la Directiva 2014/42/UE que expresamente señala un «importe significativamente inferior al valor de mercado», que, en cualquier caso, también exigirá su correspondiente matización.

Por lo tanto, la opción del legislador se ha basado en el establecimiento de una serie de presunciones, que exigen al tercero, no sólo que no conozca el origen delictivo de los bienes, efectos o ganancias, sino también que no tenga motivos para sospechar que de esa forma se dificultaba el deco-

158. AGUADO CORREA, T., «Comiso: Crónica de una reforma anunciada. Análisis de la Propuesta de Directiva sobre embargo y decomiso de 2012 y del Proyecto de reforma del Código Penal de 2013», *Indret* n.º 1, 2014, p. 47.

159. RODRÍGUEZ GARCÍA, N., *El decomiso de activos ilícitos*, Ed. Aranzadi 2017, p. 209.

160. Conforme a lo previsto en el Código Civil (Arts. 433 a 435): la buena fe se presume siempre; al que afirma la mala fe de un poseedor corresponde su prueba; se reputa poseedor de buena fe al que ignora que un su título o modo de adquirir exista un vicio que lo invalide, y de mala fe al que se halle en caso contrario; la posesión adquirida de buena fe no pierde este carácter sino en el caso y desde el momento en el que existan actos que acrediten que el poseedor no ignora que posee la cosa indebidamente.

miso[161], por lo que, para el legislador español, una conducta imprudente sería suficiente para adoptar el decomiso de terceros[162].

4. LA INTERVENCIÓN EN EL PROCESO DE TERCEROS AFECTADOS POR EL DECOMISO

La Ley 41/2015 incorporó a nuestra Ley de Enjuiciamiento criminal, junto a la previsión de un procedimiento de decomiso autónomo, la regulación de la comunicación y llamada, y en su caso intervención en el proceso penal, de los terceros que puedan resultar afectados por el decomiso, y que sean distintos de las personas investigadas o encausadas. Pues hay que tener en cuenta que el decomiso no siempre recaerá sobre bienes propiedad de quien ha cometido la infracción penal, sino que puede alcanzar a terceros que no pueden permanecer ajenos a las vicisitudes procesales del bien que les pertenece.

Sobre esta cuestión ya se pronunció, de una forma muy clarificadora e interesante, nuestro Tribunal Supremo en la Sentencia 56/1997 de 20 de enero (Sala 2.ª), en la que dejó dicho que la decisión del Juez Instructor sobre el depósito de los efectos e instrumentos del delito, como medida cautelar «deberá notificarse a los interesados, que serán oídos sobre el particular, dado que el comiso no podrá afectar a los terceros no responsables del delito, a los que pertenezcan los bienes por haberlos adquirido legalmente de buena fe». Por otro lado el Tribunal supremo reconocía el derecho de intervención de esos terceros, añadiendo que «desde ese momento, dichos terceros podrán intervenir en el proceso, nombrando Letrado y Procurador, si preciso fuere, para proponer los medios de defensa de sus derechos e intervenir en las diligencias acordadas al respecto, tanto a su instancia como a instancia de las demás personadas en la causa —normalmente las acusadoras—; llegando su intervención, lógicamente, a la formulación de calificaciones provisionales o escrito de defensa, con la pertinente proposición de pruebas —bien que limitadas a la defensa exclusiva de sus derechos—. A falta de una concreta previsión legal sobre el particular, y por razón de analogía, podrían aplicarse, en lo procedente, las normas previstas en los arts. 615 y siguientes de la Ley de Enjuiciamiento Criminal para los supuestos de "responsabilidad Civil de terceras personas", formando "pieza sepa-

161. Esto es lo que se conoce en EEUU como «ignorancia deliberada». Al respecto *vid.* CORCOY BIDASOLO, M. L., «Comentario al Título VI. De las consecuencias accesorias», *en Comentarios al Código penal, reforma LO 1/2015 y LO 2/2015*, CORCOY BIDASOLO Y MIR PUIG (directores). Tirant lo Blanch, Valencia 2015, p. 451.

162. Por lo que, como afirma CORCOY BIDASOLO, *op. cit.*, p. 403. depende del alcance que se le dé a la figura, pues podría infringir el derecho de propiedad que forma parte de las normas imperativas internacionales de *ius cogens*.

rada", interpretadas aquéllas de conformidad con los preceptos y principios constitucionales». Y, por último, la sentencia citada concluía que «no cabe ignorar, finalmente, que la titularidad de los bienes que puedan ser objeto del comiso puede haberse adquirido con conocimiento de su ilícita procedencia y que, en tal caso, la investigación criminal debe encaminarse también a esclarecer tal extremo desde la perspectiva del delito de receptación, o, en su caso, como posibles supuestos de participación criminal en el hecho delictivo de que se trate, sin perjuicio también de la posibilidad de participación a título lucrativo de los efectos del delito».

4.1. LOS HECHOS OBJETO DE ENJUICIAMIENTO EN EL DECOMISO DE BIENES DE TERCEROS

De la lectura del artículo 127 *quáter* 1 CP, parece deducirse que el decomiso de bienes de terceros, se vinculan a una transmisión previa, pues específicamente señala «decomiso de los bienes... que hayan sido transferidos...», pero esto no tiene porqué suceder en todo caso, ni siempre es posible acreditarlo. Además, en muchos supuestos lo que se evidencia tan sólo es una simple posesión por el tercero o titularidad de hecho[163].

Por otro lado ya hemos mencionado que el legislador nacional en la regulación del decomiso de bienes, efectos y ganancias que hayan sido transferidos a terceras personas, o de un valor equivalente (art. 127 *quater* del CP), distingue dos supuestos, el primero relativo a los «efectos y ganancias» del delito, y el segundo relativo a «otros bienes», volviendo a desbordar, en este segundo supuesto las previsiones de la Directiva (art. 6), pues aun no estando previsto en la norma comunitaria, permite que el decomiso de bienes de terceros afecte a «otros bienes» si ha tenido conocimiento o sospecha de que con dicha adquisición se dificultaba su decomiso. Como vemos el legislador nacional en este segundo supuesto rebaja su intensidad, pues ya no requiere (como en el primer supuesto) que el tercero haya tenido conocimiento o sospecha de su procedencia ilícita.

Con respecto a estos dos supuestos del art. 127 *quáter* 1 CP, lo primero que hemos de destacar es que las actuaciones previstas en dicho precepto pueden entenderse subsumidas en el tipo previsto en el art. 301 del CP sobre blanqueo de capitales, e incluso en el art. 298.1 del CP de receptación, por lo que de seguir la vía del 127 *quáter* 1 del CP serían «sancionadas» o «castigadas» con el decomiso, cuando lo que correspondería por la naturaleza de las mismas, sería el procedente enjuiciamiento y encausamiento por delito.

163. GONZÁLEZ CANO, M. I., *El decomiso como instrumento de la cooperación judicial en la Unión Europea y su incorporación al proceso penal español*. Ed. Tirant lo Blanch, Valencia, 2016. p. 115.

Es decir, de una parte los hechos pueden constituir, blanqueo de capitales (tipificado en el art. 301 CP), este precepto se refiere tanto a la adquisición, posesión, utilización, conversión o transmisión de bienes con conocimiento de su origen delictivo, como a la realización de cualquier acto para ocultar o encubrir su origen ilícito, o para ayudar a la persona que haya participado en la infracción o infracciones a eludir las consecuencias legales de sus actos[164], por tanto, estas acciones tendrían cabida en el decomiso. De ahí que afirmemos que, lo que se «sanciona» con el decomiso debería investigarse y sancionarse como constitutivo de otro tipo delictivo, qué de tratarse de las conductas antes referidas, sería por blanqueo de capitales.

Y por otra parte este mismo razonamiento, lleva también a la coincidencia fáctica entre el decomiso y la receptación prevista en el 298.1 CP que señala que «El que, con ánimo de lucro y con conocimiento de la comisión de un delito contra el patrimonio o el orden socioeconómico, en el que no haya intervenido ni como autor ni como cómplice, ayuda a los responsables a aprovechase de los efectos del mismo, o reciba, adquiera u oculte tales efectos, será castigado con la pena de prisión de seis meses a dos años.». Como podemos observar, en la conducta típica descrita en el precepto se podrían encuadrar, sin duda alguna, la previsión del decomiso prevista en art. 127 *quáter* 1 como es la adquisición de bienes con conocimiento de la procedencia ilícita de los mismos para eludir el decomiso.

Respecto a estas situaciones GONZÁLEZ CANO[165] plantea dos escenarios, y una posible solución. El primer escenario se concreta cuando el presupuesto del decomiso (que sería la adquisición de bienes con conocimiento de su procedencia ilícita, o con conocimiento o sospechas de que se dificultaba el mismo) es indicio de delito, en tal caso el tercero ha de ser enjuiciado en el proceso pendiente, y en este supuesto el decomiso sería directo y ordinario.

Y un segundo escenario sería aquel, en el que el delito de receptación o de blanqueo atribuidos al «tercero» afectado, no se enjuicia en el mismo

164. En concreto el artículo 301 CP dispone que «1. El que adquiera, posea, utilice, convierta, o transmita bienes, sabiendo que éstos tienen su origen en una actividad delictiva, cometida por él o por cualquiera tercera persona, o realice cualquier otro acto para ocultar o encubrir su origen ilícito, o para ayudar a las personas que haya participado en la infracción o infracciones a eludir las consecuencias legales de sus actos, será castigado con la pena de prisión de seis meses a seis años y multa del tanto al triplo del valor de los bienes… 2. Con las mismas penas se sancionarán, según los casos, la ocultación o encubrimiento de la verdadera naturaleza, origen, ubicación, destino, movimiento o derechos sobre los bienes o propiedad de los mismos, a sabiendas de que proceden de alguno de los delitos expresados en el apartado anterior o de un acto de participación en ellos».

165. GONZÁLEZ CANO, M. I., *El decomiso como…*, *op. cit.*, pp. 116 y 117.

proceso penal, sino en un proceso penal distinto. En este caso, el sujeto tiene; por un lado, la condición de tercero afectado en el proceso penal principal a efectos de decomisar sus bienes por unos hechos (que tienen indicios de blanqueo y receptación), sería aquí parte pasiva de un decomiso directo; y, por otro lado, es investigado y acusado en una causa penal independiente por los mismos hechos (que pueden constituir el tipo de blanqueo o receptación), siendo aquí parte acusada. Es decir, los hechos que, en la causa inicial son indicio de responsabilidad directa para el decomiso; en el proceso penal independiente, son indicio de delito. Con lo cual los mismos hechos son objeto de un doble enjuiciamiento para ese tercero. Se produce así un doble enjuiciamiento de ese sujeto y respecto de los mismos hechos. Ante esta situación, GONZÁLEZ CANO cree que «La solución podría ser suspender la intervención del tercero en la primera causa (por la vía de la prejudicialidad penal en el proceso civil del art. 40 de la LEC), hasta la conclusión del proceso penal en el que ha resultado encausado por delitos de receptación o de blanqueo de capitales»[166]. Y obviamente, esta sentencia penal producirá efectos prejudiciales positivos respecto a la acción de decomiso.

En cuanto a los efectos de cosa juzgada positiva de la sentencia dictada en el proceso seguido por delito de blanqueo o receptación caben distintas posibilidades:

a) Que se dicte sentencia absolutoria por inexistencia del hecho investigado como delito de blanqueo o receptación. En este supuesto, el art. 116.1.º de la LECr., determina que se extingue la acción civil, al no existir el hecho del que pudo nacer. En definitiva, decaería el decomiso del proceso penal inicial suspendido.

b) Que se dicte sentencia de condena, en la que, además, se acuerda el decomiso por los delitos de blanqueo o receptación. En este caso deberá procederse a compensar el decomiso con el acordado en el primer proceso.

c) Y la tercera posibilidad es que el tercero haya visto decomisados sus bienes en el proceso inicial, y posteriormente es enjuiciado por los mismos hechos que fueron la base y el fundamento del decomiso adoptado en el referido proceso inicial. En este caso, y si en este segundo proceso penal se dicta sentencia absolutoria por inexis-

166. *Vid.* GONZÁLEZ CANO, M. I., *El decomiso como…*, *op. cit.*, p. 117. En el mismo sentido MARCHENA GÓMEZ, M. y GONZÁLEZ-CUÉLLAR SERRANO, N., «La reforma de la Ley de Enjuiciamiento Criminal en 2015», Edit. Castillo de Luna ediciones jurídicas, Madrid, 2015, pp. 448 y 449.

tencia del hecho, lo que procede es el recurso extraordinario de revisión de la sentencia dictada en el primer proceso.

Como vemos, el legislador ha trazado un paralelismo entre el decomiso autónomo al que sigue el enjuiciamiento penal cuando el mismo es posible (porque se han solventado los problemas de salud, o se ha eliminado la situación de rebeldía del encausado o sospechoso), y el decomiso de bienes de terceros, que en paralelo o *a posteriori* es enjuiciado en una causa penal por los mismos hechos que han justificado previamente la privación de sus bienes. En ambos casos, el pronunciamiento penal sobre los hechos realizado en el proceso principal prevalece, sobre el pronunciamiento llevado a cabo en el procedimiento de decomiso, en un caso por vía prejudicial, en otro acudiendo a la revisión penal.

4.2. EL CONCEPTO DE TERCERO Y TERCERO DE BUENA FE

En lo que se refiere al concepto de tercero, lo primero que llama la atención es el concepto amplio que emplean, tanto el legislador comunitario como el nacional. Tercero es, no sólo quien ostenta la titularidad del bien, sino también todo aquel que ostente algún derecho real sobre el mismo, y que se pueda ver afectado por el decomiso. En este sentido el art. 6.1 de la Directiva de 2014, no solo contempla la posibilidad de que el bien haya sido adquirido por un tercero de un sospechoso o acusado, sino también cuando el bien haya sido transferido a un tercero por un sospechoso o acusado. En el mismo sentido se expresa el art. 127 *quáter* 1 del CP que se refiere a bienes, efectos y ganancias «que hayan sido transferidos a terceras personas». Pero más explícito y amplio es el legislador en la LECr., pues en el artículo 803 *ter* a apartado 1, utiliza el término genérico de pertenencia a un tercero, o de terceros titulares de derechos. En concreto, prevé la posibilidad de intervención en el proceso penal de decomiso cuando el bien cuyo decomiso se solicita «pertenece a un tercero distinto del investigado o encausado» o cuando «existen terceros titulares de derechos sobre el bien cuyo decomiso se solicita que pudieran verse afectados por el mismo». Por tanto, además de terceros titulares del dominio, el precepto se refiere a terceros titulares de otros derechos que podrían verse afectados por el decomiso, en el sentido de posibles efectos desfavorables[167].

Por lo que respecta al tercero de buena fe, el legislador europeo ha establecido en la Directiva de 2014, tanto en su considerando número 24 *in fine*, como en el artículo 6.2 que el decomiso de bienes en poder de terceros,

167. Sobre los posibles casos de afección desfavorable, *Vid.* GASCÓN INCHAUSTI, F., *Las nuevas herramientas…, op. cit.*, p. 18.

«no perjudicará derechos de terceros de buena fe»[168]. Por su parte el legislador español, como ya hemos señalado, no ha recogido la referencia explícita al tercero de buena fe, habiendo desaparecido la contenida en el antiguo artículo 127 CP. Lo que sí ha hecho es establecer la previsión recogida el art. 127 *quáter* 2 del CP, conforme a la cual «se presumirá, salvo prueba en contrario, que el tercero ha conocido o ha tenido motivos para sospechar que se trataba de bienes procedentes de una actividad ilícita o que eran transferidos para evitar su decomiso, cuando los bienes o efectos le hubieran sido transferidos a título gratuito, o por un precio inferior al real de mercado». Es decir, el legislador español, ha conformado un sistema en el que ha establecido dos supuestos en los que se presume la falta de buena fe por parte del tercero, es decir cuando los bienes o efectos le hubieran sido transferidos a título gratuito, o por un precio inferior al real de mercado. En estos supuestos tendría el tercero la carga probatoria de que no fue así.

Profundizando en esta cuestión, en estos supuestos, el tercero accede a bienes y ganancias sin contraprestación que lo justifique y por lo tanto podrá ser decomisado por tales conceptos. Cuestión distinta a la que nos ocupa es la figura del partícipe a título lucrativo de los efectos de un delito, que se recoge en el art. 122 del CP, y conforme al cual, dicho partícipe estaría «obligado a la restitución de la cosa o al resarcimiento del daño hasta la cuantía de su participación», pues dicho partícipe a título lucrativo no incurre en responsabilidad penal, puesto que no se le imputa dolo o negligencia en la adquisición o posesión de los bienes o efectos de los que se ha beneficiado, lo que diferencia esta figura de los delitos de blanqueo o de receptación, en los que sí existe dolo o negligencia[169].

168. Sobre la buena y mala fe del tercero titular, *vid.* MARTÍN PÉREZ, J. A., «El comiso de bienes propiedad de "tercero"; análisis del respeto de las reglas sobre titularidad por las sentencias penales (A propósito del Auto TC 125/2004, de 19 de abril)», *Revista Derecho Privado y Constitución*, n.º 19, enero-diciembre 2005, pp. 225-258.

169. *Vid.* entre otros a DE URBANO CASTRILLO, E., «La responsabilidad a título lucrativo», *Revista Aranzadi Doctrinal* núm. 3 2017, pp. 1-8; QUINTERO OLIVARES, G., *Sobre la ampliación del comiso y el blanqueo, y la incidencia en la receptación civil,* en *Revista Electrónica de Ciencia Penal y Criminología, 12.r2*, 2010, pp. 16 y 17; GÓMEZ RIVERO, M. C., La recuperación de activos procedentes del delito: ¿Hacia el delito de enriquecimiento ilícito?, *Cuadernos de política Criminal,* núm. 121, I, Época II, Mayo 2017 pp. 35-70.
Este supuesto de participe a título lucrativo de los efectos de un delito (art. 122 CP), podría dar lugar al decomiso, y podríamos entenderlo como un supuesto de responsabilidad civil directa, pero dicha responsabilidad directa —siguiendo a MORENO CATENA, *Derecho Procesal penal* (con CORTÉS DOMÍNGUEZ), Ed. Tirant lo Blanch, Valencia 2015, p. 136—, no deviene del daño causado al modo de la responsabilidad civil extracontractual o aquiliana, sino de un enriquecimiento injusto o sin causa, por

4.3. ¿ERA NECESARIO REGULAR EL DECOMISO DE TERCEROS?

Parte de la doctrina mantiene que existían en nuestro ordenamiento jurídico mecanismos e instrumentos más que suficientes, para dar respuesta al decomiso de bienes y ganancias ilícitas del tercero[170]. En estas páginas ya hemos hecho referencia a los delitos de blanqueo, o de receptación que permitirían un decomiso directo dentro de la causa penal principal, o bien la figura del partícipe a título lucrativo del art. 122 del CP que, por la vía de la acción de enriquecimiento injusto conllevaría para el tercero también la perdida de bienes y efectos. Por lo tanto, no hubiera sido necesaria la regulación desarrollada e incorporada en nuestra LECr. en el Capítulo I del Título III *Ter* (del artículo 803 *ter* a. al 803 *ter* d).

Dicho esto, y si entendemos que esta reforma sobre el decomiso de terceros era innecesaria, ¿por qué la llevó a cabo el legislador? Aquí, sin duda, la eficacia en la actividad confiscadora del Estado, así como la simplificación del procedimiento son elementos determinantes, en concreto cuando se actúa contra personas jurídicas y muy especialmente contra las sociedades pantalla o instrumentales, pues con la nueva regulación quedaban resueltos muchos de los problemas que la práctica había puesto de manifiesto[171], como por ejemplo la imputación penal por delito de blanqueo y la propia aplicación de la vía del art. 122 del CP. Con la regulación específica contenida en los artículos 803 *ter* a y ss. de la LECr., que estructura la intervención de terceros afectados por el decomiso, se evita, por un lado, tener que aplicar el artículo 122 del Código Penal, y de esta forma el tercero que interviene no tiene la condición plena de parte, con la carga probatoria que ello conlleva. Y, por otro lado, al no ser necesario imputar un delito de blanqueo de capitales, puesto que se puede optar por la vía del art. 803 *ter* a y ss. LECr. atribuyendo al sujeto la condición de tercero afectado por el decomiso, se evita tener que articular el proceso penal principal en que el sujeto debería tener la condición y *status* de investigado y acusado[172]. Es decir, con la nueva regulación se elude que el tercero tenga la condición plena de parte investigada y acusada con el marco de garantías y derechos que le serían propios.

Por lo tanto, será el Juez de la causa penal abierta, quien de forma discrecional decidirá: si optar por llevar al sujeto —posible tercero— por la vía

---

lo tanto no sería una acción de resarcimiento sino de enriquecimiento injusto. De esta manera por la vía del art. 122 del CP, y la conformación de esta acción de enriquecimiento injusto, se podría llamar al proceso a alguien, que de otro modo no intervendría pues nada tiene que ver con el daño causado.

170. *Vid*. GASCÓN INCHAUSTI, F., *Las nuevas herramientas…*, *op. cit*. pp. 14 y ss.

171. MARTÍN SAGRADO, O., «El decomiso de las sociedades pantalla», en *Diario La Ley n 8768, y n.º 8769*, 2016.

172. *Vid*. GASCÓN INCHAUSTI, F., *Las nuevas herramientas…*, *op. cit*. pp. 14 y ss.

del artículo 122 del CP (responsabilidad civil directa del partícipe a título lucrativo); o por la vía penal directa encausando al tercero por imputación de posibles delitos de blanqueo o receptación; o acuerda de oficio o a instancia de parte el llamamiento e intervención del tercero en el proceso de decomiso de bienes de terceros conforme a lo dispuesto en el art. 803 *ter* a 1 de la LECr.

Con las distintas vías se consigue el mismo fin, pero la situación y posibilidades del tercero son netamente diferenciadas, pues no es lo mismo tener la condición de investigado y acusado en el proceso penal principal, en el que al sujeto lo están enjuiciando por delito de blanqueo o receptación que, participar en el proceso penal en la condición de tercero afectado por el decomiso. No hemos de olvidar que el decomiso, también de bienes de terceros y no sólo de sospechosos y acusados, se encuadra en una causa penal, como una consecuencia accesoria del delito que se enjuicia, y tiene por tanto una naturaleza jurídico-penal, que no civil. Esta naturaleza jurídico penal del decomiso es independiente del estatus del sujeto pasivo que va a sufrir el decomiso, pues es indiferente que sea como tercero afectado, o como acusado. La diferencia de estatuto procesal tiene su proyección sobre los derechos y garantías del sujeto en el proceso, pero no tiene incidencia alguna en la naturaleza de la pretensión penal de decomiso que se ejercita.

Este no es un tema baladí, sino todo lo contrario, pues parte de la doctrina se ha centrado en la consideración del decomiso de bienes de terceros como un instituto de naturaleza civil, que no penal, para justificar de esta manera que no requiere que le sean aplicables con todo el rigor necesario las garantías para el ejercicio del *ius puniendi*[173], así por ejemplo se ha expresado MARCHENA GÓMEZ y GONZÁLEZ-CUÉLLAR, que han llegado a afirmar que el decomiso de terceros no afectados no implica reproche alguno[174]. Por su parte NIEVA FENOLL[175] de forma más contundente ha afirmado que la titularidad del tercero deriva de un negocio civil con causa ilícita, que es el propio delito, implicando el decomiso la anulación de dicho negocio (art. 1275 CC), por ello entiende que el decomiso no es una sanción para el tercero. A esta teoría responde GASCÓN INCHAUSTI[176] señalando el hecho de que, de forma absurda la anulación del negocio jurídico enjui-

173. También podemos encontrar en el mismo sentido pronunciamientos jurisprudenciales, como la STEDH de 24 de octubre de 1986, caso *Agosi c. Reino Unido.*
174. MARCHENA GÓMEZ y GONZÁLEZ-CUÉLLAR SERRANO, *La reforma de la Ley de Enjuiciamiento Criminal... op. cit.* p. 446 y ss.
175. NIEVA FENOLL, J., «El procedimiento de decomiso autónomo. En especial, sus problemas probatorios» *en Diario La Ley, n.º 8601,* 2015, p. 8.
176. GASCÓN INCHAUSTI, F., *Las nuevas herramientas..., op. cit.* p. 15.

ciando su validez civil, no daría lugar a la confiscación directa, sino a la devolución del bien al patrimonio del acusado o condenado, por lo cual sería necesario que esta acción de anulación se dirigiera contra el tercero y contra el acusado al modo de litisconsorcio pasivo necesario, única manera de que la sentencia estimatoria diera lugar al decomiso directo del bien o ganancia.

4.4. SUPUESTOS EN LOS QUE PROCEDE LA INTERVENCIÓN DE TERCEROS

La llamada al proceso penal y la intervención de terceros afectados por el decomiso se regula en el artículo 127 *quáter* del CP, y en los artículos 803 *ter* a) a 803 *ter* d) de la LECr. que se ocupan de la «Intervención en el proceso penal de los terceros que puedan resultar afectados por el decomiso»[177], incorporando de esta manera un instrumento procesal específico que regula la intervención y entrada en el proceso de dichos sujetos. Se trata de establecer un mecanismo de protección para que, aquél que vaya a verse desprovisto de bienes por su vinculación a un hecho delictivo, pueda defenderse frente a la posible afectación de los mismos por el decomiso, por ello entendemos que se trata de un derecho[178].

Prevé el art. 803 *ter* a) LECr., que el juez o Tribunal acordará, ya sea de oficio o a instancia de parte, la intervención en el proceso penal de aquellas personas que puedan resultar afectadas por el decomiso cuando consten hechos de los que puedan derivarse razonablemente:

a) que el bien cuyo decomiso se solicita pertenece a un tercero distintos del investigado o encausado o

b) que existen terceros titulares de derechos sobre el bien cuyo decomiso se solicita que pudieran verse afectados por el mismo.

El legislador español, ha transpuesto en el art. 803 *ter* a. 1 b) LECr., las disposiciones de la Directiva 2014/42/UE relativas a la audiencia de terceros que ostenten derechos sobre el bien que se va a decomisar, ahora bien lo ha hecho con una diferencia fundamental, en el régimen nacional ha conformado su intervención en el proceso como una intervención provocada, mientras que la Directiva de 2014 se limita a afirmar la necesidad de comunicar la orden de decomiso antes de su ejecución a efectos de poder ser

177. Estos preceptos conforman el capítulo I que ha sido introducido en el Título III ter del Libro IV de la LECr., por la reforma operada en la misma por la Ley 41/2015.

178. *Vid.* BARONA VILAR, S., en MONTERO AROCA/GÓMEZ COLOMER/BARONA VILAR/ESPARZA ELIBAR/ETXEBERRIA GURIDI, *Derecho Jurisdiccional III, Proceso Penal* (23 edición) Ed. Tirant Lo Blanch, Valencia 2015, p. 585.

impugnada. Por otro lado, téngase en cuenta que el legislador europeo recoge el derecho de tercero a ser oído, y lo concreta en los considerandos 33, 34 y en los artículos 8.2 y 4, entendiendo el referido legislador que con esta regulación da respuesta y satisface el contenido de sus derechos a la tutela judicial efectiva y a juicio justo (art. 8.1. Directiva).

A la vista de la previsión normativa contenida en nuestra Ley de Enjuiciamiento Criminal, la llamada al proceso penal habrá de ser a personas distintas de los investigados o encausados, que ya se encuentran en el proceso, y dicha llamada a intervenir será de oficio por el propio juzgador o a instancia de parte, por lo tanto, el tercero afectado (titular del bien o del derecho sobre el bien cuyo decomiso se reclama), que no sea parte en el proceso no podrá instar su participación en el mismo. Esta situación es sorprendente, pues el tercero (titular del bien o derecho sobre el bien, cuyo decomiso se reclama), está afectado por el referido proceso de decomiso, por lo que la intervención en el mismo es un derecho, ya que de lo contrario ni tendría conocimiento del proceso ni podría defender sus intereses ante la pretensión de expropiación de sus bienes basada en presunciones. Por lo que entendemos que la intervención del tercero ha de poder acordarse o denegarse también a instancias del propio afectado, aunque no sea parte en el proceso penal[179].

Esto significa que en la regulación actual es posible la intervención de tercero provocada de oficio o a instancia de las acusaciones (cuya llamada al proceso tendría como límite temporal el escrito de acusación)[180], pero no sería posible una intervención voluntaria o adhesiva simple. Por otro lado, nada se dice en ningún momento sobre cuando se tiene que acordar por el órgano judicial competente su intervención en las actuaciones. Por lo que, con carácter general, podemos decir que la intervención del tercero en sí misma, no es entendida como un derecho del tercero por parte del legislador, no obstante, la contradicción y la defensa respecto al decomiso que se solicite, si es entendida como un derecho, por lo que no sería posible el decomiso de bienes de terceros, sin que exista llamamiento previo y posibilidad de comparecer y alegar.

Hay que tener en cuenta que para que sea legal el decomiso de bienes de terceros éste tiene que haber sido oído, cuando menos en el juicio oral, antes de ser tomada una decisión de importancia para sus intereses jurídi-

179. En el mismo sentido GASCÓN INCHAUSTI, F., «Las nuevas herramientas procesales para articular la política criminal de Decomiso total...», *Revista General de Derecho 2016*, núm. 36, p. 18.

180. GIMENO SENDRA, V., *Derecho Procesal Penal*, 2.ª Edición, Ed. Aranzadi, Navarra 2015, pp. 514 y 515.

cos. De no hacerlo, se le reconoce el derecho a pedir la rescisión de la sentencia por afectar la misma a sus bienes, derechos o situación jurídica (art. 803 *ter* d.1 LECr.), puesto que se habrá acordado el decomiso de sus bienes sin darle la oportunidad de oponerse al mismo, por desconocer su existencia (art. 803 ter d.2 LECr.). Ahora bien, en el caso de que el tercero sea llamado finalmente a intervenir, y no se personase, en este supuesto, si cupiera adoptar el decomiso de bienes de terceros en rebeldía.

Por último, para proceder a la llamada del tercero al proceso, se requiere que existan hechos de los que pueda derivarse razonablemente que el bien que se pretende decomisar pertenece a ese tercero (distinto del investigado o encausado), o que existen terceros titulares de derechos sobre dicho bien a decomisar que se verían afectados[181].

4.5. POSIBILIDADES DE PRESCINDIR DE LA LLAMADA AL PROCESO DE TERCEROS

Existen en nuestra regulación (art. 803 *ter* a) apartado 2 LECr.), distintos supuestos en los que se podrá prescindir de la llamada y en su caso de la intervención de los terceros afectados en el procedimiento[182], y en concreto será:

a) Cuando no se haya podido identificar o localizar[183] al posible titular de los derechos sobre el bien cuyo decomiso se solicita, o

b) Cuando existan hechos de los que pueda derivarse que la información en que se funda la pretensión de intervención en el procedi-

---

181. En cuanto a los terceros titulares de derechos sobre los bienes que se pretenden decomisar a los que se refiere el CP y la LECr., son por actos *inter vivos*. En tal sentido como acertadamente apunta MARCHENA GÓMEZ y GONZÁLEZ-CUÉLLAR, *La reforma..., op. cit.* p. 444., si la titularidad que ostenta el tercero es *mortis causa*, a raíz del fallecimiento del encausado, lo más probable es que el decomiso opere a través del procedimiento autónomo, y de acuerdo a sus requisitos y presupuestos; aunque como apuntan los citados autores, también es posible que el fallecimiento del encausado acaezca pendiente el recurso contra la sentencia de condena, en cuyo caso sí procedería este llamamiento en el proceso en cuestión.

182. Hay que anotar aquí que el precepto, el art. 803 *ter* a 2 LECr., establece que «Se podrá...», es decir lo articula de forma facultativa para el juzgador, por lo que en los supuestos previstos legalmente se puede prescindir, pero no necesariamente conlleva que se prescinda (claro está, salvo en los supuestos de connivencia o actuación como persona interpuesta, en cuyo caso lo que procede es el encausamiento del sujeto en el proceso penal adecuado).

183. La imposibilidad de localización del tercero a efectos de prescindir de su intervención para el decomiso de sus bienes requiere la aplicación de las reglas generales sobre investigación del domicilio y régimen de actos de comunicación de la LEC (art. 149 y siguientes), al que se remite el art. 166 párrafo 3.º de la LECr.

miento no es cierta, o que los supuestos titulares de los bienes cuyo decomiso se solicita son personas interpuestas vinculadas al investigado o encausado o que actúan en connivencia con él.

Respecto del primer supuesto, que no se haya podido identificar o localizar al tercero para emplazarlo al proceso, no significa que no se llame posteriormente, pues si se consigue identificar o localizar, se debe reiterar su llamamiento. Todo ello, naturalmente sin perjuicio del que el tercero pueda ejercitar la acción de audiencia al rebelde (prevista en el art. 803 *ter* d) LECr). No se prevé en la norma que, ante la imposibilidad de identificar y localizar al tercero, sea el propio sujeto quien solicite *motu proprio*, la intervención. Pues como ya hemos señalado no se prevé la intervención voluntaria o adhesiva. No obstante, lo dicho, bastará con que el mencionado tercero ponga en conocimiento del juzgado su identificación y localización, para que el mismo proceda a llamarlo al proceso.

Por lo que se refiere al segundo supuesto, está claro que la intervención del tercero no procede, y esto tanto si la información en la que se fundamenta la pretensión de intervención es falsa[184], como en el caso en que los supuestos titulares de los bienes son personas interpuestas vinculadas al investigado o encausado, o que actúan en connivencia con él, pues si esto fuera así, si hubiera indicios de estas actuaciones, los sujetos debieran ser encausados, en esa misma causa o en otra, por delitos de blanqueo de capitales o receptación de bienes, por lo que el decomiso pasaría a ser directo. En cualquier caso, iniciada la intervención en la causa penal, si se incoa proceso penal contra el tercero, debería operar el trámite de la suspensión prejudicial de la primera. La posibilidad de llevar a cabo el decomiso de los bienes titularidad del tercero presuntamente responsable de un ilícito penal, llevaría a la conclusión, inviable a nuestro parecer, de que se está disponiendo de un decomiso autónomo de bienes de terceros, sin las garantías propias del proceso penal.

Por otro lado, también es posible que el tercero haya sido enjuiciado por el delito de receptación o blanqueo de capitales en otra causa penal, por lo que habremos de estar a lo que la sentencia dictada en dicha causa penal

184. Hemos de tener en cuenta aquí, que el legislador no hace referencia a hechos o circunstancias de las que pueda derivar la procedencia ilícita de los bienes de tercero, sino precisamente de todo lo contrario, es decir de la falta de verosimilitud de tales circunstancias. Esta falta de certeza de los hechos, de los que derivan la falta de verosimilitud, necesita una mínima actividad probatoria, que sustente la improcedencia del llamamiento y la intervención, de ahí la previsión contenida en el art. 803 ter a 5 de la LECr., que prevé «En el caso de que se acordare recibir declaración del afectado por el decomiso, se le instruirá del contenido del artículo 416», relativo a la dispensa del deber de declarar.

haya dispuesto, procediendo el decomiso de los bienes que se refieran al delito objeto de esa causa penal. Si la sentencia es de condena, estaríamos ante un decomiso directo. Y si el sujeto ha sido absuelto de los delitos de blanqueo o receptación, en cuanto a esos bienes, ello no sería obstáculo para que se decomisen dichos bienes en la causa inicial en calidad de tercero.

Por último, en el caso de que el Juez declare improcedente la intervención del tercero por las causas previstas en el art. 803 *ter* a) 2 de la LECr., podrá impugnarse dicha resolución en apelación (art. 803 *ter* a) 3 LECr)[185]. Nada dice este precepto, sobre la posibilidad de recurrir el auto del juez estimando la intervención del tercero solicitada a instancia de parte o acordada de oficio. Por lo que, para que el tercero se pueda oponer a este llamamiento, deberá personarse e intervenir.

4.6. POSIBLES ACTUACIONES DEL TERCERO ANTE EL LLAMAMIENTO

Una vez que el Juez o Tribunal haya acordado de oficio o a instancia de parte, la intervención del tercero que pueda resultar afectado por el decomiso en el correspondiente proceso penal (art. 803 *ter* a) 1 LECr.), dicho tercero podrá llevar a cabo distintas actuaciones; no oponerse al decomiso, comparecer e intervenir en el proceso, o no comparecer al llamamiento.

a) Comparecer y no oponerse

En primer lugar, cabe que el tercero no se oponga al decomiso. Es decir, el tercero puede comparecer y manifestar al juez o Tribunal que no se opone al decomiso. En este caso no se acordará su intervención, o se pondrá fin a la que ya hubiera sido acordada (art. 803 ter a) 4 LECr). Como vemos se trata de una manifestación expresa del tercero de que no se opone al decomiso, lo que implica una especie de allanamiento implícito a la pretensión de decomiso, y a la imposición del mismo. Se trata de una renuncia expresa a ejercer la oposición, pero ello no conlleva la imposición del decomiso, pues para proceder a dicha imposición es preciso que tras el procedimiento adecuado el Juez estime que se dan las circunstancias e indicios necesarios para ello y adopte la correspondiente resolución, que además deberá ser notificada al tercero.

185. MARCHENA GÓMEZ y GONZÁLEZ-CUÉLLAR, *La reforma... op. cit.*, pp. 451 y 452, apuntan la imposibilidad de recurrir este auto por el que se declara improcedente la intervención del tercero, cuando sea dictado por órganos colegiados (Audiencia Provincial, Tribunal Superior de Justicia, Audiencia nacional y Tribunal Supremo), cuando realmente es posible que este auto sea dictado en momentos diferentes o posteriores a la instrucción.

b) Comparecer y oponerse

En segundo lugar, el tercero, puede comparecer y participar en el proceso penal. Dicha participación procederá desde que se hubiera acordado su intervención, aunque la misma vendrá limitada a los aspectos que afecten directamente a sus bienes, derechos o situación jurídica, y no se podrá extender a las cuestiones relacionadas con la responsabilidad penal del encausado (art. 803 ter b) 1 LECr.). Por lo tanto, en este caso el tercero llamado al proceso adquiere la condición de parte con las limitaciones señaladas, debiendo intervenir en el proceso preceptivamente con asistencia letrada (art. 803 ter b) 2 LECr.).

El tercero afectado será citado al juicio de conformidad con lo dispuesto en la LECr., pudiendo actuar por medio de su representante legal, sin que sea necesaria su presencia física en el mismo. En la citación se le indicará que el juicio podrá celebrarse en su ausencia, resolviendo sobre el decomiso solicitado (art. 803 ter b) 3 LECr.).

• Estatus limitado como parte en el proceso de decomiso del tercero afectado. La minoración de sus derechos

Como vemos la regulación contenida en nuestra LECr. configura un sistema de intervención del tercero afectado en el proceso, en el que lo dota de un estatus singular y limitado de parte en el proceso que, en cierta forma, compromete y minora el derecho de defensa del mismo, pues su intervención vendrá limitada a los aspectos que afecten directamente a sus bienes, derechos o situación jurídica, y no se podrá extender a las cuestiones relacionadas con la responsabilidad penal del encausado[186].

Sin duda alguna, el legislador ha querido marcar las diferencias entre el estatus de encausado en el proceso penal principal y el estatus del tercero afectado por el decomiso, y aunque bien es cierto que no son lo mismo, una verdadera defensa debería llevar a su equiparación, más aún, considerando que estamos en el marco de un proceso penal, en el que están llamados a operar los derechos básicos del justiciable. Y en este sentido recordemos las previsiones contenidas en la Directiva de 2014, que presta especial atención no sólo a los derechos de los sospechosos o acusados, sino también de ter-

186. Esta limitación que establece el legislador es calificada por GASCÓN INSCHAUSTI de «desafortunada», por cuanto que no serán pocos los casos en que la tutela efectiva y la defensa de sus derechos obligue a entrar en la responsabilidad penal. Así ocurre, como señala este autor, en el Derecho procesal penal alemán (&& 431, 2 y 437 StPO), que permite una intervención sin límites, siendo el tribunal quien, en su caso fija los mismos. *Vid.* GASCÓN INCHAUSTI, F., «Las nuevas herramientas procesal para articular la política criminal de decomiso total...», *op. cit.*, pp. 21 y 22.

ceros no procesados (considerando n.º 33). Establece la Directiva la necesidad de que las resoluciones de decomiso estén razonadas y hayan de comunicarse al «interesado» (art. 8.6); prescribe que «las personas cuyos bienes se vean afectados por la resolución de decomiso» tienen derecho a un abogado durante todo el procedimiento de decomiso (art. 8.7); y por último dispone que los terceros tienen derecho a reclamar la titularidad de un bien u otros derechos de propiedad (art. 8.9). Estas previsiones normativas comunitarias, que recordemos funcionan como mínimos necesarios, han de ser debidamente recogidas en la regulación nacional, sin que proceda que sean sometidas a devaluaciones o matizaciones.

Por lo tanto, y en relación al estatus de parte pasiva del tercero en el correspondiente proceso penal, nos podemos plantear:

- en primer lugar, las posibilidades con las que cuenta este tercero de alegación y prueba de todos los aspectos del objeto penal que puedan afectar al decomiso de sus bienes.
- y, en segundo lugar, que tratamiento tiene este tercero como parte pasiva del referido proceso penal. Pues si tiene un tratamiento de testigo, y por lo tanto con el deber general de declarar en la causa —salvo que exista dispensa para declarar—, no tendría derecho al silencio o a no declarar contra sí mismo. Sobre esta cuestión el artículo 803 *ter* a) 5 LECr. recoge expresamente que «En el caso de que se acordara recibir declaración del afectado por el decomiso, se le instruirán del contenido del artículo 416», que recordemos regula la dispensa de la obligación a declarar, por lo que parece que el legislador asimila al tercero afectado en el proceso penal con un testigo, y no con una parte penal pasiva.

Dicho esto y entendiendo que el decomiso es una consecuencia accesoria del delito, que tiene una naturaleza jurídico penal, y por lo tanto tiene un carácter sancionador-penal, creo que no hay duda para que el tercero afectado por el posible decomiso de sus bienes en un proceso penal, haya de ser considerado parte pasiva del mismo[187], puesto que de adoptarse el decomiso, dicho tercero perdería los bienes y efectos que se decomisaran con carácter definitivo y sin posibilidad de compensación alguna, pues sería una sanción de naturaleza penal adoptada en un proceso penal. No puede

187. Como señala RAMOS MÉNDEZ, una vez que los terceros son llamados por el órgano jurisdiccional competente para tramitar el procedimiento y se les da intervención, «... su postura de tercería se resuelve en la condición de parte. A partir de dicho momento, la situación transitoria se ha transformado en la postura típica de parte». Cfr. RAMOS MÉNDEZ, F., *El sistema procesal español*, 9.ª Ed. Barcelona 2013, Ed. Atelier, p. 95.

por lo tanto este tercero, ver minoradas sus posibilidades de alegación y defensa, y en consecuencia no es acertado su tratamiento como testigo.

Tenemos que tener en cuenta e insistir en que, una persona (un tercero) que, intervenga o no, va a poder ser sancionada en la sentencia que ponga fin al proceso penal del encausado o investigado con el que se le relaciona por sus actuaciones fraudulentas y obstruccionistas, y aunque no sea con su privación de libertad o con el pago de una multa, sí lo puede ser con la pérdida de bienes de su patrimonio. E incluso puede ser ello el primer estadio para que posteriormente se proceda contra él, no ya patrimonialmente pero sí penalmente, si su relación con el encausado o investigado merece algún tipo de reproche penal.

El tercero afectado por el decomiso debe poder realizar alegaciones y proponer prueba respecto de la titularidad y adquisición de bienes[188], por lo que con este objetivo el tercero tendrá que hacer referencia a los hechos constitutivos de delito que se enjuicia, que también son los hechos que fundamentan la *causa petendi* de la pretensión de decomiso[189]. Y por lo tanto el debatir si estos hechos existen o no existen, o si tienen carácter delictivo o no, interesa al tercero, que debe participar en este debate, puesto que de la constatación de estos hechos en la sentencia que en su momento se dicte, depende el decomiso o no de sus bienes.

Al margen de las cuestiones descritas, existencia del hecho, y carácter delictivo del mismo, si podemos entender que el tercero afectado no tiene por qué participar en el debate sobre la responsabilidad del investigado o acusado, salvo que esta participación tenga relevancia e incidencia con respecto al decomiso de sus bienes[190].

En definitiva, como he señalado, es la discusión sobre la existencia o no de los hechos constitutivos, y sobre su posible carácter delictivo, los pilares sobre los que se apoya la pretensión de decomiso de los bienes de tercero, el objeto del debate, y la actividad de alegación y prueba del tercero. Por lo

188. *Vid.* Art. 8.9 Directiva de 2014.

189. MARCHENA GÓMEZ y GONZÁLEZ-CUÉLLAR, *la reforma... op. cit.*, pp. 455 y 456. Si los hechos constitutivos de delito enjuiciado no formaran parte de la *causa petendi* de la pretensión del decomiso, estaríamos ante un decomiso ampliado que no es el caso que nos ocupa en el que estamos tratando el decomiso de bienes de terceros.

190. En tal sentido GASCÓN INCHAUSTI, F., «*Las nuevas herramientas....*», *op. cit.* p. 23, hace referencia al tratamiento de esta cuestión en el proceso penal alemán en el que la regla general es permitir la intervención del tercero sin límites, salvo en dos casos, que discrecionalmente puede apreciar el tribunal, de restricción de su intervención en relación a la culpabilidad del acusado, como son que su llamamiento sólo lo sea a efectos de comprobar la titularidad del bien del acusado, y cuando se persiga, con base en normas no penales, la privación definitiva del bien sin compensación alguna.

tanto, el tercero afectado, en cuanto ejercicio de su derecho de defensa, ha de participar en el debate procesal que pretende concretar la existencia de un hecho delictivo, incluso si ello supone participar en el debate sobre la responsabilidad penal del investigado y acusado.

Y, por último, el tercero también ha de poder alegar y probar que la adquisición del bien se llevó a cabo sin que el mismo tuviera conocimiento o sospecha de su procedencia ilícita, o que se realizaba su transferencia para evitar su decomiso. Las presunciones establecidas en el art. 124 *quater* 2 CP, son presunciones *iuris tantum*, y por lo tanto admiten prueba en contrario. Dichas presunciones, que se concretan en el precepto penal de la siguiente forma; «Se presumirá, salvo prueba en contrario, que el tercero ha conocido o ha tenido motivos para sospechar que se trataba de bienes procedentes de una actividad ilícita o que eran transferidos para evitar su decomiso, cuando los bienes o efectos le hubieran sido transferidos a título gratuito o por precio inferior al real de mercado», pueden ser atacadas y desvirtuadas por el tercero llamado al proceso, quién podrá tener la posibilidad de alegar y probar a lo que a su derecho convenga.

c) No comparecer al llamamiento

Y, por último, la tercera posibilidad que le cabe al tercero afectado una vez que ha sido llamado al proceso, es la de no comparecer al llamamiento, en cuyo caso, y como ya se le comunicó en la citación correspondiente, podrá continuarse el juicio en su ausencia, resolviéndose lo que proceda sobre el decomiso solicitado, pues la incomparecencia del afectado por el decomiso no impide la continuación del mismo (art. 803 ter b) 3 y 4 LECr.).

El tercero afectado, llamado y no comparecido, será declarado en rebeldía. Esta rebeldía se regulará por las normas establecidas en la Ley de Enjuiciamiento Civil, incluidas las previstas para las notificaciones, los recursos frente a la sentencia y la rescisión de la sentencia firme a instancia del rebelde, si bien, en caso de rescisión de la sentencia firme a instancia del rebelde (artículos 496 a 508 de la LEC), la misma se limitará a los pronunciamientos que afecten directamente al tercero en sus bienes, derechos o situación jurídica (art., 803 ter d) 1 LECr.).

4.7. LA SENTENCIA

Por último la sentencia en la que se acuerde el decomiso de bienes de terceros será notificada a la persona afectada por el mismo aunque no hubiera comparecido en el proceso[191], sin perjuicio de lo dispuesto en el apartado 2 del artículo 803 ter a) LECr., que recordemos hace referencia a los supuestos en los que se puede prescindir de la intervención de los terceros afectados en el procedimiento, es decir cuando no se pudo identificar o localizar al posible titular de los derechos sobre el bien que se pretende decomisar, o que se trate de personas vinculadas al investigado o encausado o que actúan en connivencia con él.

La persona afectada (a tenor del art. 803 ter c) LECr.) podrá interponer contra la sentencia los recursos previstos y establecidos para la sentencia penal, aunque deberá circunscribir su recurso a los pronunciamientos que afecten directamente a sus bienes, derechos o situación jurídica, y no podrá extenderlo a las cuestiones relacionadas con la responsabilidad penal del encausado. No obstante, a pesar de lo dispuesto en este precepto, se entiende, en coherencia con lo señalado con anterioridad, que debiera admitirse el recurso, también cuando se discuta la existencia o no de los hechos constitutivos, y su posible carácter delictivo, pues son el fundamento de la pretensión de decomiso, y de no hacerlo se vería afectado el derecho de defensa del tercero implicado.

En caso de rescisión de la sentencia a instancia del rebelde se deberá remitir certificación al tribunal que hubiera dictado sentencia en primera instancia, si es distinto al que hubiera dictado la sentencia rescindente, y a continuación (art. 803 ter d) 1 LECr.):

a) Se otorgará al tercero un plazo de diez días para presentar escrito de contestación a la demanda de decomiso, con proposición de prueba, en relación con los hechos relevantes para el pronunciamiento que le afecte.

b) Presentado el escrito en plazo, el órgano jurisdiccional resolverá sobre la admisibilidad de prueba mediante auto y, con arreglo a las normas generales, se señalará fecha para la vista, cuyo objeto se ceñirá al enjuiciamiento de la acción civil planteada contra el tercero o de la afección de sus bienes, derechos o situación jurídica por la acción penal.

c) Frente a la sentencia se podrán interponer los recursos previstos en ley.

Si no se presenta escrito de contestación a la demanda en plazo o el tercero no comparece en la vista debidamente representado, se dictará, sin

191. Ya sea el ausente que no pudo tomar conocimiento, como el tercero debidamente citado que no compareció en su momento.

más trámite, sentencia coincidente con la rescindida en los pronunciamientos afectados.

Y, por último, señalar que los mismos derechos reconocidos en el art. 803 ter d) 1 LECr., y entre ellos lo relativo a la rescisión de la sentencia firme dictada en rebeldía también se aplica al tercero afectado que no hubiera tenido la oportunidad de oponerse al decomiso por desconocer su existencia (art. 803 ter d) 2 LECr.). Esta previsión resulta aplicable cuando no hay rebeldía previa, sino que el afectado se localiza con posterioridad de manera que no existió el trámite de la intervención ni del llamamiento previo, sino que se procedió directamente al decomiso sin su citación ni posibilidad de comparecencia. En estos casos se entiende pues, que cabe la rescisión del art. 803 ter d) 2 de la LECr.

Capítulo V

El sistema de indicios, presunciones y carga de la prueba

1. INTRODUCCIÓN

Ya hemos hecho referencia con anterioridad a la importancia del decomiso como instrumento eficaz en la persecución de la delincuencia organizada pues actúa directamente sobre las ganancias de estas redes y estructuras criminales. El decomiso, junto con el blanqueo de capitales y la recuperación de activos, son el tridente de una política de decomiso total de la Unión Europea. Esta política se concretó, como ya hemos dicho y entre otras, en la Directiva 2014/42/UE del Parlamento Europeo y del Consejo de 3 de abril sobre el embargo y el decomiso de los instrumentos y del producto del delito en la Unión Europea, la cual fue transpuesta a nuestra legislación por la Ley Orgánica 1/2015 de reforma del Código Penal, y la Ley 41/2015 de 5 de octubre de modificación de la Ley de Enjuiciamiento Criminal para la agilización de la justicia penal y el fortalecimiento de las garantías procesales. En esta transposición, el legislador nacional, se «desbordó», por cuanto la Directiva, que era de mínimos, fue rebasada con creces en su adaptación al ordenamiento español, lo que ha generado dificultades tanto desde la perspectiva penal como procesal. De muchas de ellas nos hemos ocupado en capítulos anteriores.

Ahora bien, creo conveniente detenerme en ese momento, en la configuración del actual sistema de indicios, presunciones y carga de la prueba, en una política de decomiso total, pues dicha regulación requiere de una valoración y de un *test* de contraste en relación a las garantías procesales mínimas, y no sólo de la UE para un proceso de decomiso. Esto conlleva, por un lado la observancia y aplicación las Directivas publicadas sobre derechos de los justiciables (tanto el denominado primer paquete como el segundo paquete de medidas), y por otro lado, la necesaria interpretación de la normativa a aplicar, de conformidad con la jurisprudencia del Tribunal Europeo de Derechos Humanos y la Carta de los Derechos Fundamentales de la Unión Europea (Considerando n.º 38 de la Directiva de 2014), siendo imprescindible garantizar la tutela judicial efectiva, la presunción de inocencia y el derecho a un juicio justo.

En definitiva, la regulación sustantiva y procesal sobre el decomiso ha de desarrollarse respetando las garantías y derechos básicos del justiciable, que no pueden ni deben ser minorados o devaluados en favor de una supuesta eficacia. No hemos de olvidar que estamos en el marco de un proceso penal, en el que se ejerce *el ius puniendi* del Estado, y en que el complejo sistema de derechos y garantías procesales es fruto y resultado de largas luchas de nuestra sociedad que han permitido cristalizar en lo que denominados un Estado de Derecho, en el cual los sistemas de control social, y en especial la política criminal también ha de someterse a las reglas del derecho y la justicia, pues la justicia y el respeto de los derechos y garantías del ciudadano, también por el poder, es lo que legitima la acción del mismo, revitalizando nuestro ordenamiento y forma de convivencia.

En este marco es oportuno analizar si el sistema de indicios, presunciones y carga de la prueba es compatible con el respeto a los derechos y garantías básicas de sospechosos, acusados y terceros afectados en un proceso penal de decomiso.

2. EL SISTEMA DE INDICIOS EN EL DECOMISO AMPLIADO

2.1. TRASCENDENCIA DE LA REFORMA DEL DECOMISO

Como ya hemos puesto de relieve la reforma del decomiso llevada a cabo por la LO 1/2015 de reforma del Código Penal da cuenta de la transcendencia de la institución, pues no encuentra precedentes en la historia de nuestra codificación, de tal manera que podemos decir que no se trata de una mera modificación, sino de una nueva regulación[192]. Hay que tener en cuenta que la evolución y trascendencia que han adquirido diversas formas de delincuencia, la económica, la delincuencia organizada, la vinculación a nuevas formas de actuación en el ámbito político o económico (blanqueo de capitales, cohechos, etcétera), pusieron de manifiesto el interés de «privar» a quienes cometían delitos, de aquellos elementos con los que los cometían o podían cometerlos. Esto justificó la incorporación en el texto penal de la mención relativa a que las consecuencias accesorias estaban

192. Hasta este momento se habían realizado modificaciones poco relevantes en alguna reforma parcial (la última fue llevada a cabo por la LO 5/2010 de 22 de junio), siento el hito más relevante el que se produjo con la promulgación del Código Penal de 1995, cuando el decomiso se trasladó desde las penas accesorias hasta la denostada categoría de las «consecuencias accesorias».

orientadas, entre otras finalidades, a prevenir la continuidad de la actividad delictiva. Por lo tanto, el carácter retributivo con que se concibió históricamente la institución, más cercana a una pena pecuniaria, ha quedado relegado a un segundo plano, y ahora parece tener prevalencia la finalidad preventiva[193]. Por otra parte, no cabe duda de que el recurso al decomiso ha ido ampliándose paulatinamente por el legislador[194], lo que para algún sector doctrinal constituye una política de «decomiso total,» que requeriría analizar la efectividad del uso generalizado del decomiso respecto de los distintos tipos de delincuencia[195].

Por último, en la regulación de nuestro Código Penal no encontramos un concepto de decomiso. Por su parte, ya vimos como en la Directiva 2014/42/UE el legislador europeo define el decomiso como «La privación definitiva de un bien por un órgano jurisdiccional en relación con una infracción penal» (Art. 2.4.), por tanto, el sujeto afectado pierde la titularidad del bien. En cambio, en nuestro país, ni en la Ley de Enjuiciamiento Criminal, ni en el Código penal encontramos un concepto claro y explícito de decomiso[196], por lo que hemos de deducirlo de la regulación legal, y acudiendo al art. 127.1 y 2 del CP, podemos concluir que el decomiso será aquella consecuencia accesoria que obligatoriamente acompaña a una pena impuesta por un delito doloso, y facultativamente, a la pena impuesta por

193. Como refiere JAÉN VALLEJO, M. y PERRINO PÉREZ, A. L., *La recuperación de activos frente a la corrupción*, Editorial Dykinson, 2016, p. 149, «... el objetivo final es disuadir a los delincuentes de cometer delitos que generan grandes beneficios económicos», por lo que «El decomiso y la recuperación de activos tienen indudablemente, en el ámbito europeo, un claro efecto preventivo general».

194. Junto al régimen general del decomiso, antes y después de 1995, era posible encontrar referencias al mismo en la parte especial respecto a algunos delitos en concreto, por lo que se distinguía entre «el comiso genérico» y los «comisos específicos», —por ejemplo, en los delitos contra la salud pública se regulaba un comiso de forma mucho más amplia e intensa, incluso que la del régimen general—.

195. GASCÓN INCHAUSTI, F., *«Las nuevas herramientas...» cit.*, p. 3, apunta la existencia de una auténtica política de «decomiso total»; en el mismo sentido CHOCLAN MONTALVO, J. A., *El patrimonio criminal. Comiso y pérdida de ganancia*, Ed. Dykinson, Madrid 2001, p. 15; GÓMEZ COLOMER, J. L., en MONTERO AROCA/GÓMEZ COLOMER/BARONA VILAR/ESPARZA LEIBAR/ETXBERRIA GURIDI, *Derecho Jurisdiccional III. Proceso penal*, Edit. Tirant lo Blanch, Valencia 2016, p. 445.
Por otra parte, PLANCHADELL GARGALLO, A., «La regulación del decomiso en la Ley de Enjuiciamiento Criminal: ¿complemento necesario al Código Penal?», *Revista Aranzadi de Derecho y Proceso Penal*, núm. 46, abril-junio 2017, p. 28, entiende la necesidad del decomiso en la lucha contra la criminalidad organizada y contra la corrupción, aunque no lo ve tan claro en otros tipos de delincuencia. *Vid.* el mismo trabajo en *La Ejecución de sentencias en el Proceso Penal*, Ed. Aranzadi, 2017, p. 66.

196. La única referencia, como ya dejamos dicho anteriormente se encuentra en la ley 23/2014 de reconocimiento mutuo de resoluciones penales en la Unión Europea que en su artículo 157.1.

delitos imprudentes si conllevan una pena privativa de libertad de más de un año, recayendo tanto sobre los efectos provenientes del delito, como sobre los bienes, medios o instrumentos con los que se haya preparado o ejecutado, así como sobre las ganancias derivadas del delito cometido, o en su caso sobre el fruto de su transformación, si se han transformado.

En definitiva, y como ya adelantamos, con la actual regulación sustantiva del decomiso se pretende no solo evitar que el sujeto tengan en su poder medios para cometer delitos que ya han sido utilizados y que puede volver a utilizar (prevención de la comisión de futuras conductas delictivas), sino también que no se produzcan enriquecimientos ilícitos que conviertan al delito en una actividad rentable, es decir que pueda dar lugar a una ventaja patrimonial para su autor, otros partícipes en el mismo o terceras personas relacionadas con él.

2.2. EL SISTEMA DE INDICIOS Y LA NATURALEZA JURÍDICA DEL PROCESO DE DECOMISO

En la regulación del decomiso en nuestro Código Penal podemos distinguir las siguientes modalidades; el decomiso por sentencia condenatoria o decomiso directo (con la oportuna referencia al decomiso por valor equivalente o por sustitución), junto a él, el decomiso ampliado y el régimen complementario previsto en el art. 127 *quinquies y sexies* del CP, y por último el decomiso sin sentencia de condena, y el decomiso de bienes de terceros.

Fue la LO 5/2010 la que junto al decomiso directo y el decomiso por sustitución introdujo el decomiso ampliado, procedente para los delitos de terrorismo y los cometidos por grupos u organizaciones criminales. Este decomiso ampliado pretendía afectar de manera obligatoria, y en base a criterios objetivos fundados, a los bienes, efectos y ganancias que procedieran de otras actividades ilícitas del sujeto condenado, distintas de los hechos por los que se le condena y que no han sido objeto de una prueba plena. Posteriormente, con la reforma de la LO 1/2015 este decomiso ampliado adquirió autonomía (al estar regulado en un precepto independiente —art. 127 *bis*—) y complejidad (al tener, a su vez, dos modalidades —art. 127 *bis* y 127 *quinquies* y *sexies*—)[197].

El elemento central y caracterizador de esta modalidad de decomiso no es otro que el que los bienes o efectos decomisados provienen de otras actividades delictivas ilícitas del sujeto condenado, distintas a los hechos por

197. La existencia de distintos regímenes de comiso ampliado, en opinión de HAVA GARCÍA, E., «*La nueva regulación del comiso...*» *op. cit.*, p. 213 y ss., va a dar lugar a problemas de aplicación y a «contradicciones insuperables».

los que se le condena y no han sido objeto de prueba plena en el proceso en el que se ordena el decomiso. En definitiva, lo que hace el legislador es prescindir del nexo necesario entre el delito objeto de condena y los bienes que se pretenden decomisar, y se concibe este decomiso como un instrumento de lucha contra la delincuencia organizada, con la finalidad de eliminar y neutralizar los posibles rendimientos y beneficios de actividades delictivas que en ocasiones son muy difíciles de vincular a las actividades delictivas objeto de condena; bien porque en ocasiones es difícil conectar la titularidad de esos bienes a las personas encausadas o acusadas; bien porque a veces la dificultad está en conectar esos bienes con el concreto hecho delictivo que se enjuicia.

Con este objetivo, opta el legislador nacional por articular un sistema de indicios que tensiona hasta el extremo el complejo estatuto de derechos y garantías del justiciable en el proceso penal. Por ello, no pretendo cuestionar en estas páginas la finalidad de este decomiso, sino su regulación y alcance como posible vulneradora de derechos y garantías constitucionales, entre otros el derecho al debido proceso y a la presunción de inocencia.

El sistema de indicios que se incorpora a nuestra regulación con la reforma en el art. 127 *bis*. 2 CP, tiene como uno de sus posibles orígenes la unificación del concepto de decomiso ampliado que hace la Directiva de 2014. El legislador europeo era consciente de que «Los grupos delictivos realizan una amplia gama de actividades delictivas. Con objeto de hacer frente de forma eficaz a las actividades de la delincuencia organizada, pueden darse situaciones en las que convenga que, tras la resolución penal condenatoria, se proceda al decomiso, no solo de los bienes asociados con un determinado delito, sino también de los bienes adicionales que el órgano jurisdiccional determine que son producto de otros delitos. Esta medida se denomina "decomiso ampliado"» (Considerando n.º 19). Por otro lado, el legislador europeo, con el objeto de evitar conceptos divergentes en los distintos Estados miembros y evitar obstáculos en la cooperación transfronteriza, optó por establecer un estándar mínimo (art. 5 de la Directiva) para todos los países en la aplicación del decomiso ampliado[198]. Y, por último,

198. Como señala el legislador europeo, con anterioridad a la Directiva de 2014, La Decisión Marco 2005/212/JAI disponía tres conjuntos distintos de requisitos mínimos que los Estados miembros podían elegir a efectos de aplicar el decomiso ampliado. De resultas de ello, durante el proceso de transposición de la citada Decisión Marco, los Estados miembros habían elegido opciones diferentes que dieron lugar a conceptos divergentes del decomiso ampliado en los ordenamientos jurídicos nacionales. Y estas divergencias constituían un obstáculo para la cooperación transfronteriza en casos de decomiso. Por lo tanto, era necesario armonizar en mayor medida las disposiciones sobre el decomiso ampliado, fijando un único estándar mínimo para todos los Estados Miembros, que es lo que se pretende con la Directiva de 2014.

decir que, la adaptación que el legislador español ha hecho de esta norma ha dado lugar a muchas dificultades y pone el centro de atención en la situación en la que queda el sospechoso o acusado.

2.2.1. La opción del legislador nacional por el sistema de indicios

El legislador nacional optó por el sistema de indicios, y así lo puso de manifiesto en la exposición de motivos de la LO 1/2015, apartado VIII, señalando que el decomiso ampliado no precisa una «prueba plena», una acreditación plena de la conexión causal entre la actividad delictiva y el enriquecimiento. En concreto afirma que «Frente al decomiso directo y el decomiso por sustitución, el decomiso ampliado se caracteriza, precisamente, porque los bienes o efectos decomisados provienen de otras actividades ilícitas del sujeto condenado, distintas a los hechos por los que se le condena y que no han sido objeto de una prueba plena. Por esa razón, el decomiso ampliado no se fundamenta en la acreditación plena de la conexión causal entre la actividad delictiva y el enriquecimiento, sino en la constatación por el juez, sobre la base de indicios fundados y objetivos, de que han existido otra u otras actividades delictivas, distintas a aquellas por las que se condena al sujeto, de las que deriva el patrimonio que se pretende decomisar. Véase que la exigencia de una prueba plena determinaría no el decomiso de los bienes o efectos, sino la condena por aquellas otras actividades delictivas de las que razonablemente provienen»[199].

Por otro lado, en la mencionada exposición de motivos se justifica la necesidad de articular un sistema de indicios afirmando que el decomiso ampliado permitirá a los jueces y tribunales, en los supuestos de condenas por delitos que normalmente generan una fuente permanente de ingresos, como ocurre con el tráfico de drogas, terrorismo o blanqueo de capitales, ordenar el decomiso de bienes y efectos del condenado procedentes de otras actividades delictivas, siempre que existan indicios objetivos fundados de la procedencia ilícita de los efectos decomisados. La regulación contempla así una figura que se encuentra ya recogida por el Derecho comparado y que será de aplicación generalizada en el ámbito de la Unión Europea como consecuencia de la mencionada Directiva de 2014. Continua el legislador destacando que «El decomiso ampliado no es una sanción penal, sino que se trata de una institución por medio de la cual se pone fin a la situación patrimonial ilícita a que ha dado lugar la actividad delictiva. Su fundamento

199. Se trata de una transcripción casi literal del Fundamento de Derecho Primero de la STS núm. 740/2015, núm. Recurso 818/2015 de 26 de noviembre de 2015.

tiene, por ello, una naturaleza más bien civil y patrimonial, próxima a la de figuras como el enriquecimiento injusto. El hecho de que la normativa de la Unión Europea se refiera expresamente a la posibilidad de que los tribunales puedan decidir el decomiso ampliado sobre la base de indicios, especialmente la desproporción entre los ingresos lícitos del sujeto y el patrimonio disponible, e, incluso, a través de procedimientos de naturaleza no penal, confirma la anterior interpretación».

Por último, en la Exposición de Motivos de la Ley 1/2015, el legislador nacional destaca que la reforma llevada a cabo se ajusta a los principios de culpabilidad y presunción de inocencia, puesto que el decomiso ampliado no es una pena, y no persigue reprochar al condenado un hecho delictivo —una declaración de culpabilidad— sino alcanzar fines ordenadores del patrimonio y de corrección de una situación patrimonial ilícita[200]. En definitiva, para el legislador nacional, el decomiso ampliado es una figura ajena al régimen o sistema de sanciones penales. Es, para él, más cercana al enriquecimiento injusto desde el punto de vista civil y patrimonial[201], por lo que para él la inversión de la carga de la prueba no afecta a la presunción de inocencia[202].

---

200. En concreto la exposición de motivos dice expresamente que «La regulación, por lo demás, es, como se ha afirmado en la jurisprudencia constitucional comparada, ajustada a los principios de culpabilidad y presunción de inocencia, pues no persigue reprochar al condenado la realización de un hecho ilícito, lo que sería propio de una pena, sino conseguir fines ordenadores del patrimonio y de corrección de una situación patrimonial ilícita derivada de un enriquecimiento injusto de origen delictivo; y el decomiso ampliado no presupone ni conlleva una declaración de culpabilidad por la actividad delictiva desarrollada por el sujeto, pues el decomiso ni presupone tal declaración de culpabilidad ni es una pena. La regulación prevé, por ello, que, si posteriormente el condenado lo fuera por hechos delictivos similares cometidos con anterioridad, el juez o tribunal deba valorar el alcance del decomiso anterior acordado al resolver sobre el decomiso en el nuevo procedimiento».
Sobre la función de restitución del orden patrimonial lícito, es de interés el pronunciamiento del Tribunal Constitucional alemán de 14 de enero de 2002 acerca del decomiso ampliado, declarando este fin. *Vid.* ROIG TORRES, Margarita, «La regulación del comiso. El modelo alemán y la reciente reforma española», Estudios Penales y Criminológicos, vol. XXXVI, 2016, pp. 229; BLANCO CORDERO, Isidoro, «Comiso ampliado y presunción de inocencia», en Criminalidad organizada, terrorismo e inmigración. Retos contemporáneos de la política criminal, Granada, Comares, 2008, pp. 92-94.

201. Así también lo entienden JAÉN VALLEJO, M. y PERRINO PÉREZ, L. A., *La Reforma procesal penal de 2015,* Ed. Dykinson, 2015, p. 100.

202. GIMENO SENDRA, V., *Derecho Procesal Penal,* 2.ª edición, Ed. Aranzadi, Navarra, 2015, p. 727, si señala que existe una inversión de la carga de la prueba, de suerte que no es la acusación, sino la defensa, a quien le incumbe la carga de acreditar la procedencia lícita de los bienes, efectos o ganancias.

2.2.2. Naturaleza penal del proceso de decomiso

Pero, ante esta posición del legislador, tenemos que señalar en primer lugar, que en el decomiso no hay, a diferencia de la responsabilidad civil extracontractual *ex delicto* o del enriquecimiento injusto, un desplazamiento patrimonial. El estado no se ha visto privado de un patrimonio que tenga derecho a recuperar con preferencia a otros sujetos. Por otro lado, el hecho de que el decomiso ampliado tenga un carácter patrimonial, no lo sitúa en el ámbito del derecho civil. Recordemos que el carácter patrimonial también se puede predicar de toda clase de decomiso, así como de la multa como pena pecuniaria que, cuando se determina en atención al valor del objeto del delito o los beneficios (art. 52.1 CP) también persigue, entre otras, la finalidad de una reordenación patrimonial y privar de los beneficios al autor del delito. Dicho de otra manera, cuando el Estado procede al decomiso de bienes, no hace valer un derecho, sino que ejerce el *ius puniendi*, la potestad sancionadora de la que está investido.

Y, en segundo lugar, el intentar travestir al proceso de decomiso (de naturaleza penal), en un proceso civil, hace que salten todas las alarmas relativas a las garantías constituciones, y derechos fundamentales procesales propios del ejercicio de *ius puniendi*, en especial la presunción de inocencia. El propio legislador es consciente de esta realidad pues por un lado requiere que exista prueba, aunque no plena, de la comisión del delito, y por otro lado mantiene que el decomiso ampliado no es una sanción, no es una institución penal, sino civil. Y esto, en sí ya supone una contradicción, pues, si hay una mínima actividad probatoria, la misma habrá de ser practicada con todas las garantías de la actividad delictiva que se ha cometido, aunque no haya condena, y, por lo tanto, no es de recibo intentar transformar el decomiso ampliado en una suerte de enriquecimiento injusto, para con ello intentar huir de las exigencias garantistas de un proceso penal para acogerse a los requerimientos menos exigentes de un proceso civil.

No olvidemos, por otro lado, que el sujeto que va a sufrir el decomiso, dispone de las garantías procesales mínimas que establece el artículo 8 de la Directiva de 2014, garantías procesales básicas de un proceso penal como son el derecho a un proceso justo, a la tutela judicial efectiva, a la presunción de inocencia, a que se respete el principio *ne bis in idem*, y derecho a un abogado, y a estas hay que añadir específicamente en relación al decomiso ampliado que «la persona afectada tendrá la posibilidad efectiva de impugnar las circunstancias del caso, incluidos los hechos específicos y las pruebas disponibles cuya base se considere que el bien de que se trate procede de una actividad delictiva» (art. 8.8 Directiva 2014).

Y es que, por mucho que el legislador mantenga lo contrario, en nuestro país se sigue el modelo continental, y el decomiso se acuerda por un tribunal penal. Una institución no es civil o penal por la denominación con la que se la califique, sino por el conjunto de propiedades que la hacen formar parte de un determinado ámbito jurídico predeterminado por el propio legislador. A lo que hemos de añadir que el hecho de que el decomiso no sea, en rigor, una pena y que no presuponga una declaración de culpabilidad, en modo alguno minora o altera su naturaleza de manifestación del *ius puniendi* en el ámbito penal.

2.3. PRESUNCIONES E INDICIOS EN EL DECOMISO AMPLIADO DEL ART. 127 BIS CP

El régimen general del decomiso ampliado, previsto en el art. 127 bis supone la posibilidad de decomisar los bienes, efectos y ganancias pertenecientes a una persona condenada por alguno de los delitos previsto en el tipo penal, cuando el juez o tribunal resuelva, a partir de *indicios objetivos fundados*[203] que los bienes o efectos provienen de una actividad delictiva y no se acredite su origen lícito.

Con la finalidad de facilitar la aplicación de esta figura, se opta, en el apartado 2 del art. 127 bis por incluir un catálogo abierto de indicios[204] que deberán ser valorados por los jueces y tribunales para resolver sobre el decomiso, así se señala que, «entre otros», «se valorarán, especialmente»:

a) la desproporción entre el valor de los bienes y efectos de que se trate (el patrimonio del sujeto responsable) y los ingresos de origen lícito de la persona condenada;

---

203. Para VÁZQUEZ IRUZUBIETA, C., la expresión del legislador de «indicios objetivos fundados», *es una contradicción en propia formulación. Los indicios son indicios y nada más*. Por lo que podemos estar de acuerdo con el autor en que la prueba está en la causa «y no en la mente del Juez o del órgano colegiado». *Código Penal comentado*, Barcelona, 2015, p. 249.

204. La extensión, y la amplitud con la que se ha concebido el sistema de indicios en base a un catálogo abierto, puede plantearnos distintos interrogantes en relación a si se están o no reduciendo los estándares probatorios por razones de política criminal, rebaja que ha sido avalada por nuestro Tribunal Supremo. *Vid.* en este sentido la STS de 27 de enero de 2009 (RJ 2009, 661), o las correlativas SSTS núm. 793/2015 de 1 de diciembre (RJ 2015, 6396); 338/2015, de 2 de junio; 877/2014, de 22 de diciembre; 969/2013 de 18 de diciembre, 600/2012 de 12 de julio). Sobre la misma cuestión *vid.* NIEVA FENOLL, J., «El procedimiento de decomiso autónomo. En especial, sus problemas probatorios», *Diario la Ley núm. 8601*, de 9 de septiembre de 2015 (ref. D-322), p. 13 y ss.; BLANCO CORDERO, I., «Comiso ampliado y presunción de inocencia», en PUENTE ABA (Dir.), *Criminalidad organizada, terrorismo e inmigración (retos contemporáneos de la política criminal)*, ed. Comares, Granada 2008, p. 70 y ss.

b) la ocultación de la titularidad o de cualquier poder de disposición sobre los bienes o efectos mediante la utilización de personas físicas o jurídicas o entes sin personalidad jurídica interpuestos, o paraísos fiscales o territorios de nula tributación que oculten o dificulten la determinación de la verdadera titularidad de los bienes[205];

c) y por último la transferencia de los bienes o efectos mediante operaciones que dificulten o impidan su localización o destino y que carezcan de una justificación legal o económica válida.

Por otro lado, el art. 127 bis en su apartado tercero crea un nuevo decomiso por valor equivalente, al remitir al apartado tercero del artículo anterior[206]. De no ser así, carecería de sentido aunarlo al posible decomiso de todos los bienes respecto de los que no pueda justificarse su procedencia o adquisición lícita. Y por último, el legislador parece tener dudas de cómo ha quedado la regulación del decomiso ampliado y anticipándose a las críticas más garantistas, tanto de penalistas como de procesalistas, finaliza la redacción del artículo 127 bis con un apartado 4 con el que intenta ahuyentar que se le recrimine no haber respetado el principio constitucional del «*non bis in ídem*»[207] y la proporcionalidad del decomiso, así establece para ello que «Si posteriormente el condenado lo fuera por hechos delictivos similares cometidos con anterioridad, el Juez o Tribunal valorará el alcance del decomiso anterior acordado al resolver sobre el decomiso en el nuevo procedimiento».

Ante esta regulación hemos de recordar que el decomiso ampliado es la forma de decomiso en la que más ha insistido el legislador europeo, la que permite luchar con mayor eficacia contra el enriquecimiento del delin-

205. Es decir, si el sujeto ha llevado a cabo maniobras obstativas.
206. El legislador español con la disposición del artículo 127 bis. 3 CP (que prevé que sea de aplicación el decomiso por sustitución o equivalente del art. 127.3 CP, y en buena lógica del art. 127 *septies* CP, aunque no lo cite expresamente), concede a los órganos jurisdiccionales nacionales una atribución obligatoria —no pedida por la Unión Europea— para el caso de decomiso ampliado, dando una vez más muestras del afán recaudatorio y retribucionista de la reforma de la LO 1/2015 avanzando hacia un decomiso total: la presunción *iuris tantum* de la ilicitud de la procedencia de los bienes de la persona condenada por unas presuntas conductas delictivas anteriores al fallo penal, apoyada en pilares indiciarios, es seguida de un decomiso por sustitución que incluso puede alcanzar a bienes de origen lícito, sin que haya existido un enjuiciamiento penal con plenitud de garantías como sí se realiza en el decomiso directo.
207. AGUADO CORREA, T., «Artículo 127 bis», Gómez Tomillo Rodrigo, M.: *Comentarios prácticos al Código Penal. Parte General. Artículos 1-137. Tomo I*, Cizur Menor: Aranzadi 2015, p. 1017.

cuente, pero no solo a partir del concreto hecho enjuiciado[208]. Con esta modalidad de decomiso, se persigue, un fin ordenador del patrimonio y de corrección de una situación patrimonial ilícita derivada de un enriquecimiento injusto de origen delictivo, y no tanto reprochar al condenado su *conducta delictiva*. En definitiva, en el supuesto de decomiso ampliado previsto en el art. 127 bis CP, es el Juez el que ha de resolver si determinados bienes y ganancias se vinculan a la actividad delictiva sin que esto pueda acreditarse con certeza, por lo que la polémica de esta figura está asegurada.

Por otro lado, tengamos en cuenta que el legislador español con la reforma del Código Penal en la LO 1/2015, amplió los supuestos en los que es posible acordar el decomiso ampliado, así, a los delitos de terrorismo y los cometidos por grupos u organizaciones criminales (incluidos en la LO 5/2010), se han añadido los recogidos en las letras a) hasta la q) del art. 127 bis. 1 CP[209].

Por tanto, a la vista de la regulación vigente, se exigen dos requisitos acumulativos. Por una parte, la existencia de sentencia de condena previa por alguno de los delitos de las letras a) a r) del art. 127 bis. 1 CP, lo que operaría como un presupuesto básico y de procedibilidad, y existiendo tal presupuesto, se requiere que se constate la existencia de indicios fundados de la procedencia delictiva de los bienes «y» que el sujeto pasivo no acredite

---

208. Hay que recordar que en la primera transposición de esta figura y tal y como estaba prevista en la Decisión Marco, se trataba de una medida excepcional que únicamente podía aplicarse de manera extraordinaria. Así sólo era posible decretar el decomiso ampliado en los supuestos de delitos cometidos en el seno de la organización o grupo criminal, o terrorista o por un delito de terrorismo. De aquí se ha pasado a la situación actual, con la ampliación de los posibles sujetos que pueden ser objeto de un decomiso ampliado —pues ya no es preciso que se integren en grupos criminales— lo que es consecuencia de la ampliación del catálogo de delitos para los que puede decretarse esa posibilidad. Por tanto, ya no podemos hablar de una medida «excepcional»; habida cuenta que la figura se puede aplicar a cualquier delito susceptible de producir algún beneficio económico. *Vid.* en este sentido VIDALES RODRÍGUEZ, C., *Consecuencias accesorias... op. cit.*, p. 396.

209. En concreto son los siguientes: delitos de trata de seres humanos; delitos relativos a la prostitución y a la explotación sexual y corrupción de menores y delitos de abusos y agresiones sexuales a menores de dieciséis años; delitos informáticos de los apartados 2 y 3 del art. 197 y art. 264; delitos contra el patrimonio y contra el orden socioeconómico en los supuestos de continuidad delictiva y reincidencia; delitos relativos a las insolvencias punibles, delitos contra la propiedad intelectual o industrial; delitos de corrupción en los negocios; delitos de receptación del apartado 2 del art. 298; delitos de blanqueo de capitales; delitos contra la Hacienda pública y la Seguridad social; delitos contra los derechos de los trabajadores de los arts. 311 a 313; delitos contra los derechos de los ciudadanos extranjeros; delitos contra la salud pública de los arts. 368 a 373; delitos de falsificación de moneda; delito de cohecho; delito de malversación; delitos de terrorismo; y delitos cometidos en el seno de una organización criminal.

el origen lícito de los mismos, dicho de otra manera, que estemos ante un incremento patrimonial no justificado[210]. Es decir, la norma exige que se conecte la actividad delictiva del sujeto, sobre el que ha de recaer el decomiso, con su patrimonio que no se encuentra directamente conectado con su actividad. Y de ahí que podamos concluir que no es necesario acreditar la relación entre el bien y el delito enjuiciado. Por lo que el auténtico objeto del debate contradictorio y de la motivación de esta potestad de decomiso ampliado del art. 127 bis, es si el sujeto dispone o no de bienes o efectos de los que no acredite su origen lícito y que —a partir de indicios objetivos fundados— el juez resolviera que provienen de una actividad delictiva.

Como se puede observar, esta regulación, que exige conectar la actividad delictiva del sujeto (sobre el que ha de recaer el decomiso) con su patrimonio (que no se encuentra directamente conectado con su actividad) en base a indicios, es una regulación compleja que ha sido objeto de múltiples críticas. Entre otras podemos señalar que se ha dicho que con esta regulación se estaba dando cobertura a determinadas prácticas jurisprudenciales, puesto que se partía de una presunción de origen ilícito de los bienes decomisados[211]. Otros autores entendían que se había llevado a cabo una admisión demasiado extensa de la potestad de decomiso ampliado, especialmente en lo que se refiere a la vinculación cronológica entre la actividad delictiva enjuiciada y la actividad delictiva —no enjuiciada— de la que proceden los bienes decomisados[212]. Y otros directa-

210. Es decir, no se justificaría la adopción de dicho decomiso ampliado si solo contásemos con la imposibilidad de acreditar el origen lícito o el incremento patrimonial justificado. Junto a este requisito resulta necesario, en segundo lugar, la aportación de un indicio fundado, entre otros algunos de los previstos en el art. 127 bis. 2 CP. Esta interpretación abunda en la naturaleza penal del decomiso ampliado, ya que en el mismo rige el principio acusatorio y la carga de acreditar el indicio objetivo y fundado de procedencia ilícita corresponde a las partes acusadoras.

211. En concreto nos estamos refiriendo a la Jurisprudencia de nuestro Tribunal Supremo que se hace eco del Acuerdo del Pleno de la Sala de lo Penal del Tribunal Supremo de 5 de octubre de 1998, en distintas resoluciones como en la STS de 28 de junio de 2013 (RJ 2013, 8067), y en la misma línea entre otras, STS 16/2009, de 27 de enero (RJ 2010, 661) y 28/2010, 28 de enero (RJ 2010, 3009). El mencionado Acuerdo del Pleno de la Sala de lo Penal del Tribunal Supremo, en relación con el decomiso en los delitos de tráfico de drogas, admitió que «el comiso de las ganancias derivadas del delito de tráfico de drogas debe extenderse a las ganancias procedentes de operaciones anteriores a la concreta operación descubierta y enjuiciada, siempre que se tenga por probada dicha procedencia y se respete en todo caso el principio acusatorio».

212. GASCÓN INCHAUSTI, F. y VILLAMARÍN LÓPEZ, M. L., «Otras repercusiones de la LO 5/2010 en el ámbito del proceso penal», en *Repercusiones sobre el proceso penal de la LO 5/2010, de reforma del Código penal,* GASCÓN INCHAUSTI, F. (Coord.), Aranzadi, Cizur Menor, 2011, p. 349.

mente han planteado que esta regulación no debería tener acomodo en un Estado de Derecho[213].

Por otro lado, la apreciación de estos indicios fundados no significa que haya imputación o encausamiento judicial por un concreto delito y ni tampoco causa penal abierta; aunque es importante que esa actividad delictiva, no enjuiciada de la que provienen los bienes, no haya prescrito, o que, habiendo sido juzgada, no haya sentencia absolutoria, o en su caso sobreseimiento libre con efecto de cosa juzgada (art. 127 bis 5 CP). La extinción de la responsabilidad criminal respecto a los hechos no enjuiciados en el proceso actual impide el decomiso ampliado, dato, que no hemos de olvidar al posicionarnos sobre la naturaleza, penal o civil, de este decomiso[214].

2.3.1. Situación en la que queda el acusado

Este complejo y criticado sistema de indicios y presunciones, tiene como problema central la situación en la que queda el acusado, y por lo tanto la afección de sus garantías y derechos, pues es el acusado sobre el que se pretende adoptar el decomiso, el que ha de romper la conexión entre los indicios y el hecho presunto, y esto nos obliga a plantearnos si se ven afectados su derecho a no declarar contra sí mismo, así como el derecho a la presunción de inocencia[215].

---

213. Así lo entiende FERNÁNDEZ PANTOJA, P. «Las Consecuencias accesorias», *en Estudios sobre el Código Penal Reformado (Leyes Orgánicas 1/2015 y 2/2015)* Dir. MORILLAS CUEVA, L., Ed. Dykinson, 2015, pp. 288, 289, para quién este sistema de indicios «choca contra los pilares de nuestro sistema y es que, mientras un órgano judicial no declare la existencia del delito, éste no existe, pues bien, aquí se nos ofrece ni más ni menos que "presunciones" sobre delitos de la mayor gravedad…».

214. No pueden decomisarse bienes respecto de hechos que han prescrito penalmente, y por lo tanto como señala MARCHENA GÓMEZ, M. y GONZÁLEZ-CUÉLLAR SERRANO, N., *«La reforma de la Ley de Enjuiciamiento Criminal en 2015»*, Edit. Castillo de Luna ediciones jurídicas, Madrid, 2015, p. 501, si estuviésemos ante una institución civil y no ante una sanción penal, no vincularían las causas de extinción de la responsabilidad criminal, sino el plazo de prescripción de las acciones personales (art. 1964 CC).
Por otra parte, en base al principio *ne bis in ídem*, la absolución o el sobreseimiento firme impiden también el decomiso ampliado respecto de los hechos enjuiciados u objeto de archivo. Y en el caso de sobreseimiento provisional, respecto del que si es posible un enjuiciamiento posterior si aparecen nuevos elementos probatorios, entendemos que si fuera posible el decomiso ampliado respecto a hechos sobreseídos provisionalmente, de manera que, si realizado el decomiso la causa se reabre y hay absolución, habría que someter el decomiso a una revisión.

215. *Vid*. Entre otros a BLANCO CORDERO, I., *Comiso ampliado y... op. cit*. p. 69 y ss.; GASCÓN INCHAUSTI, F., *El decomiso transfronterizo de bienes, op. cit.*, p. 86 y ss.; ÍDEM, *Decomiso, origen ilícito de los bienes y carga de la prueba*, en «Problemas actuales del

En virtud del principio de presunción de inocencia son las partes acusadoras las que han de probar que los bienes o ganancias que han solicitado se decomisen, tienen un origen ilícito, y no procedería —pues sería contrario al mencionado principio— que el acusado haya de acreditar que dichos bienes o ganancias tienen un origen lícito. Los Tribunales españoles se han pronunciado sobre la cuestión que nos ocupa, y mantienen que no se verían afectados ninguno de estos derechos[216]. En concreto nuestro Tribunal Supremo considera que si en base a la prueba indiciaria resulta acreditada la existencia de una actividad delictiva (para lo cual, entiende el mencionado TS que, no sería necesario que esta actividad probatoria sea exhaustiva) no se verían afectados los mencionados derechos puesto que la exigencia de tener por probada la procedencia delictiva de los bienes es compatible con el recurso a indicios y presunciones, y la ausencia de explicación razonable acerca del origen de los bienes, o su desproporción con los ingresos lícitos del acusado, todo ello se ha considerado un elemento suficiente a tal efecto[217].

---

proceso iberoamericano, Actas de las XX Jornadas Iberoamericanas de Derecho Procesal», Tomo I, *op. cit.*, p. 587 y ss.; GIMENO BEVIÁ, J., «Recuperación de activos y proceso penal: Algunas cuestiones relevantes», *Cuaderno Electrónico de Estudios Jurídicos* 2014, núm. 2, p. 185 y ss.; DE JORGE MESAS, L. F., «El decomiso ampliado en la Reforma del Código Penal de 2015», *Revista Aranzadi Doctrinal* núm. 7/2016, pp. 2 y 4 y ss.; ROIG TORRES, M., «La regulación del comiso. El modelo alemán y la reciente reforma española», *Estudios penales y criminológicos* vol. XXXVI (2016), p. 249 y 250; DÍAZ CABIALE, J. A., «El decomiso tras las reformas del Código Penal y la Ley de Enjuiciamiento Criminal de 2015», *Revista Electrónica de Ciencia Penal y Criminología* 18-10 (2016), p. 37 y ss.

Sobre esta cuestión también son de interés las Sentencias del TEDH de 23 de septiembre de 2008 (TEDH 2008, 61), caso Grayson y Barnham contra Reino Unido; de 23 de julio de 2009 (TEDH 2009, 85), caso Bowler International Unit contra Francia; de 5 de julio de 2001 (TEDH 2001, 435), caso Phillips contra el Reino Unido; SS TC 123/1995, de 18 de julio; 169/1998, de 21 de julio; 220/2003, de 3 de julio; 219/2006, de 3 de julio; y más recientemente, las SSTS de 1 de diciembre de 2015 (RJ 2015, 6396); 9 de junio de 2014 (RJ 2014, 4223).

216. *Vid.* STC 219/2006, de 3 de julio (RTC 2016, 219) y 220/2006, de 3 de julio (RTC 2006, 220).

217. En este sentido nuestro TS en su sentencia 1061/2002, 6 de junio (RJ 2002, 8037), señala que «...la jurisprudencia no requiere que los bienes que resulten objeto del mismo se acredite con exhaustividad que proceden directamente de los concretos hechos objeto de enjuiciamiento, siempre que pertenezcan al acusado cuya responsabilidad ha quedado suficientemente acreditada, se acuerde sobre solicitud expresa de la acusación, la cuestión haya quedado sometida a debate en el enjuiciamiento y se motive en la sentencia la decisión al respecto».

Asimismo y en relación a la prueba de la procedencia ilícita de los bienes decomisados el mismo Tribunal en STS 16/2009, de 27 de enero (RJ 2010, 7661), dejó dicho que «... no puede pretenderse que lo sea en los mismos términos que el hecho descubierto y merecedor de la condena, sino que, por el contrario, esa prueba necesariamente deber

Sin duda alguna el sistema de indicios y presunciones[218] se presenta complejo, y a buen seguro generará efectos no deseados y distorsiones. Téngase en cuenta que el artículo 6 de la Directiva 2016/343/UE por la que se refuerzan en el proceso penal determinados aspectos de la presunción de inocencia y el derecho a estar presente en juicio, atribuye la carga de la prueba a la acusación y el beneficio de cualquier duda razonable al acusado. Y aunque en la tramitación de la norma se llegó a debatir la posibilidad de incorporar alguna excepción que desplazara la carga de la prueba a la defensa, dicha opción fue, con acierto, desechada. A pesar de ello, en esta Directiva (considerando número 22) se prevé la posibilidad de recurrir a las presunciones relativas a la responsabilidad penal de sospechosos y acusados, siempre que se mantengan «dentro de unos límites razonables, teniendo en cuenta la importancia de los intereses en conflicto y preservando el derecho de defensa, y los medios empleados deben guardar una proporción razonable con el objeto legítimo que se pretende alcanzar. Dichas presunciones deben ser *iuris tantum* y, en cualquier caso, solo deben poder utilizarse respetando el derecho de defensa»[219].

A modo de ejemplo como efectos no deseados y distorsiones de la regulación actual y en relación a «la desproporción entre el valor de los bienes y efectos de que se trate y los ingresos de origen lícito de la persona con-

ser de otra naturaleza y versa de forma genérica sobre la actividad desarrollada por el condenado (o titular del bien decomisado) con anterioridad a su detención o a la operación criminal detectada. Prueba indiciaria que podrá consistir en las investigaciones policiales sobre que el acusado venia dedicándose desde hacía tiempo a la actividad por la que en fin fue condenado, en que el bien cuyo comiso se intenta haya sido adquirido durante ese periodo de tiempo en que el condenado se venía dedicando, en términos de sospecha racional, a la actividad delictiva en cuestión; en que el bien a decomisar no haya tenido una financiación licita y acreditada, o, lo que es lo mismo la inexistencia de patrimonio, ventas, negocios o actividades económicas capaces de justificar el incremento patrimonial producido, etc. Probados estos datos indiciarios y puestos en relación unos con otros podrán entenderse acreditada la procedencia ilícita del bien hallado en poder del condenado, aunque no proceda propiamente de la operación descubierta y por la que se le condena, pudiendo en consecuencia ser objeto de comiso como garantía procedente del delito».

218. Tengamos en cuenta que como dice ABEL LLUCH, las presunciones, lejos de ser un medio de prueba, «constituyen un método de razonamiento basado en la inferencia, por el cual, a partir de un hecho base acreditado, se obtienen nuevos hechos mediante un enlace, establecido por la Ley o por el Juez». Mediante la técnica o método de las presunciones, a partir de una afirmación, hecho base o indicio, alcanzaremos un hecho conclusión que constituye el hecho presumido, a través del juicio de inferencia que realiza el Juez o Tribunal que actúa como nexo causal o enlace. Por tanto, concluye este autor que, presunción judicial y prueba indiciaria del proceso penal, tienen una naturaleza estructura y función idéntica. *Vid.* ABEL LLUCH, X., «Las presunciones», en ABEL LLUCH, X., *Derecho probatorio*, Editorial JM Bosch, Barcelona 2012, p. 413.

219. *Vid.* doctrina del TEDH en Sentencias Janosevic *v.* Suecia y Falk c. Países Bajos.

denada», que se prevé como primer indicio a valorar sobre la presunción de origen ilícito de los bienes, podemos decir que cabe la posibilidad de que los ingresos se hayan obtenido legalmente, pero que no hayan sido declarados a la Hacienda Pública. En este caso no debiera proceder el decomiso de los bienes, ahora bien, es posible que el sujeto afectado prefiera optar por el decomiso antes que tener que demostrar el origen lícito de los bienes, pues hacer esto último significaría confirmar que ha cometido un delito contra la hacienda pública (siempre que se superen los 120.000 euros y no se hubiera procedido a su regulación —art. 305 CP—), que conlleva penas privativas de libertad y multa.

2.4. INDICIOS Y PRESUNCIONES EN EL RÉGIMEN COMPLEMENTARIO DEL ARTÍCULO 127 *QUINQUIES* Y 127 *SEXIES* CP

Los artículos 127 *quinquies* y 127 *sexies* del CP, articulan un régimen complementario[220], que resulta un tanto complicado de distinguir del básico establecido en el artículo 127 bis. Este nuevo régimen, definido por RODRÍGUEZ GARCÍA como un «subtipo específico sobrevenido»[221] no ha estado exento de críticas, y así, FERNÁNDEZ PANTOJA, entiende que supone legitimar un «decomiso retroactivo», y mantiene que solo persigue una «finalidad recaudatoria, y se prescinde ya sin ningún tapujo de fundamentos y fines preventivos que pudieran justificar actuaciones dirigidas a actuar sobre lo que podría ser utilizado en la comisión de otros o nuevos delitos»[222].

En concreto el art. 127 *quinquies* CP, regula la posibilidad de acordar también el decomiso de bienes efectos y ganancias provenientes de la actividad delictiva previa del condenado. Esta posibilidad se condiciona al cumplimiento de requisitos cumulativos, a la existencia de indicios relevantes y finalmente establece una especie de presunción en relación a cuando se ha de entender que el delito se ha cometido «en el contexto de una actividad delictiva continuada», que es el elemento central a tener en cuenta.

220. Este régimen se introdujo en la reforma de la LO 1/2015, durante la tramitación del proyecto del senado. En concreto estos preceptos no aparecían en ningún texto, y no fue hasta que llegó al Senado, cuando la Comisión de Justicia emitió el Dictamen (BOCG Senado, núm. 485, de 9 de marzo) que incorporaba esta norma.

221. RODRÍGUEZ GARCÍA, N. *El decomiso de activos ilícitos*, Ed. Aranzadi 2017, p. 186.

222. FERNÁNDEZ PANTOJA, P. *Las Consecuencias accesorias… op. cit.*, pp. 284 y 286.

2.4.1. Requisitos

Los requisitos que se han de dar cumulativamente son los siguientes;

a) Que el sujeto sea o haya sido condenado por alguno de los delitos a que se refiere el artículo 127 bis 1 del Código Penal;

b) Que el delito se haya cometido en el contexto de una actividad delictiva previa continuada;

c) Que existan indicios fundados en que una parte relevante del patrimonio del penado procede de una actividad delictiva previa[223].

En cuanto a los indicios relevantes, son los mismos que ya se establecía en el art. 127 bis apartado 2 CP, con la única excepción de que cuando el beneficio de la actividad ilícita del sujeto no supere los 6000 euros, no se tendrán en cuenta[224].

2.4.2. Presunciones

Y en cuanto a la presunción sobre cuando ha de entenderse que el delito se ha cometido en el «*contexto de una actividad delictiva continuada*», la misma se establece en el art. 127 *quinquies* apartado 2, y operará cuando;

- el sujeto sea condenado o haya sido condenado en el mismo procedimiento por tres o más delitos de los que se haya derivado la obtención de un beneficio económico directo o indirecto,
- o haya sido condenado por un delito continuado que incluya, al menos, tres infracciones penales de las que haya derivado un beneficio económico directo o indirecto.
- o cuando en el período de los 6 años anteriores al momento en que se inició el procedimiento en el que haya sido condenado por alguno de los delitos a que se refiere el artículo 127 bis del Código Penal, hubiera sido condenado por dos o más delitos de los que hubiera derivado la obtención de un beneficio económico, o por un delito continuado que incluya, al menos, dos infracciones penales de las que ha derivado la obtención de un beneficio económico.

223. La concreción de la expresión «una parte relevante del patrimonio» también será problemática a la hora de evaluar un patrimonio.

224. El legislador pretende actuar sobre la delincuencia patrimonial, pero sin embargo deja fuera los supuestos menores o de bagatela. *Vid.* VIDALES RODRÍGUEZ, C., *Consecuencias accesorias... op. cit.*, p. 408.

Por último, el régimen establecido en el artículo 127 *quinquies* se completa con lo dispuesto en el art. 127 *sexies*, que establece ***otras presunciones complementarias*** de lo anterior:

a) Se presumirá que todos los bienes adquiridos por el condenado dentro del período de tiempo que se inicia seis años antes de la fecha de apertura del procedimiento penal proceden de su actividad delictiva. A estos efectos, se entiende que los bienes han sido adquiridos en la fecha más temprana en que conste que el sujeto ha dispuesto de ellos;

b) Se presumirá que todos los gastos realizados por el penado durante dicho período de seis años se pagaron con fondos procedentes de su actividad delictiva;

c) Se presumirá que todos los bienes referidos fueron adquiridos libres de cargas.

Hay que tener en cuenta que estas presunciones son de aplicación obligatoria para los órganos jurisdiccionales, porque el artículo no deja lugar a dudas «...serán de aplicación», por lo tanto, se trata de unas presunciones «legales» pensadas solamente en *pro* de la eficacia del decomiso, dejando a un lado las exigencias derivadas de las limitaciones constitucionales que suponen la presunción de inocencia o la proporcionalidad[225]. Es por ello que el propio legislador, al igual que sucedía en el régimen general del decomiso ampliado (art. 127 bis apartado 4 CP). intenta atemperar este exceso al permitir que el juez o tribunal, haciendo nuevamente uso del criterio de proporcionalidad, pueda acordar que las anteriores presunciones no sean aplicadas, con relación a determinados bienes, efectos o ganancias,

225. El régimen del 127 *quinquies* y 127 *sexies* son para FERNÁNDEZ PANTOJA la causa de que este sea un «decomiso retroactivo», y la regulación se pueda considerar una «caótica normativización», se pregunta, si el indicio de que el beneficio obtenido es superior a 6000 euros, ¿cómo se tiene este indicio si no es a través de una presunción de culpabilidad?; ¿Cuántas veces va a exigir el legislador delitos continuados y reincidencias castigando varias veces lo mismo? Y entre los que denomina «despropósitos del legislador» señala la mezcolanza de conceptos básicos como las que lleva a cabo el legislador en el art. 127 *quinquies* apartado 2, al intentar definir la «actividad delictiva continuada» donde mezcla el de delito continuado (sin correspondencia con el artículo 74.1 que para nada menciona un número de delitos determinados como sí que hace el art. 127.2.a) respecto a que dicho *delito incluya al menos tres infracciones penales*, sin referencia alguna a naturaleza de los mismos o proximidad) y la reincidencia, esta última referida a un plazo de tiempo previo de 6 años antes de que se inicie el nuevo procedimiento por uno de los delitos del artículo 127 bis.1. del CP. *Vid.* FERNÁNDEZ PANTOJA, P. *Las Consecuencias accesorias, op. cit.* pp. 286 y 287.

cuando, en las circunstancias concretas del caso, se revelen incorrectas o desproporcionadas (párrafo final del art. 127 *sexies*).

En definitiva, el régimen complementario del art. 127 *quinquies* y 127 *sexies* del CP es una modalidad de decomiso ampliado basado en la condena previa, siempre que, cumulativamente, sea por determinados delitos (los previsto en el art. 127 bis 1 CP), cometidos en el contexto de una actividad delictiva previa continuada de los últimos seis años, y concurran indicios de los que pueda inferirse la procedencia delictiva de los bienes. Probablemente, lo más decisivo para aplicar esta modalidad, es el elenco de presunciones *iuris tantum* de procedencia delictiva continuada durante esos seis años, que salvo prueba en contrario (sobre el origen lícito) operan en orden a decretar el decomiso. De tal manera que, por una parte, se condiciona el decomiso en estos casos a unos indicios relevantes de procedencia delictiva, y por otra, como ya hemos dicho, se dispone un elenco de presunciones *iuris tantum* de procedencia delictiva de bienes y ganancias y gastos durante los seis años previos, que plantea la duda de si sustituyen a los indicios de procedencia delictiva. Es decir, la concurrencia de uno de los supuestos del art. 127 *sexies*, en cuanto presunción *iuris tantum* de procedencia delictiva de los bienes ¿hace innecesaria la fundamentación de uno de los indicios relevantes del art. 127 *quinquies*?

Por último hay que hacer mención a la diferencia existente entre el régimen general previsto en el art. 127 bis CP y el régimen complementario del art. 127 *quinquies*, pues mientras que este último establece el decomiso ampliado como una facultad del juzgador («Los jueces y tribunales podrán acordar»), por el contrario el art. 127 bis lo establece como una obligación («El Juez o Tribunal ordenará ...»), y deberá proceder al decomiso de los bienes, efectos y ganancias que provengan de una actividad delictiva previa del condenado. Diferencia a la que también hemos de añadir que, en tanto en estos artículos 127 *quinquies y sexies* sólo son decomisables los bienes que provienen de la actividad delictiva previa continuada, en el art. 127 bis, el decomiso alcanza a todo bien, ganancia o efecto de origen ilícito.

3. EL SISTEMA DE INDICIOS Y LA CARGA DE LA PRUEBA

3.1. EL HECHO DE REFERENCIA COMO INDICIO FUNDADO DEL DECOMISO Y COMO HECHO CONSTITUTIVO DEL DELITO. POSIBLES ESCENARIOS

En el análisis del sistema de indicios en el decomiso ampliado hemos de detenernos en la posibilidad de que un mismo hecho pueda, al mismo tiempo, constituir un indicio fundado de decomiso, y ser un hecho constitutivo de delito, lo que plantea distintos problemas. En primer lugar, si se da y existe un indicio fundado de los que prevé nuestra normativa y que permitiría la adopción del decomiso, dicho indicio habría de ser atacado por la parte afectada, al objeto de desvirtuarlo evitando con ello el decomiso. Es decir, el sujeto sospechoso podría anular el efecto de dicho indicio justificando el incremento patrimonial o la licitud de la procedencia del bien. Esta sería la auténtica carga probatoria del sujeto pasivo para esta modalidad de decomiso, desvirtuar el indicio, lo que para algunos autores no es lo mismo que «invertir la carga de la prueba»[226].

Por otro lado, el hecho indiciario del decomiso, o el catálogo abierto de indicios de proveniencia ilícita de los bienes (art. 127.2 CP) puede convertirse en hecho constitutivo de un delito, o de un catálogo abierto de delitos y de unas causas penales autónomas, y esta situación como recoge GONZÁLEZ CANO[227], plantea distintas cuestiones.

En primer lugar, hemos de tener en cuenta que los indicios previstos en el art. 127 bis 2, apartados 2.º y 3.º constituyen unos hechos que pueden conformar un tipo penal. En concreto pueden ser constitutivos del delito de blanqueo de capitales, habida cuenta que la ocultación de la verdadera titularidad de los bienes o de los derechos sobre los mimos, es la conducta típica recogida en el art. 301 del CP[228], al igual que la transferencia de los bienes o efectos para dificultar o impedir la localización. Por tanto, ante unos mismos hechos se abren dos opciones, la primera articular un proceso penal por delito de blanqueo de capitales, y la segunda proceder a un decomiso ampliado en base a los indicios del art. 127 bis 2, 2.º y 3.º del CP. Ante esta situación entiendo que, si los hechos constituyen el tipo previsto en los delitos de blanqueo y autoblanqueo debieran ser objeto de investigación y acusación en el correspondiente proceso penal, y en su caso objeto de con-

226. GONZÁLEZ CANO, M. I., *El decomiso como instrumento de la cooperación judicial en la Unión Europea y su incorporación al proceso penal español*, Ed. Tirant lo Blanch, Valencia, 2016, pp. 44-45.

227. GONZÁLEZ CANO, M. I., *El decomiso … op. cit.*, pp. 46-48.

228. El art. 301 del CP, se refiere a las siguientes conductas típicas «1. El que adquiera, posea, utilice, convierta, o transmita bienes, sabiendo que éstos tienen su origen en una actividad delictiva, cometida por él o por cualquiera tercera persona, o realice cualquier otro acto para ocultar o encubrir su origen ilícito, o para ayudar a la persona que haya participado en la infracción o infracciones a eludir las consecuencias legales de sus actos, será castigado con la pena de prisión de seis meses a seis años y multa del tanto al triplo del valor de los bienes…». Las mencionadas conductas se completan con las recogidas en el apartado 2 del mismo precepto que señala que «2. Con las mismas penas se sancionará, según los casos, la ocultación o encubrimiento de la verdadera naturaleza, origen, ubicación, destino, movimiento o derechos sobre los bienes o propiedad de los mismos, a sabiendas de que proceden de alguno de los delitos expresados en el apartado anterior o de un acto de participación en ellos».

dena. Pues si los hechos integran el correspondiente tipo penal no tendría ningún sentido que los mismos fueran reprochados penalmente, «sancionados» o «castigados» con un decomiso ampliado (que recordemos, no es una pena, sino una consecuencia accesoria), que deriva de otro delito ya enjuiciado, sin que exista —en el decomiso— la necesidad de condenar por delito de blanqueo (al menos en el momento del decomiso o antes de llevarlo a cabo), y fundándose en una prueba indiciaria de la procedencia ilícita de los bienes.

En este supuesto, el legislador busca la máxima eficacia en el marco de una política de «decomiso total», pues con esta forma de decomiso ampliado en base a un fundamento de prueba indiciaría, se sortea y elude un proceso penal por delito de blanqueo, en el que deberían regir los principios y garantías básicas del mismo, como son la presunción de inocencia y la carga de la prueba que han de presidir las actuaciones de investigación y enjuiciamiento. La eficacia que persigue aquí el legislador, habilitando esta opción de decomiso, es sin duda un error, pues el carácter de sanción penal de la medida exige en el marco de un proceso penal las garantías que le son inherentes.

En segundo lugar, otra de las posibilidades a analizar, se concretaría cuando un mismo hecho sea un indicio para decomisar, y a su vez constitutivo de otro delito (que no ha sido enjuiciado cuando se adopta el decomiso) y que nada tiene que ver con el delito del proceso penal principal en virtud del cual el decomiso se amplía, pues en este caso se plantean dificultades con el principio *ne bis in ídem*. Y esto es así, porque si los hechos son constitutivos de un delito de blanqueo de capitales por los que se puede seguir una causa penal, y están funcionando a la vez, dichos hechos, como indicios fundados para articular el decomiso ampliado del art. 127 bis del CP, esta situación plantea problemas de compatibilidad entre la causa penal por delito de blanqueo con el decomiso ampliado desde la perspectiva del *ne bis in idem*[229].

En opinión de GONZÁLEZ CANO[230] se trata de bienes jurídicos distintos, por un lado, con el decomiso ampliado se sanciona el delito previamente objeto de condena (por ejemplo, la salud pública en el tráfico de drogas), y con el posterior proceso penal por delito de blanqueo se sanciona tutelando bienes como la administración de justicia o el orden socioeconómico. Aun así, y ante esta situación se nos abren muchos interrogantes cuya solución báscula sobre la actividad probatoria desarrollada y las características y exigencias de la misma:

229. VIDALES RODRÍGUEZ, A, «Consecuencias accesorias…», *op. cit.* p. 398.
230. GONZÁLEZ CANO, M. I., *El decomiso... op. cit.*, p. 47.

a) en primer lugar, si el hecho indiciario es tenido como cierto para decomisar ¿puede tenerse por no cierto en relación al delito posteriormente enjuiciado?;

b) en segundo lugar, si el referido hecho indiciario es considerado cierto a efectos de decomiso, ¿vincula desde el punto de vista de la cosa juzgada positiva o prejudicialidad, al juez del segundo proceso?, y ¿si sucede a la inversa?, es decir si el hecho indiciario se descarta en el primer proceso para el decomiso ampliado, ¿puede considerarse prueba del delito del segundo proceso?;

c) y por último ¿podemos hablar del indicio de proveniencia ilícita como de un hecho probado o no en relación a un proceso posterior sobre ese hecho, o el indicio lo es a los meros efectos perjudiciales de decomiso autónomo, sin perjuicio de una causa penal posterior en la que se enjuicien tales hechos?, es decir ¿hasta dónde alcanzan los efectos de un hecho que se considera probado en base a indicios de proveniencia ilícita en el marco de un procedimiento de decomiso?

Por último y como tercer escenario a considerar en relación al hecho como indicio fundado del decomiso y como hecho constitutivo de delito, quiero referirme al supuesto de condena posterior por los hechos que anteriormente y de forma previa habían justificado un decomiso ampliado (el art. 127 bis b 4 del CP habla de hechos delictivos similares cometidos con anterioridad[231]). En este supuesto ¿cabe aplicar aquí la previsión que contiene el mencionado artículo 127 bis 4 CP, que dispone que el juez de dicha causa valorará el alcance del decomiso anterior respecto al decomiso en el nuevo proceso? Lo que habilita el legislador con este precepto, es una compensación entre decomisos al objeto de garantizar el principio de proporcionalidad, pues de no haber realizado esta previsión, se estaría sancionando dos veces el mismo hecho, una, mediante el decomiso ampliado adoptado con anterioridad y de forma previa al nuevo proceso penal, y otra, en el nuevo proceso penal, lo que no sería admisible de ninguna forma.

231. En concreto el art. 127 bis. 4 CP establece que «Si posteriormente el condenado lo fuera por hechos delictivos similares cometidos con anterioridad, el Juez o Tribunal valorará el alcance del decomiso anterior acordado al resolver sobre el decomiso en el nuevo procedimiento».

3.2. LA INVERSIÓN DE LA CARGA DE LA PRUEBA. LA ACREDITACIÓN DE LA PROCEDENCIA ILÍCITA DE LOS BIENES

A la vista de la regulación sustantiva vigente, podemos decir que en el decomiso ampliado, si el sujeto es condenado por algunos de los delitos previstos en art. 127 bis.1 CP, y si se constata fundadamente la existencia de algunos de los indicios del origen ilícito de los bienes, previstos en el art. 127 bis 2 CP, se producirá la inversión de la carga de la prueba, pues será el acusado el que tendrá que probar durante el proceso la licitud de su obtención u origen[232]. El legislador nacional entiende que la regulación se ajusta a los principios de culpabilidad y presunción de inocencia, por cuanto que se conforma un sistema que no persigue la imposición de una pena, ni la declaración de culpabilidad, que no persigue un reproche penal, sino que pretende conseguir fines ordenadores del patrimonio y de corrección de una situación patrimonial ilícita derivada de un enriquecimiento injusto de origen delictivo[233]. Por todo ello, entiende nuestro legislador, que estos principios decaen y se difuminan en la adopción del decomiso ampliado, y devienen en irrelevantes en tanto que no se persigue un reproche penal del

232. Recordemos aquí, que el legislador español no está solo en la utilización de los indicios y de la inversión de la carga de la prueba que estos suponen, pues ya el art. 5.7 de la Convención de Viena, recomendaba una inversión de la carga de la prueba respecto del origen ilícito de los bienes susceptibles de decomiso, siempre que sea compatible con los principios procesales de derecho interno que rigen en los distintos estados, y con la naturaleza de sus procedimientos judiciales y otros procedimientos.

233. Es por ello por lo que el legislador, como hemos dicho anteriormente, entiende que el decomiso ampliado no es una sanción penal, es para él una figura más cercana al enriquecimiento injusto desde el punto de vista civil y patrimonial, y por lo tanto para él, la inversión de la carga de la prueba no afecta a la presunción de inocencia. Para salvar las dudas de constitucionalidad, el decomiso se reorienta, como señalara Vervaele para el embargo-confiscación, hacia el objeto (*in rem*), quedando muy reducidas su relación con la persona (*ad personam*) y con el hecho penal (*mens rea-actus reus*). Cfr. VERVAELE, J. A. E. «Las Sanciones de confiscación: ...» *op. cit.* p. 68. Otros autores como DÍAZ CABIALE entienden que la inversión de la carga de la prueba, es incompatible con el derecho fundamental a la presunción de inocencia, art. 24.2 CE, puesto que «invertir la carga de la prueba al acusado, obligarle a demostrar que sus bienes tienen una procedencia lícita, que no proviene de un delito —genérico— que se presume que ha cometido» supondría que «tendría que demostrar, *probatio diabólica*, que no ha cometido ningún delito», razón por la cual el legislador abandona el proceso penal y pretende refugiarse en el proceso civil. *Vid.* DÍAZ CABIALE, J. A. «El decomiso tras las reformas del Código Penal y la Ley de Enjuiciamiento Criminal de 2015», *RECPC 18-10* (2016), p. 42-43. Por el contrario, JIMÉNEZ-VILLAREJO FERNÁNDEZ, F., «La nueva regulación del decomiso y la recuperación de activos delictivos en el ordenamiento jurídico español», *Revista del Ministerio Fiscal, 2015*, núm. 0. *Fiscal.es*, p. 113, no la entiende contraria a la presunción de inocencia, siguiendo el razonamiento del TEDH, y porque se proyecta exclusivamente sobre consecuencias patrimoniales.

sujeto, sino evitar un enriquecimiento injusto[234]. Sin embargo, hemos de tener claro que son dos cuestiones diferentes las que trata esta regulación. Por un lado, que no es necesario que exista condena sobre los hechos delictivos previos de los que directamente deriva el decomiso. Y, por otro lado, las cuestiones referidas a la prueba o constatación del origen ilícito de los bienes a decomisar.

El sistema de indicios o de hechos indiciarios que articula el legislador español en el art. 127 bis 2 del CP se estructura en presunciones legales *iuris tantum* o prueba por indicios, es decir, se estima como cierto un hecho que no es objeto de prueba directa[235] (hecho presunto —de un posible delito base—, que es la procedencia ilícita del bien), por la certeza de otro hecho (el indicio, en este caso los tres previstos, entre otros, en el art. 127 bis.2 CP). Es el indicio del hecho el que proyecta la supuesta «certeza» del mismo, y por lo tanto es el indicio en sí mismo lo que se transmuta en el centro de la actividad probatoria, que además ha de ser destruido por el sujeto pasivo, puesto que la conformación del indicio como tal en la regulación, conforma el hecho como probado o acreditado. La prueba recae pues en el indicio, de manera que demostrado el mismo de forma fundada y objetiva (y si no pudo acreditar el sujeto pasivo su origen o procedencia lícita) se tendrá como cierta la procedencia ilícita del bien a efectos de decretar su decomiso.

3.2.1. La carga del sujeto pasivo de demostrar el origen lícito de los bienes

Como decimos, es el sujeto pasivo quien tiene la carga de demostrar el origen lícito del bien. Por tanto, la parte acusadora no tiene la carga de demostrar la relación entre el bien y el delito enjuiciado, sino de demostrar y aportar el indicio de procedencia ilícita del bien (con ello ya otorga la «certeza» del hecho); y la parte acusada, o pasiva en general, tendrá la carga de demostrar la licitud de tal procedencia, es decir ha de demostrar que el indicio no es tal. Es por ello que podemos decir que estamos ante la prueba

234. *Vid.* ANTÓN Y ABAJO, A., «Decomiso y medidas de aseguramiento. Algunas consideraciones sobre la intervención penal frente al patrimonio criminal en un contexto globalizado» en *La globalización jurídica. Líneas de manifestación en el derecho contemporáneo*, ALISTE SANTOS, T. J. y LÓPEZ HUGUET, M. L. (Coords.), Ed. Atelier, Barcelona 2017, p. 387.

235. El legislador español hace un enorme esfuerzo en intentar fundamentar el sistema de indicios, y por ello utiliza generosamente expresiones tales como que no se trata de «una prueba directa», o que no es «prueba plena», pero ante ello, hemos de advertir que no existe en nuestro ordenamiento una categoría de «pruebas indirectas» o «pruebas semiplenas», por lo que esta confusión deliberada e interesada del legislador no diluye la diferencia entre «hecho probado» y «hecho presunto», entre el concepto de indicio y presunción y el concepto de prueba.

en contrario, es decir, la prueba sobre el origen lícito, teniendo en cuenta además la vigencia en todo caso de las reglas de valoración probatoria, y fundamentalmente de la regla *in dubio pro reo*, de manera que, si hay duda del hecho indiciario con o sin la prueba de lo contrario por el acusado, el juez deberá desestimar la procedencia del decomiso ampliado.

A la vista de lo expuesto parte de la doctrina mantiene que no estamos ante una inversión de la carga de la prueba, que sería contraria a la presunción de inocencia. Como afirmábamos antes, la necesidad de probar el indicio base de la presunción legal por la acusación es el elemento fundamental en este decomiso ampliado, del cual no puede prescindirse, aunque el sujeto pasivo no acredite la licitud. Y en este sentido se pronuncia GASCÓN INCHAUSTI[236], para quien no estamos ante un sistema de inversión de carga de la prueba, ya que en puridad el decomiso depende de una presunción legal y de la prueba de un indicio independientemente de que la parte pasiva ostente la carga de la contraprueba respecto a tal indicio, a efectos de evitar que el juez lo tenga por cierto y ello suponga un efecto perjudicial para el sujeto, que no es otro que el decomiso de los bienes, rompiendo pues el nexo entre el indicio (catálogo del art. 127 bis 2 CP) y el hecho presunto (procedencia ilícita).

3.2.2. La presunción legal y la certeza del hecho ilícito.

Por otro lado no hemos de olvidar aquí, que la presunción, cuando no se trata de una presunción judicial, sino que se trata de una de las presunciones previstas legalmente (es decir, se trata de uno de los indicios de origen ilícito de los bienes, previstos en el art. 127 bis 2 CP), se da por establecida ya la «certeza» del hecho ilícito, la ilicitud de los bienes (sin que se tenga que realizar actividad mínima probatoria por la acusación, pues se trata de una presunción legal prevista), siendo por lo tanto el acusado el que ha de demostrar (al que le corresponde la carga) la licitud de su obtención u origen lícito de los bienes, no oponiéndose a la actividad probatoria realizada por la acusación, sino a la presunción legal prevista.

236. GASCÓN INCHAUSTI, F., *El decomiso transfronterizo... Op. cit.* pp. 88 a 90; ÍDEM «*Decomiso, origen ilícito de los bienes y carga de la prueba*» en VVAA, (Coord. Por ROBLES GARZÓN y ORTELLS RAMOS), Problemas actuales del proceso iberoamericano, vol. I, p. 587 y ss.; PÉREZ CEBADERA «Presunción de inocencia y decomiso; ¿Es necesario establecer una presunción legal para probar el origen lícito de los bienes», en AAVV (Coord. DE LA OLIVA, AGUILERA MORALES y CUBILLO LÓPEZ), La justicia y la Carta de Derechos fundamentales de la Unión Europea, 2008, p. 71 y ss.; ÍDEM «La prueba del origen ilícito de los bienes y el decomiso ampliado», en AAVV (Dir. GONZÁLEZ-CUÉLLAR), Problemas actuales de la justicia penal, Ed. Colex, Madrid 2013, p. 379.

En definitiva, el legislador español ha optado por un sistema (que también se sigue en otros países como Italia, Holanda o EEUU), en el que se exige que la acusación alcance un grado de probabilidad sobre el origen ilícito de los bienes, dicho de otra manera, la demostración de que es más probable que los bienes sean de origen ilícito a que no lo sean, y este estándar de probabilidad de origen ilícito, deberá ser desvirtuado por el condenado. Ahora bien, puesto que la procedencia ilícita de los bienes debe responder a la íntima convicción judicial, conformada sobre la prueba de cargo de la existencia de un indicio de ilicitud establecido en presunciones legales, que no ha sido destruido por el acusado, es por lo que podemos afirmar que estamos ante un proceso penal con las garantías propias del proceso penal, y no ante una institución de naturaleza civil. Y esta sería la interpretación más plausible con el principio de presunción de inocencia desde el punto de visa de la carga de la prueba.

3.2.3. La posible afección del principio de presunción de inocencia

Ciertamente existen pronunciamientos del Tribunal Europeo de Derechos Humanos que defienden que en el decomiso cabe establecer la regla de la inversión de la carga de la prueba, sin que ello implique vulneración del principio de presunción de inocencia. Pero el establecimiento de estas normas especiales sobre prueba depende, como dice el propio TEDH, de si con el decomiso estamos, con arreglo a derecho interno, ante una consecuencia jurídico penal. Evidentemente, si el decomiso no es pena ni se exige un proceso penal para su imposición es perfectamente asumible esta regla de la inversión de la carga de la prueba (*Vid.* STEDH de 5 de julio de 2001 —caso Philips c. Reino Unido, sobre la Drug Traffiking Act de 1994— referida al ordenamiento del Reino Unido)[237]. Sin embargo, en relación al Derecho español, el TC no duda en afirmar que para la imposición del decomiso es preciso el respeto de las garantías del proceso penal (STC 123/1995 de 18 de julio, STC 169/1998 de 21 de julio, y la STC 220/2006, de 3 de julio). Por tanto, partiendo de lo expuesto, cabe preguntarse si el decomiso ampliado basado en presunciones legales vulnera el derecho a la presunción de inocencia y el derecho a no declarar contra sí mismo. ¿Se modifica la regla de la carga probatoria de la acusación? En este punto procede realizar algunas consideraciones.

En primer lugar, como veíamos anteriormente, el hecho presunto (presunción legal o judicial) es un hecho constitutivo, no de un delito que esté

237. El Tribunal concluyó en este caso que el tema venía regido por un procedimiento de naturaleza civil, basado en presunciones que admiten prueba en contrario, por lo que la inversión de la carga de la prueba no contrariaba la presunción de inocencia recogida en el art. 6.2 del CEDH).

ya enjuiciado o se esté enjuiciando, pero sí de una situación que conlleva una consecuencia jurídico-penal sancionadora prevista en el CP, y a decidir en un proceso penal, por lo que el proceso para su debate y decisión debe estar regido por las garantías del proceso penal. La carga de la prueba en la presunción legal deber recaer claramente sobre la acusación, que deberá demostrar el indicio, con la consiguiente facultad de contraprueba de la defensa.

Y en segundo lugar hemos de recordar que no todos los indicios están tasados en la ley (presunciones legales), pues los indicios y las presunciones legales de origen ilícito de los bienes del art. 127 bis 2 no constituyen un catálogo cerrado (el precepto legal establece concretamente que «se valorarán, especialmente, entre otros, los siguientes indicios...»); sino que caben también presunciones judiciales, técnica que ha sido avalada por la jurisprudencia española en orden a lograr la convicción judicial a partir de indicios, es decir conectando el indicio con el hecho presunto[238]. En este caso no hay un indicio legalmente descrito y previsto, pero el mecanismo de la presunción y la posible contraprueba del indicio es el mismo.

Con conclusión, la admisibilidad de presunciones legales en el decomiso ampliado ha de perseguir un objetivo legítimo, y ser fruto de un juicio de proporcionalidad, en concreto depende de dos requisitos esenciales:

- Por una parte, el carácter *iuris tantum* de la presunción de procedencia ilícita de los bienes, de manera que la carga probatoria del hecho indiciario ha de recaer en la acusación, con la posibilidad de la defensa de desvirtuar tanto el indicio como el hecho presunto a través de la prueba de lo contrario.
- Y por otra, la propia construcción legal de los hechos indiciarios en la Ley, que deben ser claros, y que no den pie a la ambigüedad, sino que permitan conexiones directas entre el indicio y el hecho presunto de la procedencia ilícita de los bienes.

En definitiva, hay que evitar la existencia de presunciones de forma discrecional en las leyes penales, pues las mismas conlleva el auténtico riesgo del aumento de condenas injustas a inocentes, que es uno de los perjuicios de los que tradicionalmente han intentado huir los ordenamientos occidentales. Por evitar esto, es preciso que: la presunción se pueda rebatir por el acusado o sospechoso y se aplique con flexibilidad, que se respete el derecho de defensa del acusado y que el juzgador tenga la facultad de valorar libremente la prueba.

238. GASCÓN INCHAUSTI, F., *El decomiso transfronterizo... op. cit.* p. 87.

Capítulo VI

Limitaciones de la OEI en la lucha contra el crimen organizado

1. INTRODUCCIÓN

En la construcción y profundización del espacio europeo de libertad, seguridad y justicia, el principio de confianza mutua entre los distintos Estados se constituye en el centro neurálgico de la cooperación judicial penal europea, y para la efectividad de dicho principio, sobre la base del artículo 82 del TFUE, se han adoptado distintas medidas legislativas que buscan la aproximación de las legislaciones penales nacionales, tanto de naturaleza sustantiva como procesal, persiguiendo la comunitarización plena de la cooperación judicial penal y policial. Entre estas normas tenemos las relativas a la admisibilidad de pruebas entre los Estados miembros[239].

Como ya hemos dejado dicho en estas páginas, actualmente el crimen organizado se ha convertido en un fenómeno transnacional, se ha globalizado y exige de los Estados una respuesta acorde a este nuevo marco, en el que la confianza mutua es básica para armonizar y coordinar políticas policiales y judiciales, que permitan luchar contra este nuevo tipo de delincuencia con resultados tangibles. En esta situación, se dictó la Directiva 2014/41/UE de 3 de abril relativa a la *Orden Europea de Investigación en materia penal* (OEI), dictada en ejercicio de la competencia prevista en el artículo 82

239. Sobre la obtención de pruebas en la UE, podemos citar como precedentes de la regulación actual la Decisión Marco 2008/978/JAI sobre el exhorto europeo, que fue derogada expresamente por el Reglamento 2016/95 del Parlamento Europeo y del consejo de 20 de enero de 2016. Aunque hay que destacar que dicha Decisión presentaba una gran complejidad que dio lugar a que los operadores jurídicos no acudieran a la misma y siguieran haciendo uso de las normas reguladoras de la cooperación penal, en especial el Convenio de 1959 con sus convenios de modificación posteriores, si bien esto también planteaba dificultades por cuanto que no todos los EEMM suscribieron los convenios posteriores acordados en el seno de la UE.

del TFUE, que se transpuso al ordenamiento jurídico español, con más de un año de retraso, mediante la aprobación de la Ley 3/2018 de 11 de junio por la que se modificó la Ley 23/2014 de 20 de noviembre, de reconocimiento mutuo de resoluciones penales en la Unión Europea para regular la Orden Europea de Investigación.

La ley de transposición Española (Ley 3/2018) fue aprovechada por el legislador para incorporar una serie de pequeñas reformas, tanto de materias de cooperación internacional como de normas internas procesales, y así se reformó la ley 1/1996 de 10 de enero de asistencia jurídica gratuita o la Ley de Enjuiciamiento Civil (LEC) en materia de embargos (art. 588) y el cobro trasfronterizo de deudas en materia civil y mercantil, pero sorprendió que no aprovechara el legislador para derogar algunos artículos totalmente obsoletos sobre cooperación internacional que permanecen en nuestra Ley de Enjuiciamiento Criminal. Y con esto me refiero a los artículos 193, 194 o 424.

Sin duda alguna, la OEI es un avance extraordinario, cualitativo, una herramienta excepcional que profundiza en la conformación de un verdadero espacio de libertad, seguridad y justicia en la Unión Europea; pero dicho esto, es necesario detenerse en algunos aspectos que constatan las debilidades y limitaciones de la misma, que precisan de una mayor reflexión y análisis y de la búsqueda de soluciones, a fin de conseguir los mejores resultados. No podemos desconocer que la cooperación judicial penal en la Unión Europea está sometida a fuertes tensiones, muestra de ello son las incidencias que se han dado en el cumplimiento por parte de determinados Estados de las órdenes europeas de detención y entrega cursadas por Tribunales de otro Estado[240]. De hecho, en esta realidad, el elemento central y catalizador de la cooperación no es otro que el principio de reconocimiento mutuo de las sentencias y demás resoluciones judiciales, que se basa en el

240. Como ejemplos cercanos tenemos la respuesta de los Tribunales belgas y alemanes a las OEDE dictadas por España en el caso «Puigdemont», o las OEDE emitidas por Polonia a las que Irlanda y España están exigiendo más claridad y garantías. Respecto de esta última cuestión véase la STS Gran Sala del TJUE de 25 de julio de 2018, L. M., asunto C-216/18 PPU, en la que, en resumen, se recoge que una autoridad judicial que ha de pronunciarse sobre la ejecución de una orden de detención europea debe abstenerse de darle curso si considera que la persona de que se trate correrá el riesgo de que se viole su derecho fundamental a un juez independiente y, con ello, el contenido esencial de su derecho fundamental a un proceso equitativo, debido a deficiencias que pueden afectar a la independencia del poder judicial del Estado emisor. En el mismo sentido *vid.* Sentencia del TJUE de 5 de abril de 2016 (asuntos acumulados *Aranyosi y Caldararu*, C-404/15 PPU y C-659/15 PPU). Sobre estas cuestiones *vid.* Faggiani, V., «Le crisi sistemiche dello stato di diritto e i loro effetti sulla cooperazione giudiziaria nell'UE», *Diritto Penale Contemporaneo*, n. 2, 2019, pp. 195-228.

trato de las resoluciones judiciales de otros países como las del Estado propio, y en la confianza en las autoridades judiciales de los distintos Estados, que es la piedra angular de todo el sistema.

En el análisis crítico de esta realidad, y en especial en todo lo que supone la lucha contra la delincuencia organizada, hay que volver a insistir en dos limitaciones, a las que ya nos hemos referido con anterioridad: en primer lugar, la búsqueda de *la eficacia* de un proceso, de una norma, o de un instrumento jurídico no puede alcanzarse a costa de la devaluación de nuestro sistema de garantías y derechos, pues este sistema, que ha costado mucho esfuerzo conformar, es el que nutre y fortalece nuestro marco de convivencia, y legítima en última instancia la señalada eficacia. Y, en segundo lugar, la necesidad de contemporizar distintos ordenamientos de los Estados miembros, recurriendo a la «*flexibilidad*», y «*proporcionalidad*», tampoco se puede convertir en válvula de escape, en una «cláusula de rigor» y corrección, que distorsione y mine el ordenamiento generando incertidumbre e imprevisibilidad.

2. FINALIDAD Y OBJETIVOS DE LA OEI.

2.1. FINALIDAD DE LA OEI

Siguiendo a ARANGÜENA FANEGO, la finalidad de la OEI es «la de crear y reunir en torno a un instrumento jurídicamente vinculante un nuevo sistema global general para la obtención transnacional de pruebas, que reemplace a los instrumentos existentes y acabe con el fragmentado sistema actual, caracterizado por la dispersión y confusión»[241]. Sobre esta cuestión lo primero que advertimos es que el artículo 34 de la Directiva 2014/41/UE reguladora de la OEI (DOEI), que se ocupa de las relaciones con otros instrumentos jurídicos, acuerdos y pactos, señala expresamente que la Directiva «*...sustituye... a las disposiciones correspondientes*» de los Convenios de asistencia judicial de 20 de abril de 1959 (y sus dos protocolos) y de 29 de mayo de 2000 (y su protocolo), y no utiliza intencionadamente el término «*derogar*». En consecuencia, el Convenio de 2000 seguirá siendo de aplicación con Dinamarca y respecto de las medidas no reguladas en la Directiva, como pueden ser el envío y notificación de documentos procesales o el intercambio espontáneo de información. Por su parte, el Convenio de 1959 será el referente para las reclamaciones de cooperación con Irlanda y con los Estados miembros del Consejo de Europea.

241. ARANGÜENA FANEGO, C. (2017), Orden Europea de Investigación: próxima implementación en España del nuevo instrumento de obtención de prueba penal transfronteriza, *Revista de Derecho Comunitario Europeo*, 58, 905-939. p. 910. Doi: https://doi.org/10-18042/cepc/rdce.58.03

Por lo tanto, a día de hoy siguen existiendo, estando vigentes y siendo de aplicación, una multiplicidad de normas convencionales que coexiste con los instrumentos y normativa propia de la UE, por ello y en el marco de la cooperación judicial, es de aplicación lo que JIMENEZ-VILLAREJO dejó dicho respecto del decomiso, en el sentido de que «El solapamiento de disposiciones ante el que se encuentra el operador jurídico y el hecho de que no exista una obligación de suficiente alcance para aplicar los instrumentos de reconocimiento mutuo frente a los convencionales ha provocado que incluso se llegue a hablar de un cierto *ius shopping* para las autoridades judiciales»[242]. A esta situación es a la que pretende dar respuesta el legislador europeo conformando la OEI, como ya hizo con la OEDE, como un auténtico título ejecutivo europeo dotado de un completo procedimiento supranacional[243], que permita la obtención transfronteriza de material probatorio. Pero la realidad actual y de los últimos años hace ver que una cosa son las intenciones y deseos del legislador comunitario, y en ocasiones de su equivalente nacional, y otra, los logros y éxitos que se alcanzan. En efecto, a pesar de los acuerdos y los avances que se producen en el seno de la UE, conformando herramientas e instrumentos jurídicos verdaderamente innovadores y avanzados, se choca con la actitud y disposición de los distintos Estados Miembros que, en un festival de excepciones, limitaciones, y reinterpretaciones, convierten a estos instrumentos en una suerte de «*living rules*», totalmente disponibles.

En el caso que nos ocupa, la Directiva sobre la OEI no se ha concebido en la perspectiva de una armonización en materia probatoria, lo que daría lugar a unos perfiles propios, sino que nos encontramos con un instrumento «atemperado» como diría KOSTORIS[244] por los perfiles típicos de la asistencia judicial, que intenta contemporizar las razones de la ley del Estado

---

242. JIMENEZ-VILLAREJO FERNÁNDEZ, F. «La nueva regulación del decomiso y la recuperación de activos delictivos en el ordenamiento jurídico español», *Revista del Ministerio Fiscal*, núm. 0, 2015, p. 103.

243. Como señala ARANGÜENA FANEGO, «La Directiva regula de manera bastante completa la emisión, reconocimiento, ejecución, confidencialidad de la investigación, plazos, costes, recursos y responsabilidad de quienes intervengan en la práctica de la diligencia de investigación». Especialmente destacable en el proceso desarrollado por la Directiva es la simplificación de trámites y requisitos formales mediante el empleo de formularios estandarizados y la aceleración que se imprime en la obtención de la prueba transnacional, mediante la fijación de plazos para acuse de recibo de la orden de investigación, reconocimiento y ejecución. en ARANGÜENA FANEGO, C. (2017), «Orden Europea de Investigación: próxima implementación en España ...» *op. cit*. p. 914.

244. *Vid*. KOSTORIS, Roberto E. «Orden Europea de investigación y derechos fundamentales», *en Garantías procesales de investigados y acusados. Situación actual en el ámbito de la Unión Europea*, Arangüena Fanego C. y De Hoyos Sancho, M. (directoras), Ed. Tirant lo Blanch, Valencia 2018, p. 321.

requirente con las razones de la ley del Estado de ejecución. Lo que ya es una muestra, si no de debilidad, sí de las dificultades de avanzar y profundizar en los instrumentos de reconocimiento mutuo.

2.2. MARCO NORMATIVO Y OPERACIONAL DE LA OEI

En el análisis de la operatividad de la OEI en España, no sólo habremos de estar a lo dispuesto en la normativa propia de transposición y a la regulación específica de la DOEI, sino que, en tanto que instrumento de reconocimiento mutuo en materia penal, también hemos de atenernos a lo dispuesto en la normativa general prevista en la Ley 23/2014 de Reconocimiento Mutuo de Resoluciones Penales (LRM) y a la jurisprudencia tanto de nuestros Tribunales Nacionales como del TJUE.

Dicho esto, la OEI[245] se define en el art. 186.1 LRM, en similares términos a como lo hace el artículo 1 de la Directiva, como «*una resolución penal emitida o validada por la autoridad competente de un Estado miembro de la Unión Europea, dictada con vistas a la realización de una o varias medidas de investigación en otro Estado miembro, cuyo objetivo es la obtención de pruebas para su uso en un proceso penal. También se podrá emitir una orden europea de investigación con vistas a la remisión de pruebas o de diligencias de investigación que ya obren en poder de las autoridades competentes del Estado miembro de ejecución*». Por lo tanto, a la vista de esta regulación, el objeto de la OEI, lo constituye: a) La realización de diligencias de investigación en otro Estado, b) y la solicitud de remisión de pruebas y diligencias ya existentes. En ambos casos para que surtan efecto en el Estado que las reclama[246].

Tengamos en cuenta que la DOEI utiliza el término de «prueba», y en el mismo hemos de entender contenido en el ordenamiento español tanto las denominadas diligencias de investigación (propias de la fase de instrucción), como la prueba en sentido estricto (que se da en la fase de enjuiciamiento sin perjuicio de la denominada prueba preconstituida durante la fase de instrucción). Y, por último, en la regulación de la UE, se ha previsto que mediante una OEI se pueda adoptar una medida cautelar para asegurar cualquier elemento probatorio; en concreto el artículo 32.1 DOEI señala que se podrá emitir la Orden «*con vistas a la adopción de cualquier medida de inves-*

---

245. Que es un instrumento de reconocimiento mutuo para la obtención y traslado de pruebas entre los EEMM de la UE, entendiendo como hace el artículo 2 LRM, que un instrumento de reconocimiento mutuo es «aquella orden europea o resolución emitida por la autoridad competente de un Estado miembro de la Unión Europea que se transmite a otro Estado miembro para su reconocimiento y ejecución en el mismo».

246. Recordemos que el derogado exhorto europeo estaba previsto únicamente para conseguir la transmisión de pruebas que ya existieran.

tigación destinada a impedir de forma cautelar la destrucción, transformación, desplazamiento, transferencia o enajenación de un objeto que pudiera emplearse como pruebas».

3. ÁMBITO DE APLICACIÓN

3.1. LIMITACIONES Y EXCEPCIONES DE LA OEI EN SU ÁMBITO DE APLICACIÓN MATERIAL

La OEI se puede dictar para un hecho que sea constitutivo de delito en el Estado de emisión y de Ejecución. No obstante, y puesto que *no rige el principio de doble incriminación*, si la conducta investigada no es constitutiva de delito en el Estado de ejecución, si es posible emitir una OEI si se trata de alguno de los delitos recogidos en el anexo D de la DOEI[247]. En concreto, se trata de los siguientes delitos: pertenencia a organización delictiva, terrorismo, trata de seres humanos, explotación sexual de menores y pornografía infantil, tráfico ilícito de estupefacientes y sustancias psicotrópicas, tráfico ilícito de armas, municiones y explosivos, corrupción, fraude (incluido el que afecte a los intereses financieros de la Unión Europea con arreglo al Convenio de 26 de julio de 1995 relativo a la protección de los intereses financieros de las Comunidades Europeas), blanqueo del producto del delito, falsificación de moneda, incluida la falsificación del euro, delitos informáticos, delitos contra el medio ambiente, incluido el tráfico ilícito de especies animales protegidas y de especies y variedades vegetales protegidas, ayuda a la entrada y residencia no autorizadas, asesinato, lesiones graves, tráfico ilícito de órganos y tejidos humanos, secuestro, detención ilegal y toma de rehenes, racismo y xenofobia, robo organizado o a mano armada, tráfico ilícito de bienes culturales, incluidas las antigüedades y las obras de arte, estafa, chantaje y extorsión, falsificación y piratería de mercancías, falsificación y tráfico de documentos administrativos, falsificación de medios de pago, tráfico ilícito de sustancias hormonales y otros factores de crecimiento, tráfico ilícito de materiales radiactivos o sustancias nucleares, tráfico de vehículos robados, violación, incendio, delitos incluidos en la jurisdicción de la Corte Penal Internacional, secuestro de aeronaves y buques, sabotaje.

Como se puede observar la gran mayoría de estos delitos son propios de las estructuras del crimen organizado, razón por la que el instrumento de la OEI debiera estar llamado a convertirse en la herramienta estrella en la lucha contra este fenómeno criminal. Ahora bien, habida cuenta de los resultados obtenidos, que, aunque suponen ir en la buena dirección, son insuficientes, nos hemos de plantear cuáles son las deficiencias y obstáculos

247. Estos delitos, también se recogen en el art. 20.1 de nuestra LRM.

con los que se encuentra este instrumento y que impide que despliegue todos sus efectos.

Por último, dejemos anotado, que, en caso de que no se trate de uno de estos delitos, y que la conducta sea delictiva en el Estado de emisión, pero no en el de ejecución, la OEI podrá ser emitida, pero su ejecución podrá ser denegada por el Estado de ejecución dependiendo del tipo de diligencia de que se trate y de la pena que esa *conducta delicti*va lleve aparejada en el Estado de emisión.

3.1.1. Regla general y excepciones

Por lo que se refiere al ámbito de aplicación material de la OEI, tanto la Directiva como la ley de transposición parten del principio general de que cualquier diligencia de investigación puede ser objeto de la OEI (art. 3 DOEI). En este sentido, el considerando n. 8 de la Directiva señala que «*la OEI debe tener un ámbito horizontal y por ello se debe aplicar a todas las medidas de investigación dirigidas a la obtención de pruebas*». Por lo tanto, no hay una lista cerrada de medidas de investigación, lo que si establece el legislador comunitario es la existencia de un mínimo de estas, que han de existir en los ordenamientos de los distintos Estados cuando actúen como Estados de Ejecución (art. 10 DOEI), buscando en este aspecto la armonización de las legislaciones de los distintos Estados Miembros.

Pero frente a esta amplitud de medidas de investigación, que pueden ser objeto de la OEI, es la propia Directiva la que establece una serie de excepciones y exclusiones, que se concretan en los cuatro supuestos siguientes:

A) En primer lugar, los supuestos de vigilancia transfronteriza previstos al amparo de los Acuerdos de Schengen.

   Esta exclusión se recoge en el considerando n. 9 de la DOEI, y se trata de los supuestos de vigilancia transfronteriza establecidos al amparo de los Acuerdos Schengen, de 14 de julio de 1985 entre los Gobiernos de los Estados de la Unión Económica Benelux, de la República Federal de Alemania y de la República Francesa relativo a la supresión gradual de los controles en las fronteras comunes que continuarán regulándose por la norma convencional.

   Las razones que justificarían esta exclusión se concretan en que se trata de una medida propia de la cooperación policial y no judicial. Pero en el caso de España, nuestra Ley no hace referencia alguna a esta exclusión, dejando en una situación de aparente indeterminación legal a la diligencia de investigación consistente en la colocación de dispositivos de seguimiento y localización regulados en el artículo 588 *quinquies* b) de la LECr. Nos podríamos preguntar aquí que pasa si en España se coloca una baliza a un vehículo que se adentra en otro país o países de la UE. Como señala RODRÍGUEZ-MEDEL[248] las dudas surgen cuando se trata de medidas que, en algunos ordenamientos nacionales, precisan de la autorización judicial para su adopción, como es el caso de España, que regula la mencionada medida en el referido art. 588 *quinquies* b LECrim, como una medida judicial y no policial.

B) En segundo lugar, el intercambio de información de antecedentes penales.

Es decir, no se consideran diligencia de investigación y queda fuera del ámbito de aplicación de la OEI la solicitud y transmisión de antecedentes penales entre los distintos Estados (art. 186.4 LRM). Ello es objeto de regulación específica en la LO 7/2014 de 12 de noviembre, sobre intercambio de información de antecedentes penales y consideración de resoluciones judiciales penales en la UE[249].

C) En tercer lugar, el traslado temporal de personas para su enjuiciamiento.

En concreto, se establece que no es la OEI (Considerando n. 25) el instrumento adecuado para trasladar una persona a otro Estado para su enjuiciamiento, en estos casos se debe emitir una Orden europea de detención y entrega (OEDE). Sin embargo, la OEI si es el instrumento correcto para trasladar una persona detenida con el objeto de que se practique otra diligencia o prueba que requiera su presencia en el Estado de Emisión, por ejemplo, para participar en una diligencia de reconstrucción de hechos, o un careo, y no sea posible su práctica por otro medio eficaz como una videoconferencia.

D) Y, en cuarto lugar, los equipos conjuntos de investigación (ECI).

Por último, merece un comentario de urgencia la exclusión de los equipos conjuntos de investigación (Art. 3 DOEI y Art. 186.3 LRM),

248. RODRÍGUEZ-MEDEL NIETO, C., «*Prueba penal transfronteriza: su obtención y admisibilidad en España*», Tesis Doctoral Universidad Complutense, Madrid 2015. p. 309 y siguientes.

249. Y todo ello, de conformidad con la Decisión Marco 2008/315/JAI de 26 de febrero de 2009.

pues al estar excluidos de la OEI, su conformación y la obtención de pruebas, que realicen, se continuará regulando por el artículo 13 del Convenio relativo a la asistencia judicial en materia penal entre los Estados Miembros de la UE, y la Decisión Marco 2002/465/JAI del Consejo[250]. Entiende ARANGÜENA FANEGO[251] que esta exclusión está justificada, «puesto que los principios que rigen la creación del ECI se basan en la autonomía de la voluntad de los Estados miembros implicados, no en el reconocimiento mutuo como la OEI. Sin olvidar que un ECI puede involucrar también a terceros Estados (no miembros de la UE) y su mecanismo de cooperación, modo de operar, fundamento y ámbito de aplicación son distintos».

No obstante, lo dicho en relación a los ECI, el legislador comunitario, con una deficiente técnica legislativa, establece una excepción a la excepción en el art. 3 de la Directiva, permitiendo la aplicación la OEI cuando un Equipo Conjunto de Investigación (que por lo tanto hemos de entender que está previamente constituido) precise la práctica de pruebas en algunos de los Estados miembros *distintos* a los implicados en el equipo conjunto.

Dicho de otra manera, el art. 3 de la Directiva, en relación al ámbito de aplicación de la OEI, señala que «*La OEI comprenderá todas las medidas de investigación con excepción de la creación de un equipo conjunto de investigación y la obtención de pruebas en dicho equipo, como queda establecido en el artículo 13 del Convenio relativo a la asistencia judicial en materia penal entre los Estados miembros de la Unión Europea (1) ("el Convenio") y en la Decisión Marco 2002/465/JAI del Consejo (2), salvo a efectos de la aplicación, respectivamente, del artículo 13, apartado 8, del Convenio y del artículo 1, apartado 8, de la Decisión Marco*».

De esta forma, establece la excepción remitiendo al artículo 13 del Convenio relativo a la asistencia judicial en materia penal entre los Estados miembros de la Unión Europea, pero deja a salvo la previsión contenida en el apartado 8 del referido artículo 13 del Convenio, es decir, la excepción de la excepción, pues esta norma prevé

---

250. En España el artículo 7.3 de la Ley 11/2003 de 21 de mayo, reguladora de los ECI penal en el ámbito de la UE, establece que si en el ejercicio de las funciones de investigación «se considera necesaria la adopción de medidas o la petición de ayuda a un Estado miembro que no haya participado en la creación del equipo de un tercer Estado, la autoridad competente española se encargará de formular dicha petición».
251. ARANGÜENA FANEGO, C., (2017), Orden Europea de Investigación: próxima implementación en España ... *Op. cit.* p. 917.

que, «*Cuando el equipo conjunto de investigación necesite ayuda de un Estado miembro que no haya participado en la creación del equipo o de un tercer Estado, las autoridades competentes del Estado en el que actúe el equipo podrán formular la petición de ayuda a las autoridades competentes del otro Estado afectado, de conformidad con los instrumentos o disposiciones aplicables*»[252].

Por tanto, en este caso, se permitiría que un ECI, que también se ha constituido en base a la autonomía de la voluntad de los Estados miembros implicados, operara con una OEI. Es decir, el legislador comunitario en sentido estricto lo que hace es condicionar el uso de la OEI por un ECI, y para ello diseña un ámbito específico para que el instrumento de la OEI sirva a sus fines y pueda ser operado por un ECI, estableciendo tres requisitos:

a) que dicho equipo esté constituido previamente;

b) que esté conformado por Estados miembros (es decir no esté integrado un tercer estado no miembro de la UE);

c) y por último que precise la práctica de una prueba en un Estado miembro distinto a los integrantes del ECI.

Si se dan estos elementos, entiende el legislador europeo, que el Equipo Conjunto de Investigación podría operar una OEI.

3.1.2. La limitación de procedimientos en los que puede acordarse su emisión

Al igual que sucede en la determinación del ámbito material de la norma, en el que el principio general es que cualquier «diligencia de investigación» pueda ser objeto de la OEI, el legislador europeo también regula con amplitud, en el artículo 4 de la Directiva, los procedimientos en los que se puede adoptar una OEI, pues no se limita a procesos penales, sino que se extiende también a las diligencias preparatorias de los mismos e incluso a procedimientos administrativos de naturaleza sancionadora.

En España esta situación sorprendentemente se limita, pues en nuestro país, los procedimientos en los que se puede acordar la emisión de una OEI se deducen del artículo 187.1 LRM, que al ocuparse de las autoridades competentes para emitir una OEI hace referencia: por un lado al Juez o tribunal que conozca «*del proceso penal*» en que se adopte la medida, y por otro lado a «*los Fiscales en los procedimientos que dirijan*», aclarando que las mismas

252. En el mismo sentido el art. 1.8 de la Decisión Marco 2002/465/JAI sobre ECI.

autoridades pueden emitir órdenes al amparo de la Ley Orgánica Reguladora de la Responsabilidad Penal del Menor (LORRPM). Por lo tanto, es posible adoptar una OEI en cualquier proceso penal seguido en España, incluido el proceso penal especial de menores, pero no en otros.

Llegados a este punto, y en este momento, es necesario hacer una mención especial en relación al procedimiento para el juicio sobre delitos leves, pues si bien es verdad que la LRM no los excluye del ámbito de aplicación de la OEI, es posible que en la práctica queden fuera del mismo, tanto por la escasa entidad de los bienes y derechos tutelados en este procedimiento que permite la renuncia del Ministerio Fiscal a la persecución en determinados supuestos, como porque la aplicación de la OEI, como instrumento de cooperación, debe regirse e inspirarse por el principio de proporcionalidad.

Continuando con nuestro análisis ya hemos señalado, que el mencionado artículo 187.1 LRM, habla de «procesos penales»; por lo tanto quedan fuera de su ámbito de aplicación los procedimientos administrativos, entre los que podríamos encuadrar como señala LOPEZ JARA[253], las investigaciones del Tribunal de Cuentas y otros de naturaleza sancionadora de los que pueda conocer cualquier autoridad administrativa, y asimismo los procedimientos en materia de extranjería del artículo 57.7 Ley Orgánica de Extranjería. En los segundos, a pesar de tener un control por parte de los Tribunales penales, no por ello, pierden su condición de actuaciones administrativas sujetas a la jurisdicción contencioso-administrativa, en lo que se refiere a su control de fondo. Y, por último, aunque no resulte de aplicación a España, la Directiva prevé que la OEI también puede emitirse en procedimientos seguidos por hechos tipificados como infracciones administrativas por el ordenamiento del Estado de emisión, siempre que la decisión de este procedimiento pueda dar lugar a un proceso ante un órgano jurisdiccional en el orden penal. Ante esta regulación nacional, hemos de manifestar cuanto menos nuestra sorpresa, puesto que, en el marco de la lucha contra el crimen organizado, las diligencias de investigación dirigidas a esclarecer y determinar el patrimonio, y los beneficios de sospechosos, acusados y terceros, es esencial, en tanto que permite actuar sobre las ganancias de las estructuras criminales, que son, como mantiene HASSEMER, el «talón de Aquiles» de la delincuencia organizada[254].

253. LÓPEZ JARA, M., «Ley 3/2019 de 11 de junio por la que se modifica la Ley 23/2014, de 20 de noviembre, de reconocimiento mutuo de resoluciones penales en la Unión Europea, para regular la orden europea de investigación», *Diario la Ley n.º 9252*, 5 de septiembre de 2018, p. 7.

254. *Vid*. HASSEMER, W., «Localización de ganancias: Ahora con el …». *Op. cit*., p. 220.

En definitiva, la regulación española derivada de la transposición de la Directiva, en este caso es restrictiva y no expansiva, de tal forma que no permite la vertiente activa, es decir no prevé que las autoridades españolas puedan emitir una OEI en procedimientos administrativos de tipo sancionador al ser este tipo de sanciones recurribles únicamente ante la jurisdicción contencioso-administrativa. No obstante, si tiene operatividad desde la vertiente pasiva. De este modo las autoridades judiciales españolas de ejecución sí podrán ser requeridas para reconocer y ejecutar una OEI acordada en ese tipo de procedimientos: como pudieran ser en su caso, la OEI solicitada en el marco de un procedimiento administrativo sancionador seguido frente a personas jurídicas en algún Estado miembro que no prevé su responsabilidad penal como pueden ser Italia o Alemania.

Esta limitación, que el legislador español ha concretado en la transposición de la Directiva, merece cuanto menos una reflexión crítica, pues en definitiva se coarta la lucha contra la delincuencia organizada y transfronteriza en la UE, en especial, en determinados procedimientos administrativos sancionadores, que están íntimamente vinculados con el ámbito penal, como en los delitos contra la hacienda pública, en los que se da la instrucción del delito fiscal en sede del procedimiento inspector y en el que la administración tributaria ha asumido paulatinamente las funciones del juez instructor[255], y que hubieran merecido de una atención específica, o de articular un punto de conexión dando viabilidad a una OEI en España como Estado de emisión.

Como decimos sorprende esta regulación, en especial a la luz del marco normativo derivado de la adaptación de otros instrumentos europeos como la Directiva 2014/42/UE sobre Decomiso, en la que el legislador español, a pesar de tratarse de una directiva de mínimos, la sobredimensiona hasta instalarse en una verdadera política de decomiso total, yendo mucho más de los mininos necesarios, y con graves tensiones para el sistema de garantías del proceso penal. No se entiende, por lo tanto, las limitaciones que, en la transposición de la DOEI, ha establecido el legislador nacional.

255. DELGADO SANCHO, C. D., «La fase preprocesal en el delito fiscal», *Carta Tributaria. Revista de Opinión n.º 44, 2018, 1 de noviembre de 2018,* Ed. Wolters Kluwer, p. 3. No obstante, no podemos desconocer que, la asunción por la Hacienda Pública de las funciones propias del Juez Instructor —la inspección fija la responsabilidad civil y la recaudación la ejecuta—, podría vulnerar el art. 117.3 CE, pero es que, además, constituye el germen de posibles lesiones de derechos fundamentales del contribuyente.

3.1.3. Fases procesales en las que cabe acordar una OEI

La OEI se puede pedir en cualquier fase del proceso, ya sea en diligencias de investigación, como en la fase intermedia y de enjuiciamiento (prueba a practicar en el juicio oral o de forma anticipada al mismo). En el caso de que se estuviese en una fase preprocesal de investigación llevada a cabo por las Fuerzas y Cuerpos de Seguridad, y fuese necesario emitir una OEI, necesariamente esta solicitud ha de judicializarse y solicitarse al Juez de Instrucción o al Fiscal (en su caso), para que sea éste quien emita la Orden[256].

Y para el caso de que estemos en una investigación preprocesal llevada a cabo por el MF, el mismo, en el marco de las diligencias de investigación previstas en los artículos 5 del Estatuto Orgánico del Ministerio Fiscal (EOMF) y 773.2 de la Ley de Enjuiciamiento Criminal, podrá acordar por su propia autoridad la emisión de una OEI siempre y cuando no afecte a derechos fundamentales. Ahora bien, esta OEI solicitando diligencias preprocesales ha de ir orientada a formar la convicción del Fiscal, pero sin que pueda transmutarse posteriormente en un elemento de prueba, puesto que, tanto su admisión como práctica corresponde en exclusiva a los Jueces y Tribunales en ejercicio de la función jurisdiccional que tienen constitucionalmente atribuida[257]. Todo ello no impide que, con posterioridad, se pueda dictar una OEI que busque esta prueba, o que incluso amplíe la OEI anterior para hacer extensible el material probatorio, que se haya obtenido, al proceso penal en el que deba surtir efectos, para lo cual será preciso contar con el consentimiento del Estado de ejecución.

3.2. ÁMBITO DE APLICACIÓN SUBJETIVO

Por lo que se refiere al ámbito de aplicación subjetivo, la OEI se puede acordar en cualquier proceso penal, independientemente de que el investigado o acusado sea una persona física o jurídica, y de su nacionalidad.

256. No se está hablando aquí de un supuesto de emisión por la policía y validación por el Juez, puesto que nuestro ordenamiento no ha previsto atribuir esta competencia a autoridades policiales.

257. La STS Sala 2.ª de 11 de enero de 2017 (recurso 1498/2016) ha dejado dicho en su FJ 3.ª, que «Las diligencias de investigación practicadas por el Ministerio Público al amparo de los artículos 5 del EOMF y 773.2 LECrim, no pueden aspirar a transmutar su naturaleza y convertirse en actos de prueba. Lo impide el concepto mismo de acto procesal, íntimamente ligado a los principios constitucionales que informan el ejercicio de la genuina función jurisdiccional».

Llama la atención, como nos recuerda VILLODRE LÓPEZ[258], que la responsabilidad penal de las personas jurídicas se haya incluido de forma expresa en la Directiva (artículos 4 d) y 26) por el legislador comunitario sin condición alguna, a diferencia de lo sucedido en otros instrumentos de reconocimiento mutuo donde expresamente se alude a su cumplimiento aunque el país de ejecución no reconozca la responsabilidad penal de las personas jurídicas (*vid.* art. 12.3 de la Decisión Marco 2006/783/JAI del Consejo de 6 de octubre sobre decomiso o el art. 9.3 de la Decisión Marco 2005/214/JAI del Consejo de 24 de febrero sobre sanciones pecuniarias).

Recordemos que la responsabilidad de las personas jurídicas no está armonizada de forma general, sino tan solo sectorialmente o por materias: lucha contra el fraude que afecte a los intereses de la UE (Directiva 2017/137 de 5 de julio); ataques contra sistemas de información (Directiva 2011/36 de 5 de abril); o protección penal del euro y otras monedas frente a la falsificación (Directiva 2014/62 de 15 de mayo). Ante esta regulación, podríamos encontrarnos con la denegación de una OEI en el supuesto de que la misma no tuviera por objeto algunos de los delitos referidos, y que el Estado requerido no tuviera reconocida la responsabilidad penal de las personas jurídicas, lo que supone una nueva limitación de la OEI. Hay que recordar aquí que el crimen organizado, en su globalización y forma de actuación, se ha adecuado al uso de personas jurídicas interpuestas, superpuestas o con finalidades de testaferro, y que por lo tanto exige por parte de los Estados la adaptación de su normativa para avanzar en la exigencia de responsabilidad penal a estas personas jurídicas instrumentales en su máxima extensión, sin que ello suponga un límite, ni se creen espacios de impunidad.

3.3. LIMITACIONES EN EL ÁMBITO DE APLICACIÓN ESPACIAL

No todos los países están vinculados con la OEI. En concreto, y como ya hemos señalado, con Irlanda y Dinamarca la cooperación seguirá rigiéndose con los instrumentos convencionales (Convenio de Cooperación judicial de 1959), como se venía haciendo hasta ahora[259], pues no han participado en esta Directiva y han manifestado su deseo de no quedar vinculado a la misma. Por el contrario, y a pesar de la peculiar situación con el «Brexit», el Reino Unido sí ha participado en la adopción y aplicación de la Directiva

258. VILLODRE LÓPEZ, J., «La Orden Europea de investigación penal: transposición de la Directiva 2014/41 del Parlamento Europeo y del Consejo de 3 de abril de 2014 (I)», *Diario La Ley, 24 de mayo de 2018*, p. 7.

259. Como se recoge en el considerando número 44 (Irlanda), y en el número 45 (Dinamarca), estos países haciendo uso de las facultades que le reconocen los respectivos Anexos a los Tratados han manifestado su deseo de no participar en la adopción de esta Directiva y no quedar vinculados ni sujetos a su aplicación.

de la OEI (Considerando n.º 44), habiendo transpuesto la misma el 31 de julio de 2017.

4. PROCEDIMIENTO ACTIVO PARA LA EMISIÓN DE UNA OEI POR LAS AUTORIDADES ESPAÑOLAS

4.1. AUTORIDADES COMPETENTES

La Directiva regula con amplitud lo que entiende por «autoridad de emisión», pues incluiría también a cualquier autoridad competente, según la defina el Estado de emisión que, en el asunto específico de que se trate, actúe en calidad de autoridad de investigación en procesos penales y tenga competencia para ordenar la obtención de pruebas con arreglo al derecho nacional. En este caso sería necesaria la validación de la OEI por una autoridad judicial, como veremos más adelante.

Por lo que se refiere a la autoridad competente para la emisión de una OEI, en España lo es, con carácter exclusivo, un Juez o Tribunal o un Fiscal. En concreto, podrá emitirla: el Juez de Instrucción que conozca del proceso penal en el que ha acordado la diligencia de investigación objeto de la OEI; el Juez de lo Penal o Tribunal encargado del enjuiciamiento del proceso en que se haya acordado la prueba objeto de la OEI; los Fiscales en relación con las diligencias de investigación acordadas en los procedimientos de investigación que dirijan, si bien en estos casos la competencia se limita a aquellas diligencias que no sean limitativas de derechos fundamentales, pues en estos casos corresponderá emitirla al Juez de Instrucción competente; y por último son autoridad competente para la emisión de una OEI, en particular, los Fiscales y los Jueces de Menores, que sorprendentemente son mencionados específicamente por la ley, sin que dicha referencia sea necesaria[260]. Y, por lo tanto, ni la policía judicial, ni los Letrados de la Administración de Justicia, ni ningún otro funcionario o autoridad administrativa tienen autoridad para emitir una OEI.

4.2. MECANISMO DE VALIDACIÓN DE LA OEI

La Directiva prevé también la posibilidad de que se establezcan otras autoridades de emisión distintas a Jueces y Fiscales, habilitando para ello

260. La Ley contiene una mención específica señalando que los Fiscales y Jueces de Menores también podrán emitir la OEI conforme a la legislación procesal general y la Ley Orgánica Reguladora de la Responsabilidad Penal de Menores (LORRPM). Esto es, durante la investigación el Fiscal podrá emitirlas, salvo que supongan limitación de derechos fundamentales en cuyo caso corresponderá al Juez de Menores (art. 26.3 LORRPM) quién será también competente para las diligencias de prueba acordadas en la fase de enjuiciamiento (art. 33 y 37 LORRPM).

un sistema de validación de la OEI. De esta forma concilia (atendiendo a las particularidades de los diferentes ordenamientos nacionales) de una manera pragmática la necesidad de hacer efectiva la cooperación judicial en materia de prueba, superando los obstáculos de la coexistencia de distintos sistemas y culturas jurídicas[261]. En estos casos la Orden emitida deberá ser validada, previo control de su conformidad con los requisitos para su emisión, por un Juez, un órgano jurisdiccional, un fiscal o un magistrado instructor del Estado de emisión, y cuando la orden haya sido validada por la autoridad judicial, es cuando la autoridad de la que proviene podrá ser considerada autoridad de emisión (art. 2 DOEI).

En España, no se ha incorporado esta previsión de la Directiva, y por lo tanto no se han establecido autoridades de emisión distintas a las judiciales o fiscales, por lo que no cabe hablar de autoridad de validación. En otros países la situación es distinta, así por ejemplo en el caso de Bélgica, la Administración General de Aduanas e Impuestos Especiales es reconocida por su norma de transposición como autoridad de emisión, siempre y cuando se trate de delitos de su exclusiva competencia y si se tratase de un caso interno similar, también tuviera competencia para el acto de investigación objeto de la Orden.

Este pragmático sistema de validación podría haber sido aprovechado por el legislador nacional para reconocer a determinadas autoridades administrativas la posibilidad de solicitar una OEI en relación a un procedimiento administrativo-sancionador, por ejemplo de carácter tributario, pues con la debida continencia se podría haber facultado al Fiscal para que en el ámbito de las diligencias de investigación y preprocesales, y en ejercicio de sus funciones de defensa de la legalidad vigente, pudiera validar la solicitud de una posible OEI.

Como vemos, el legislador europeo prevé en la propia Directiva de la OEI el mecanismo de validación (art. 2) e intenta superar de esta forma las dificultades que pueden plantear la diversidad de sistemas y culturas jurídicas para alcanzar una cooperación judicial efectiva en materia de prueba. Por lo tanto, y a la vista de esta regulación, sorprende nuevamente aquí el

261. Como señala BACHMAIER, se trata de una solución a la que se llegó tras las críticas recibidas por la inicial propuesta de directiva (que no exigía el carácter judicial de la autoridad de emisión) y que, sin dejar de ser peculiar ha de ser valorada positivamente por su pragmatismo, puesto que hace frente e intenta dar respuesta a la necesidad de hacer efectiva la cooperación judicial en materia de prueba, venciendo las dificultades que dimanan de la heterogeneidad de sistemas y culturas jurídicas, en BACHMAIER WINTER, L. «Transnational Evidence: Towards the Transposition of the Directive 2014/41 regarding the European Investigation Order in Criminal Matters», *Eucrim*, núm. 2, 2015, pp. 48-49.

legislador nacional, que no articula un sistema que habilite a determinadas autoridades de investigación e inspección fiscal o financiera para emitir una OEI, como digo, bajo la supervisión de la Fiscalía y siempre que no supusieran limitaciones de derechos fundamentales de los afectados. Y es que, sería coherente que las mismas capacidades de investigación que tienen en España, estas autoridades administrativas la proyectaran también en el exterior, pues, si estas facultades de investigación en nuestro territorio están normalizadas y convalidadas, no se entiende que no lo puedan estar en otros Estados, haciendo un uso supervisado de la emisión de la OEI. Por último, no hemos de olvidar que el ámbito financiero y fiscal se ha convertido en un espacio singular en la lucha contra el crimen organizado, pues es en este ámbito en el que se puede actuar contra los beneficios de estas estructuras criminales para que no resulte provechoso el delito.

4.3. INICIATIVA PARA LA EMISIÓN DE UNA OEI

Por lo que se refiere a la iniciativa para la emisión de una OEI, esta puede ser acordada tanto de oficio como a instancia de parte (art. 189 LRM), siempre y cuando se trate de una diligencia de investigación. Pero para el caso de que la OEI tenga por objeto una diligencia de prueba —y no de investigación— hemos de atenernos al régimen general respecto de la posibilidad —limitada y discutida— de acordar de oficio la práctica de pruebas, siendo la regla general la de que sólo se practicarán las pruebas que hayan sido propuestas por las partes, y por lo tanto será precisa la petición de parte (art. 728 y 729 LECr.) para acordar la práctica de las pruebas en el marco de una OEI. Hay que destacar que, a diferencia de otros instrumentos de reconocimiento mutuo, el legislador ha omitido establecer aquí un trámite de audiencia a las partes, que en principio parece adecuado en atención al debido respeto al derecho de defensa, salvo que esté decretado el secreto, en cuyo caso únicamente se daría traslado al Ministerio Fiscal. La ausencia de este trámite de audiencia, sin justificación alguna, quizás buscando una mayor eficacia en el uso del instrumento, supone una devaluación del derecho de defensa, a la que a buen seguro tendrán que dar respuesta los tribunales.

Especial interés tienes aquí lo dispuesto en el artículo 1.3 de la Directiva que dispone que la emisión de una OEI «*puede ser solicitada por una persona sospechosa o acusada (o un abogado en su nombre), en el marco de los derechos de la defensa aplicables de conformidad con el procedimiento penal nacional*». Por lo tanto, la defensa tiene el derecho, como manifestación del principio de igualdad de armas (qué si bien no es absoluto), de solicitar el libramiento de una OEI para obtener una prueba o diligencia de investigación que considere esencial en descargo del investigado o acusado, y por su parte, el juez únicamente la podrá denegar motivadamente, por los mismos motivos que pudiera hacerlo en un caso similar interno. La habilitación que realiza el legislador comunitario en la Directiva, previendo la posibilidad de que la defensa pueda solicitar la emisión de una OEI profundiza en la cooperación judicial, siendo una innovación significativa, aunque haya países que no la hayan incorporado a su regulación[262]. Aunque también hay que poner de manifiesto que esta previsión normativa tampoco asegura a la defensa la mejor situación procesal respecto a la igualdad de armas con lo acusación, y esto desde el punto de vista de la estrategia procesal, puesto que la solicitud de la OEI se dirige y orienta el acto a las autoridades públicas, por lo que la solicitud de la defensa revela su estrategia procesal y hace visibles sus elementos de defensa ante el Ministerio Fiscal que generalmente es la autoridad de investigación del Estado de emisión, y su contrario en el proceso.

4.4. REQUISITOS PARA LA EMISIÓN Y LA NECESARIA LABOR INTERPRETATIVA

Los requisitos para la emisión de una OEI, son dos, y se establecen en el art. 6.1 de la DOEI siendo recogidos, casi literalmente, por el art. 189.1 LRM: en primer lugar que su emisión «*sea necesaria y proporcionada a los fines del procedimiento para el que se solicita, teniendo en cuenta los derechos del investigado o encausado*»; y en segundo lugar, que las medidas de investigación «*se hayan acordado en el proceso penal español en el que se emite la orden europea de investigación y pudieran haberse ordenado en las mismas condiciones para un caso interno similar*».

4.4.1. Necesariedad y proporcionalidad. La debida ponderación

Por lo que se refiere a la *necesariedad*, la OEI ha de ser necesaria a los fines del procedimiento en que se acuerda; por tanto, como pasa en el ámbito probatorio (en el que tampoco se trata de un derecho absoluto) se denegarán aquellas órdenes que se consideren innecesarias. Y en cuanto a la *proporcionalidad*, el Juez o fiscal, antes de acordar una OEI, deberá realizar el adecuado juicio de proporcionalidad.

Esta cuestión es nuclear, y sobre la misma se basa la regulación de la OEI, por lo que merece que nos detengamos en ella. En primer lugar, la

262. En Italia la jurisprudencia siempre ha negado que la investigación defensiva pueda desarrollarse en el extranjero, desde esta óptica la directiva sobre la OEI era un primer paso para superar esta limitada visión nacionalista, pero no ha sido aprovechada por el legislado italiano, que no ha recogido esta previsión comunitaria (art. 1.3. DOEI) en su norma de transposición (D. Legs. n. 108/2017).

proporcionalidad no se define por la Directiva, ni tampoco se explica de manera suficiente por el considerando número 11 que establece que la medida de investigación ha de considerarse «*proporcionada, adecuada y aplicable al caso concreto*», o que «*la autoridad de emisión ha de asegurarse,... de que la prueba buscada sea necesaria y proporcionada para el procedimiento, de que la medida de investigación escogida sea necesaria y proporcionada para obtener la prueba en cuestión*».. En definitiva, con la proporcionalidad se alude al concepto de *ponderación* que ha de efectuarse entre:

- la medida de investigación solicitada en relación con la gravedad del delito investigado;
- el grado de afección en la esfera individual de los sujetos afectados por su práctica (singularmente los derechos del sospechoso o acusado);
- y la inexistencia de una medida menos gravosa, pero de idéntica eficacia, alternativa a la que se pretende incluir en la OEI.

Se trata en definitiva de una labor interpretativa, que se soporta sobre una estructura de principios (que no de reglas) como es el de la proporcionalidad, y que precisa de flexibilidad. Este análisis y valoración que ha de llevar a cabo la autoridad de emisión es el de mayor complejidad y dificultad. Por lo que será necesario acudir a la doctrina consolidada de nuestro TEDH y del TJUE[263] para su concreción.

Recordemos aquí, como dice KOSTORIS[264], que la OEI se basa en presupuestos muy inciertos e indefinidos (el respeto a los derechos fundamentales, y a los principios fundamentales del ordenamiento del Estado de ejecución), que son modulados de forma particular tanto a través del control de proporcionalidad de la OEI como de los «acuerdos» y «consultas» que se prevé que se lleven a cabo entre las autoridades de ejecución y las de emisión de la OEI para alcanzar soluciones compatibles. Todo ello se proyecta negativamente sobre la previsibilidad del conocimiento y de la claridad de las reglas a aplicar.

263. En el marco de la jurisprudencia del TEDH se habrá de estar, a la doctrina consolidada en las Sentencias *Miailhe v. Francia*, 25 de febrero de 1993; *Niemitz v Alemania*, 16 de diciembre de 1996; Z. *v. Finlandia*, 25 febrero de 1997; *Smirnov v. Rusia*, 12 noviembre 2007). Por lo que se refiere a la doctrina del TJUE podemos citar, las sentencias (Gran Sala) de 5 de abril de 2016 en los asuntos acumulados *Caldararu y Aranyosi*, C-404/15 y C-659/15 PPU, EU:C:2016:198 y de 6 de septiembre de 2016, asunto *Petruhhin, C-182/15*, EU:C:2016/630. Estas sentencias están relacionadas con la euroorden.

264. KOSTORIS, Roberto E., «*Orden Europea de investigación...*» *Op. cit*. p. 322.

Este recurso abusivo y excesivo del principio de proporcionalidad recuerda el que se realiza también en el decomiso, utilizándose este principio (al que me he referido en otros trabajos como «*cláusula de rigor*») para atemperar e inaplicar la disposición legal cuando se trate de actuaciones desproporcionadas o incorrectas (ya sea en el decomiso general, el decomiso ampliado o el régimen complementario de este último —art. 127 bis 4 CP, art. 127 *sexies in fine* CP, art. 128 CP—)[265]. El juicio de proporcionalidad se proyecta e interfiere con los derechos fundamentales del justiciable, en especial con el principio de inocencia, pudiendo devaluarlos o vaciarlos de contenido[266], razón por la cual se exige que se lleve a cabo motivadamente debiendo descansar sobre una excelente argumentación, y sin que su aplicación suponga un sacrificio injustificado para el acusado, investigado o tercero afectado. En este sentido, nuestro TC en su sentencia 207/1996, establece que para que el principio de proporcionalidad pueda desplegar sus efectos, se requiere que se trate de una resolución especialmente motivada, idónea, necesaria y proporcionada en «*relación con un fin constitucionalmente legítimo*»[267], a lo que hemos de añadir que dicha aplicación del juicio de proporcionalidad tampoco sería admisible si devalúa o vacía de contenido los derechos y garantías procesales del justiciable.

Aquí hemos de advertir que la construcción de instrumentos procesales en la Unión Europea sobre principios y no sobre reglas conlleva el riesgo de una involución de los derechos y libertades de los ciudadanos, y todo ello pone de relieve la falta de decisión del legislador europeo para crear verdaderas reglas probatorias europeas con un diseño federal en base al art. 82 TFUE.

4.4.2. La equivalencia o requisito de legalidad

El segundo de los requisitos al que hacíamos referencia, recogido en el art. 6.1 de la DOEI y en el art. 189.1 LRM, exige que exista *equivalencia*, es decir que la medida de investigación que se acuerda con la OEI se hubiera

265. *Vid.* GARRIDO CARRILLO, F. J., *El decomiso. Innovaciones, deficiencias y limitaciones en su regulación sustantiva y procesal,* Ed. Dykinson, 2019.
266. S. TSAKYRAKIS, Proportionality: An Assault on Human Rights? en *International Journal of Constitutional Law, 2009, 7,* p. 468 y ss.
267. STC 207/1996 de 16 de diciembre, señala concretamente en su FJ 4.ª, «que la medida limitativa del derecho fundamental está prevista por la Ley, que sea adoptada mediante resolución judicial especialmente motivada, y que sea idónea, necesaria y proporcionada en relación con un fin constitucionalmente legítimo. A todos ellos hay que sumar otros derivados de la afectación a la integridad física, como son que la práctica de la intervención sea encomendada a personal médico o sanitario, la exigencia de que en ningún caso suponga un riesgo para la salud y de que a través de ella no se ocasione un trato inhumano o degradante…».

adoptado en un caso interno en las mimas condiciones. Esto también lo habrá de valorar el Juez o Fiscal que la acuerde, que deberá razonar; primero, si la misma es pertinente para los fines de la investigación, o para la parte que intenta hacerla valer en juicio, y segundo, si es proporcionada en relación con los hechos investigados o enjuiciados, y con los derechos que pudieran verses afectados.

Esta equivalencia, que es otra manifestación del principio de proporcionalidad, también se conoce como *el requisito de legalidad*, y se recoge con escasa precisión terminológica en el mencionado art. 6.1. b) DOEI que sólo hace referencia a que «*podría haberse dictado en las mismas condiciones para un caso interno similar*». Como dice ARANGÜENA FANEGO[268], con este requisito, se persigue evitar el llamado «*fórum shopping probatorio*», recabándose fuera del Estado en que se tramita el procedimiento lo que no podría haberse acordado para un caso interno similar. De esta forma, no se puede emitir una OEI para obviar el cumplimiento de obligaciones legales que son de aplicación en una jurisdicción, pero no en otra.

4.5. DENEGACIÓN DE LA EMISIÓN DE LA OEI Y SISTEMA DE RECURSOS

En cuanto a la denegación de la emisión de la OEI, esta habrá de ser motivada, de tal modo que la parte que la propuso pueda conocer los motivos de fondo por lo que se deniega, siendo susceptible de recurso. En este sentido, la Directiva exige un régimen de recursos[269] igual al que rija en el ordenamiento interno para un supuesto similar (art. 14.2 DOEI)[270]. Se trata de una remisión general al régimen de recursos internos, lo que significa que durante la fase de instrucción cabe la posibilidad de recurso de reforma y subsidiario de apelación o, en su caso, queja, y durante la fase de enjuiciamiento la irrecurribilidad de la admisión de pruebas, sin perjuicio de su reproducción como cuestión previa al acto del juicio.

En este punto surge la cuestión de las actuaciones llevadas a cabo por el MF en el marco de sus diligencias preprocesales, pues en estos casos la OEI se acuerda por Decreto, y no cabe recurso alguno contra el mismo, sin perjuicio de la valoración que pudiera darse con posterioridad en el corres-

268. ARANGÜENA FANEGO, C., (2017), Orden Europea de Investigación: próxima implementación ... *op. cit.* p. 924.

269. Recordemos que el art. 13.1 LRM establece como regla general la posibilidad de interponer recurso *contra las resoluciones por la que se acuerde la transmisión de un instrumento de reconocimiento mutuo* (...).

270. La decisión de emisión de la OEI no será susceptible de recurso ante la autoridad encargada de su ejecución en el otro Estado, sin perjuicio de velar por el respeto de los derechos fundamentales que pudieran verse afectados en el estado de ejecución.

pondiente proceso penal, de conformidad con lo previsto en la LECr. (art. 13.4 LRM)[271]. Resulta complejo que en el caso de Decreto del MF, denegando una OEI, no quepa posibilidad de impugnación del mismo, pues esto concilia mal con el debido respeto de los derechos fundamentales y tutela judicial efectiva en el proceso penal español. Piénsese por ejemplo en el proceso penal de menores, en el que el MF es el responsable de la Instrucción, y como tal podría denegar una OEI solicitada por la defensa del menor investigado, afectándose la igualdad de armas del mismo en relación a la Fiscalía. Se constata aquí que la previsión del art. 13.4 LRM es manifiestamente insuficiente y por lo tanto no sería sorprendente que por el afectado se instara un recurso de amparo, pues estamos ante la posible limitación del derecho a la tutela judicial efectiva consagrado en el art. 24.1 CE.

4.6. REQUISITOS FORMALES

Por último, en cuanto a los requisitos formales, cuando sea la autoridad española la que emita la OEI se habrá de estar a lo dispuesto en los artículos 188 a 204 de la LRM. Por lo que se refiere a su forma y contenido (art. 188.LRM y art. 5 DOEI), la OEI se expedirá en modelo normalizado (anexo XIII de la LRM, y anexo A de la Directiva), junto a este anexo no será preciso remitir el testimonio de la resolución que acuerde su libramiento. Y el formulario deberá ir firmado por la autoridad judicial competente para dictar la resolución en que se acuerda (art. 7.2 LRM). Por lo tanto, habida cuenta de que el formulario deberá ir firmado por la autoridad judicial competente, quedan fuera los Letrados de la Administración de Justicia pese a que la Instrucción 2/2009 de la Secretaría General de la Administración de Justicia relativa al fomento de la cooperación jurídica internacional le atribuye dicha competencia al amparo de los artículos 454.1 de la LOPJ y 7 f) del Reglamento orgánico del Cuerpo de Secretarios Judiciales.

---

271. El artículo 13.4 de la LRM establece que «*no cabrá recurso alguno contra la decisión de transmisión de un instrumento de reconocimiento mutuo acordada por el Ministerio Fiscal en sus diligencias de investigación, sin perjuicio de su valoración posteriormente en el correspondiente procedimiento penal, de conformidad con lo previsto en la Ley de Enjuiciamiento Criminal*», y este precepto hay que ponerlo en relación con lo dispuesto en la Circular 4/2013 de 30 de diciembre, de la FGE, que refiere que «los decretos dictados por el Fiscal en el seno de unas diligencias de investigación deben considerarse irrecurribles. Tal irrecurribilidad no puede considerarse generadora de indefensión, pues quien considere lesionados sus derechos puede reproducir sus pretensiones ante la autoridad judicial» (p. 42, 2.º párrafo). E incluso sigue señalando la circular que aún en el caso de que se permitiera la interposición de recurso, estaría circunscrito al investigado porque en dichas actuaciones tampoco se permite la personación de acusación particular o popular (p. 44).

5. LA VALIDEZ DE LOS ACTOS DE INVESTIGACIÓN Y EL RESPETO DE LAS GARANTÍAS PROCESALES

Ya se ha señalado que la OEI se basa en presupuestos muy inciertos e indefinidos, como son el respeto a los derechos fundamentales y el respeto a los principios fundamentales del ordenamiento del Estado de ejecución. Estos presupuestos son modulados tanto a través del control ejercido por el principio de proporcionalidad de la OEI, como de los «acuerdos» y «consultas» que se prevé que se realicen entre las autoridades de ejecución y de emisión de la OEI para alcanzar «soluciones compartidas». Por lo tanto, en nuestro análisis es oportuno ahora abordar los aspectos que condicionan la validez de los actos de investigación realizados en el Estado de ejecución.

Nuestra ley de transposición ha dejado establecido que estos actos serán válidos «*siempre que no contradigan los principios fundamentales del ordenamiento jurídico español ni resulten contrarios a las garantías procesales reconocidas en éste*» (art. 186.1 LRM), pero esta precisión normativa del legislador español no puede suponer una limitación a la aplicación del Derecho de la Unión, ni a su primacía sobre el ordenamiento interno[272]. En este sentido, el Juez Español deberá velar por que las actuaciones en materia de investigación y en especial en el seno de un proceso penal respeten los derechos y garantías procesales de sospechosos y acusados en el ordenamiento español. Y esto, hoy en día nos remite directamente a las diferentes Directivas europeas que sobre esta materia se han aprobado en los últimos años (derecho a interpretación y traducción, derecho a información, derecho a la asistencia de letrado, derecho a la presunción de inocencia y a estar presente en juicio, garantías procesales de menores sospechosos y acusados, asistencia jurídica gratuita)[273].

272. Los principios de Unidad y eficacia son básicos en el ordenamiento europeo y como ya señaló el TJUE en su Sentencia de 26 de febrero de 2013 (asunto C-399/11), en respuesta a la primera cuestión prejudicial que le fue formulada por el Tribunal Constitucional Español, «*la invocación por un Estado miembro de las Disposiciones del Derecho nacional, aun si son de rango constitucional no pueden afectar a la eficacia del Derecho de la Unión en el territorio de ese Estado…*». No obstante, es posible la aplicación de estándares nacionales de protección de los Derechos fundamentales «*siempre que esa aplicación no afecte al nivel de protección previsto por la Carta según su interpretación por el Tribunal de Justicia, ni a la primacía, la unidad y la efectividad del Derecho de la Unión*».

273. Sobre los derechos y garantías procesales de los sospechosos e investigados en el proceso penal, se puede ver entre otros trabajos; ARANGÜENA FANEGO, C. y DE HOYOS SANCHO, M. (directoras), *Garantías procesales de investigados y acusados. Situación actual en el ámbito de la Unión Europea*, Ed. Tirant lo Blanch, Valencia 2018. FAGGIANI, V., *Los derechos procesales en el espacio europeo de justicia penal. Técnicas de armonización*, Aranzadi, 2017.

En nuestro análisis, es importante tener en cuenta que la DOEI en su artículo 1.4. señala que su aplicación «*no podrá tener por efecto modificar la obligación de respetar los derechos fundamentales y los principios jurídicos enunciados en el artículo 6 del TUE, incluido el derecho de defensa de las personas imputadas en un proceso penal, y cualesquiera obligaciones que correspondan a las autoridades judiciales a este respecto permanecerán incólumes*». En este sentido, en la DOEI se encuentran múltiples reenvíos al deber de respetar los derechos fundamentales enunciados en el mencionado artículo 6 TUE. Además de la referencia contenida en el artículo 1.4, también es necesario mencionar el contenido del art. 11.1.f), art. 14.2 y art. 14.7 de la referida DOEI. Por lo tanto, en principio podríamos convenir que, atendiendo a esta regulación, y a la primacía del ordenamiento de la UE sobre el ordenamiento interno, y de conformidad con lo manifestado por nuestro TS en su sentencia número 456/2013 de 9 de junio (Sala 2.ª), los Tribunales españoles no podrían revisar las actuaciones llevadas a cabo en otro país de la UE, pues nuestro más alto Tribunal dispone que no pueden convertirse en «...en custodios de la legalidad de actuaciones efectuadas en otro País de la Unión Europea», pues esta actuación, «deviene inaceptable (...) en el marco de la Unión Europea, definido como un espacio de libertad, seguridad y justicia, en el que la acción común entre los Estados miembros en el ámbito de la cooperación policial y judicial en materia penal es pieza esencial (...), no cabe efectuar controles sobre el valor de lo realizado ante las autoridades judiciales de los diversos países de la Unión, ni menos de su adecuación a la legislación española cuando aquellos se hayan efectuado en el marco de una Comisión Rogatoria y por tanto de acuerdo con el artículo 3 del Convenio Europeo de Asistencia en materia penal...»[274].

Pero esta jurisprudencia de nuestro Tribunal Supremo, que se conoce como «*principio de no indagación*» ha sido matizada recientemente por una nueva Sentencia, la ST 116/2017 de 23 de febrero (Sala 2.ª), que limita el ámbito de aplicación del mencionado principio a aspectos formales en la práctica de la prueba, y así ha dejado dicho que «es lógico que la validez en el proceso penal español de actos procesales practicados en el extranjero no se condicione al grado de similitud entre las reglas formales que, en uno y otro Estado, singularizan la práctica de esa prueba. Al juez español no le incumbe verificar un previo proceso de validación de la prueba practicada conforme a normas procesales extranjeras. Pero la histórica vigencia del principio *locus regit actum*, de dimensión conceptual renovada a raíz de la consolidación de un patrimonio jurídico europeo, no puede convertirse en un trasnochado adagio al servicio de la indiferencia de los órganos judicia-

274. Sobre esta cuestión *vid.* también la STJUE de 6 de marzo de 2018, *Achmea*, C284/16, y las STS 259/2005 de 4 de marzo, 480/2009 de 22 de mayo o 4777/2013 de 8 de octubre.

les españoles frente a flagrantes vulneraciones de derechos fundamentales. Incluso en el plano semántico la expresión principio de no indagación se interpreta, desbordando el ámbito exclusivamente formal que le es propio, resulta incompatible con algunos de los valores constitucionales comprometidos en el ejercicio de la función jurisdiccional».

En definitiva, la prueba obtenida en otro país sería inválida si no se respeta nuestro propio nivel de protección de derechos fundamentales sobre materias no armonizadas en la UE, y en el caso de que se tratasen de materias reguladas ya en la UE como los derechos de presunción de inocencia, información, traducción, interpretación, asistencia letrada y protección de la víctima, y prueba transfronteriza, resulta de aplicación la doctrina *Melloni* (STJUE de 26 de febrero de 2013), por lo que en aplicación del principio de primacía del Derecho de la Unión, a la hora de aplicar un instrumento de reconocimiento mutuo, prevalece el nivel de protección de los derechos fundamentales derivado de la CDFUE y la jurisprudencia del TJUE, y no el del ordenamiento constitucional interno, aun en el caso de que su grado de intensidad sea menor que el otorgado por la normativa nacional[275].

Por lo tanto, corresponde al juez español velar y verificar que en la obtención de la prueba no se han vulnerado derechos y garantías fundamentales, pero esta labor, tal y como se prevé en la doctrina de nuestro TS, la ha de llevar a cabo no sólo desde el derecho nacional, sino también desde la óptica más amplia del derecho de la UE, desde este análisis amplio e integrado podrá determinar la ilicitud de la prueba obtenida y en consecuencia si procede su exclusión del proceso (art. 11 Ley Orgánica del Poder Judicial). Por último, y para el caso en el que España sea el Estado de ejecución, podría denegarse la OEI si entiende que con la ejecución pudiera vulnerar los derechos fundamentales reconocidos tanto en la Carta de Derechos Fundamentales de la Unión Europea (CDFUE), como en el Convenio Europeo de Derechos Humanos (CEDH), de conformidad con el artículo 6 TUE, artículo 207.1 d) de la LRM, y art. 11.1 f de la DOEI.

6. VALORACIÓN CRÍTICA DE LA OEI

A la vista del análisis de la OEI realizado en este trabajo, a la luz de la lucha contra la delincuencia organizada, se han revelado debilidades y graves insuficiencias de este instrumento procesal que está llamado a ser una herramienta central en la investigación de estas estructuras criminales, en especial en el marco de una política criminal y judicial que actúe sobre el beneficio de dichas redes delictivas, incidiendo por lo tanto en el principio

275. Sobre esta cuestión *Vid*. MAPILLI MARCHENA, C., *El modelo de la Unión Europea*, Ed. Aranzadi, Cizur Menor, 2014, pp. 588-597.

de «que el delito no resulte provechoso» y teniendo en cuenta que la criminalidad organizada existe y actúa, esencialmente por ánimo de lucro[276].

Como hemos puesto de manifiesto, la transposición a la normativa española de la OEI se ha llevado a cabo con importantes deficiencias y limitaciones como son, entre otras, la exclusión en España de la OEI de los procedimientos administrativos y de los procesos ajenos al proceso penal; la no previsión de una autoridad distinta a la autoridad judicial o fiscal; o la ausencia de un mínimo sistema de validación. Y todo ello a pesar de las previsiones contenidas en la norma comunitaria, que amparaban dicha normativización.

La regulación en la materia que se ha concretado en nuestro país, junto con las singularidades propias del sistema procesal penal, en especial en relación a la posición, capacidades y funciones del Ministerio Fiscal, ponen de relieve la dificultad para encontrar el adecuado equilibrio entre el respeto a los elementos esenciales de nuestro ordenamiento y la necesidad de que el innovador instrumento de la OEI sea eficaz, y pueda alcanzar sus objetivos en un marco de seguridad y certeza. En este sentido, es muy significativa y sorprendente la actuación del legislador nacional, por cuanto que ha llevado a cabo una actuación de mínimos, al contrario de lo actuado por el mismo en la transposición de otros Directivas como la de 2014 relativa al Decomiso, en la que ha ido mucho más allá de las previsiones comunitarias, desbordando las mismas para instalarse en lo que podríamos denominar una política de decomiso total.

Bien es cierto que la OEI se basa en presupuestos intencionadamente muy indefinidos, como son la prohibición de que no se contradigan los principios fundamentales del ordenamiento jurídico español y el respeto a los derechos fundamentales del acusado o investigado. Estos presupuestos, que funcionan como elemento de contención, son modulados por el principio de proporcionalidad, y por los acuerdos y consultas que pueden realizar las autoridades de emisión y ejecución para alcanzar «soluciones compartidas». Pero estos sistemas de control no pueden y no deben, por un lado, devaluar el sistema de derechos y garantías que nos hemos otorgado, haciéndolo elegible o excepcionable, y por otro lado tampoco deben generar incertidumbre y falta de seguridad, abusando del recurso a la flexibilidad y principio de proporcionalidad, que actuarían como válvula de escape del sistema. En definitiva, se huye de las reglas, para instalarse en el ámbito de los principios con lo que ello supone.

---

276. *Vid.* Comunicado de la Comisión al Parlamento Europeo y al Consejo, de 20 de noviembre de 2008, Productos de la delincuencia organizada: garantizar que «el delito no resulte provechoso», (COM (2008), 766 final – no publicado en el Diario Oficial.

Todo esto, es ejemplo de la complejidad y dificultad que supone intentar conformar un verdadero título judicial europeo en el marco de un conjunto de sistemas jurídicos diferenciados y con perfiles propios. Pero dicho esto, y a pesar de lo que pudiera parecer por los últimos acontecimientos, de los que dan debida cuenta los medios de comunicación, es de justicia reconocer que la cooperación judicial internacional en materia penal para obtención de pruebas en la Unión Europea funciona, y podría funcionar mejor, a pesar de sus limitaciones, y por lo tanto la puesta en marcha de un instrumento como la OEI, que sustituye a los anteriores convenios, es un avance extraordinario y cualitativo. Se avanza, en un complejo equilibrio con distintas culturas jurídicas y sistemas procesales, en la armonización legislativa de los ordenamientos de los distintos EEMM, y se crea un marco jurídico más simplificado, seguro y eficiente, que nutre la necesaria confianza mutua, profundizando en un Espacio de libertad, seguridad y justicia, desde el respeto a los derechos y garantías. Se incorporan plazos para su cumplimiento, se potencia la comunicación directa entre autoridades y se normalizan sus modelos de comunicación, y, por último, se aprovecha la experiencia del régimen convencional de cooperación existente.

Es por todo ello, por lo que es necesario exigir al legislador español que agote las posibilidades de la norma comunitaria y profundice en su transposición adoptando las iniciativas que permitan afrontar las reformas legales necesarias a fin de articular un sistema de validación de la OEI por autoridades administrativas, bajo la supervisión del Ministerio Fiscal y con el debido respeto a los derechos y garantías fundamentales, en especial al derecho de defensa. Así mismo es necesario avanzar y profundizar en la efectiva aplicación de los instrumentos de reconocimiento mutuo, superando la actitud y disposición de distintos Estados, que con un cúmulo de excepciones limitaciones y reinterpretaciones convierten a estos instrumentos en una suerte de «*living rules*», totalmente disponibles, y muy alejadas de lo que es el centro de la confianza mutua. Por otro lado, y teniendo en cuenta que la Directiva ha incluido de forma expresa la responsabilidad penal de las personas jurídicas, hay que evitar que se pudiera denegar una OEI porque el Estado requerido no tuviera reconocida la responsabilidad penal de las mismas, lo que sería una grave limitación del instrumento.

En definitiva, la OEI puede y debe suponer un avance cualitativo en la lucha contra el crimen organizado y transnacional, pues es en la investigación de los patrimonios de estas estructuras y en la actuación sobre las ganancias y beneficios derivados de sus actividades ilegales, como se puede actuar contra ellas de la forma más eficiente. Por todo ello, y a pesar del análisis crítico que he hecho de la OEI, he de concluir con un mensaje positivo, pues a pesar de sus deficiencias, se intenta superar con este instrumento los modelos conceptuales cerrados y autosuficientes de los procesos penales nacionales para orientarse a modelos de legalidad preferentemente judicial[277].

Sin duda, como se ha advertido, son muchos los elementos por mejorar, pero no debemos olvidar que la construcción europea, y la búsqueda de una arquitectura jurídica única, en muchas ocasiones, avanza, no con sinergias «mecánicas o industriales» sino con técnicas artesanales. Pero de lo que no cabe duda es de que estamos en el camino correcto.

277. Sobre esta cuestión *Vid.* KOSTORIS, R. E., Diritto europeo e giustizia penale, en *Manuale di procedura penale europeo*, a cura di R. E. KOSTORIS, 3.ª Ed. Giuffrè, 2017.

Capítulo VII

La urgente necesidad de mejora del decomiso transfronterizo

1. INTRODUCCIÓN

Como ya hemos señalado con anterioridad, la criminalidad organizada es una amenaza de naturaleza transnacional, flexible y opaca con una gran capacidad desestabilizadora, y que genera graves problemas de seguridad no solo nacional sino también de carácter internacional. Nos hemos referido también al trinomio de extraordinaria gravedad «Crimen organizado-transnacional-digital», y hemos destacado la alta capacidad de adaptación de estos grupos delictivos. En definitiva, el crimen organizado se ha globalizado y exige de los Estados una respuesta acorde a este nuevo marco, en el que la confianza mutua es básica para armonizar y coordinar políticas sociales y judiciales que permitan luchar contra este nuevo tipo de delincuencia obteniendo resultados tangibles.

En este marco, el decomiso transfronterizo se constituye en una pieza esencial en el éxito en las políticas de lucha contra el crimen organizado, pues no hay que olvidar que las organizaciones de crimen organizado, en un 85 % de sus actividades, actúan en tres o más países. Las fronteras se han diluido, y este fenómeno ha alcanzado una nueva dimensión con las nuevas tecnologías y el cibercrimen.

En este marco, nuestro punto de partida a la hora de abordar el decomiso transfronterizo es la Directiva 2014/42/UE sobre el embargo y el decomiso de los instrumentos y del producto del delito, a la luz del Reglamento (UE) 2018/1805 del Parlamento Europeo y del Consejo, de 14 de noviembre de 2018[278], sobre el reconocimiento mutuo de las resoluciones de embargo y

278. Reglamento (UE) 2018/1805 del Parlamento Europeo y del Consejo, de 14 de noviembre de 2018, sobre el reconocimiento mutuo de las resoluciones de embargo y decomiso, DO L 303/1 de 28.11.2018.

decomiso. Ya nos hemos referido a la Directiva 2014/42/UE que, aunque supuso un avance y mejora cualitativa desde la perspectiva normativa, operativa y judicial, a día de hoy está desbordada y agotada, siendo actualmente muy ineficiente. De ello nos ocuparemos con mayor profundidad en el capítulo siguiente.

Por tanto no creo que podamos hablar de un fracaso absoluto, pero sí de que no se han conseguido los resultados esperados, por lo que a pesar de que se ha afirmado hasta la extenuación que el «embargo y el decomiso de los instrumentos y del producto del delito se encuentran entre los medios más eficaces de lucha contra la delincuencia» (considerando 3 Reglamento (UE) 2018/1805), parece que estas instituciones, no son tan efectivas como se esperaba para luchar contra los fenómenos delictivos que generan extraordinarios beneficios, como como el blanqueo de capitales, la financiación del terrorismo o la delincuencia organizada.

Esta es la razón por la que tenemos una nueva Propuesta de Directiva[279] del Parlamento Europeo y del Consejo sobre recuperación y decomiso de activos, de 25 de mayo de 2022[280] (de la que nos ocuparemos en el capítulo siguiente) y que persigue acabar con la dispersión normativa que actualmente padecemos en materia de recuperación y decomiso de activos, garantizando así «un enfoque más coherente y estratégico de la recuperación de activos y la cooperación de todos los agentes relevantes del sistema de recuperación de activos»[281]. Como ha puesto en valor el Consejo Económico y Social Europeo (CESE), la unificación en un sola Directiva de las disposiciones jurídicas relacionadas con la recuperación de activos ayudará tanto a las autoridades como a las partes interesadas no solo a comprender las normas, sino también a reforzar la ejecución y la eficacia de las medidas destinadas a mejorar la tasa de recuperación de activos en los respectivos Estados miembros[282].

279. En esta ocasión, el CESE, a diferencia de cuando se pronunció sobre la propuesta de Directiva de 2012, ha concluido que «*La Directiva propuesta responde correctamente a la necesidad de ampliar el ámbito de aplicación de los mecanismos de decomiso, refuerza las competencias de las autoridades nacionales y establece mecanismos de cooperación transfronteriza para aumentar el índice de recuperación de activos*».
Dictamen del Comité Económico y Social Europeo sobre la propuesta de Directiva del Parlamento Europeo y del Consejo sobre recuperación de activos, DO C100, de 16.3.2023, p. 105.

280. Propuesta de Directiva del Parlamento Europeo y del Consejo sobre recuperación y decomiso de activos [COM (2022) 245 final de 25.5.2022, p. 8]. Estando esta obra en prensa, la mencionada propuesta de Directiva ha sido publicada en el DOUE del pasado 2 de mayo como DIRECTIVA (UE) 2024/1260 del Parlamento Europeo y del Consejo de 24 de abril de 2024 sobre recuperación y decomiso de activos.

281. COM (2022) 245 final, p. 6.

282. DO C100, de 16.3.2023, p. 109, observación 3.14.

Al igual que con la Directiva de 2014, con la propuesta de Directiva de 2022, el punto de partida es el mismo, y no es otro que la necesidad de una respuesta penal común de los Estados a la globalización del crimen y la lucha contra las redes criminales, por lo que es imprescindible, como ya hemos dicho, poner en marcha instrumentos y sistemas verdaderamente eficaces, que se han de integrar en una estrategia global y multidisciplinar de seguridad. Estrategia que necesita de un nuevo diseño.

Como ya hemos advertido, para avanzar en el desarrollo y aplicación de una política de seguridad de la UE efectiva, es necesario disponer de medidas legislativas y no legislativas destinadas ofrecer a las autoridades policiales y judiciales las herramientas necesarias para prevenir y combatir una amplia gama de actividades delictivas y garantizar un alto nivel de seguridad en la Unión Europea, en particular a través de la cooperación transfronteriza. Por lo que, dicho esto, hemos de preguntarnos que ha pasado en los últimos diez años para que los resultados conseguidos sean mínimos en especial en este campo.

2. MEDIDAS PARA PROFUNDIZAR EN LA COOPERACIÓN TRANSFONTERIZA

Entre las medidas y herramientas para profundizar en la cooperación transfonteriza figura, en particular, el Reglamento (UE) 2018/1805, que facilita el reconocimiento mutuo de las resoluciones de embargo y decomiso en toda la UE. Este Reglamento de 2018, hay que incardinarlo en un nuevo marco jurídico de referencia, conformado con las siguientes normas:

- La Directiva 2014/42/UE del Parlamento Europeo y del Consejo, de 3 de abril de 2014, sobre el embargo y el decomiso de los instrumentos y del producto del delito en la Unión Europea[283];
- La Directiva (UE) 2017/1371 del Parlamento Europeo y del Consejo, de 5 de julio de 2017, sobre la lucha contra el fraude que afecta a los intereses financieros de la Unión a través del Derecho Penal;

283. Recordemos aquí que en tanto que en el art. 1.1. Directiva 2014/42/UE, se prevé que el objeto de la Directiva es establecer normas mínimas sobre embargo y decomiso de «*bienes en el ámbito penal*» (en la propuesta de Directiva de 2012, la Comisión utilizó la expresión en «asuntos penales» que finalmente se cambió por la de «en el ámbito penal». En su Dictamen sobre la PD (Propuesta de Directiva) de 2012, DO C 299 de 4.10.2012, p. 130, apartado 4.1, el CESE propuso la sustitución de la expresión «asuntos penales» por la de «resultante de infracciones penales»); y en el art. 1.1 PD de 2022, en consonancia con lo dispuesto en el art. 1.1 Reglamento (UE) 2018/1805 del Parlamento Europeo y del Consejo, de 14 de noviembre de 2018, sobre el reconocimiento mutuo de las resoluciones embargo y decomiso, se dispone que las normas previstas se van a aplicar a los bienes «*en el marco de un procedimiento en materia penal*».

- La Directiva (UE) 2018/1673 del Parlamento Europeo y del Consejo, de 23 de octubre de 2018, relativa a la lucha contra el blanqueo de capitales mediante el derecho penal[284];
- El Reglamento (UE) 2018/1805 del Parlamento Europeo y del Consejo, de 14 de noviembre de 2018, sobre el reconocimiento mutuo de las resoluciones de embargo y decomiso;
- La Directiva (UE) 2019/1153 del Parlamento Europeo y del Consejo, de 20 de junio de 2019, por la que se establecen normas destinadas a facilitar el uso de información financiera y de otro tipo para la prevención, detección, investigación o enjuiciamiento de infracciones penales[285] y por la que se deroga la Decisión 2000/642/JAI del Consejo.

Como vemos, nos encontramos ante un objeto de estudio con una gran dispersión normativa, interacciones, matices y precisiones[286], y todo ello sin haber entrado todavía en la transposición de las directivas por los distintos

284. Con esta Directiva sobre la lucha contra el blanqueo de capitales, los colegisladores europeos aprovecharon para solicitar a los Estados miembros «plantearse seriamente permitir el decomiso en todos los casos en los que no se pueda incoar o concluir un proceso penal, incluso en los casos en los que el autor del delito ha fallecido» (considerando 13).

285. La Comisión propuso en su Comunicación «Productos de la delincuencia organizada». Garantizar que «el delito no resulte provechoso» de 2008, una serie de medidas de acompañamiento entre las que se encuentran herramientas para apoyar los procedimientos de decomiso eficaz. Entre estas medidas la Comisión se refirió a las investigaciones financieras y el análisis financiero de las actividades ilícitas como medidas fundamentales en la lucha contra la delincuencia organizada y el terrorismo, propugnando un uso más amplio de la investigación financiera y del análisis financiero de las actividades ilícitas como técnicas policiales que permitirían mejorar la identificación y el seguimiento de los productos del delito. Hay que recordar que la mayoría de las autoridades competentes no tenían acceso directo a la información sobre la identidad de los titulares de cuentas bancarias, almacenadas en los registros centralizados de cuentas bancarias o en sistemas de recuperación de datos. Esta situación se ha intentado paliar mediante la aprobación de la Directiva (UE) 2019/1153 del Parlamento Europeo y del Consejo, de 20 de junio de 2019, por la que se establecen normas destinadas a facilitar el uso de información financiera y de otro tipo para la prevención, detección, investigación o enjuiciamiento de infracciones penales.

286. No podemos pasar por alto que, al establecer el objeto del embargo y decomiso, la Comisión ha prescindido de la aclaración contemplada en el vigente art. 1. Directiva 2014/42/UE sobre la irrelevancia de los procedimientos que puedan utilizar los Estados miembros para decomisar los bienes de que se trate (en el apartado 2 de la Directiva 2014/42/UE se aclara que «La presente Directiva se entiende sin perjuicio de los procedimientos que pueden utilizar los Estados miembros para decomisar los bienes de que se trate»), supresión que podría venir motivada por la inclusión de la expresión «procedimiento en materia penal» y la interpretación que de la misma ha realizado el TJUE.

Estados. Pues el proceso de armonización precisa de un tiempo de ajustes, y de una labor jurisprudencial que resulta clave para pulir la normativa europea y su comprensión y aplicación por los Estados miembros.

3. EL RECONOCIMIENTO MUTUO DE RESOLUCIONES DE EMBARGO Y DECOMISO EN LA UE

En el análisis del impacto del Reglamento (UE) 2018/1805 del Parlamento Europeo y del Consejo, de 14 de noviembre de 2018, sobre el reconocimiento mutuo[287] de las resoluciones de embargo y decomiso[288], hemos de tener en cuenta, que dicha norma reglamentaria fue aprobada cuatro años después de la Directiva de 2014, entrando en vigor el 19 de diciembre de 2020. Y el tiempo transcurrido entre un acto normativo y otro ha tenido un impacto decisivo en el fracaso y en la ineficiencia del reconocimiento mutuo del embargo y del decomiso, a lo que hay que añadir lo farragoso y complejidad de los procedimientos y formularios.

A pesar de ello, en determinadas ocasiones, se utiliza la expresión «proceso penal». Así ocurre en los considerandos 3 y 27 PD de 2022 y en el apartado 1 del art. 4 de la misma PD (Investigaciones de seguimientos de activos) y en el apartado 2 del 28 PD «Cooperación con los organismos y agencias de la UE». En el texto propuesto por el Consejo se ha sustituido la expresión «procedimiento penal» por la de «procedimiento en materia penal», en el art. 4, apartado 1 y art. 28, apartado 2 PD, si bien en la observación general seguimos encontrando referencias al «procedimiento penal» en los considerandos 3 y 27.

No obstante, en el texto aprobado por el Consejo, se rescata la expresión «*sin perjuicio de los procedimientos que puedan utilizar los Estados miembros para decomisar*», ampliando esta aclaración también al embargo, quedando redactado el art. 1 PD de 2022 en la orientación general del Consejo en los siguientes términos: «1. La presente Directiva establece normas mínimas sobre seguimiento e identificación, embargo, decomiso y gestión de bienes en el marco de un procedimiento en materia penal. Estas disposiciones se entienden sin perjuicio de los procedimientos que los Estados miembros puedan utilizar para embargar y decomisar los bienes de que se trate. La presente Directiva se aplica sin perjuicio de las medidas de embargo y decomiso en el marco de procedimientos en asuntos civiles y o administrativos». Esta última aclaración va la línea con lo dispuesto en el apartado 4 del art. 1. del Reglamento (UE) 2018/1805.

287. El reconocimiento mutuo supone la aceptación y ejecución por la autoridad judicial competente de un Estado miembro de la UE de una resolución judicial adoptada por las autoridades competentes de otro Estado miembro. La comunicación se produce directamente entre las autoridades competentes sin intervención de autoridades gubernativas y la ejecución se lleva a cabo generalmente conforme a las normas del Estado de ejecución.

288. Hay que recordar que la Comisión en su comunicación de 2008 sobre «Productos de la delincuencia organizada». Garantizar que «el delito no resulte provechoso» destacó la importancia del reconocimiento mutuo, y planteó como la falta de coordinación entre los criterios exigidos para el decomiso ampliado, así como las disposiciones relativas a la ejecución de las resoluciones de decomiso en otro Estado miembro, podían afectar «en gran medida al reconocimiento mutuo».

Por otro lado, dejemos dicho que la aprobación de este Reglamento supuso la primera vez que se usaba ese instrumento (y no la Directiva), en el ámbito de la cooperación judicial penal, por ello el considerando número 53 del mismo advierte que no «debe constituir un precedente para futuros actos legales de la Unión en el ámbito del reconocimiento mutuo de las sentencias y las resoluciones judiciales en materia penal...»[289].

3.1. ÁMBITO DE APLICACIÓN DEL REGLAMENTO (UE) 2018/1805

Una de las principales mejoras del Reglamento respecto al régimen anterior, radica en que las disposiciones contempladas en él son aplicables a todas las resoluciones de embargo y de decomiso dictadas en el marco de un *«procedimiento en materia penal»* (art. 1.1. Reglamento). El «procedimiento en materia penal», como se aclara en el considerando 13, es un «concepto autónomo del Derecho de la Unión interpretado por el Tribunal de Justicia de la Unión Europea», sin perjuicio de lo dispuesto en la jurisprudencia del Tribunal Europeo de Derechos Humanos. Este concepto comprende, por tanto, todos los tipos de resoluciones de embargo y de resoluciones de decomiso dictadas en un procedimiento relativo a una infracción penal, no solo las contempladas en la Directiva 2014/42/UE (nueve de los diez euro delitos previstos en el art. 83.1 TFUE), sino a las resoluciones de embargo y decomiso dictadas en relación con otros delitos. Como se aclara en el considerando 14, en el art. 82 TFUE no se exige que se trate de delitos especialmente graves con dimensión transfronteriza, a diferencia de lo que sucede en el caso de la Directiva 2014/42/UE, limitada a los ámbitos delictivos de especial gravedad y con dimensión transfronteriza (art. 83 TFUE). Comprende también otros tipos de resoluciones dictadas sin condena firme. Aunque ese tipo de resoluciones no exista en el ordenamiento jurídico de un Estado miembro, el Estado miembro de que se trate debe poder reconocer y ejecutar la resolución dictada por otro Estado miembro. Los procedimientos en materia penal pueden también incluir investigaciones penales realizadas por la policía y por otras autoridades encargadas del cumplimiento de la ley. Las resoluciones de embargo y las resoluciones de decomiso dictadas en el marco de procedimientos civiles o administrativos deben quedar excluidas del ámbito de aplicación del presente Reglamento (Considerando n.º 13 Reglamento).

Por consiguiente, será de aplicación al decomiso no basado en condena o decomiso civil, siempre que se trate de resoluciones de esta modalidad de

289. No cabe duda de las ventajas de utilizar el Reglamento, pues con él se evitan las dilaciones temporales que conlleva la transposición de las directivas, al ser directamente aplicable de conformidad con el artículo 288 TFUE.

decomiso emitidas en el marco de un procedimiento penal, no limitándose a los casos de enfermedad y fuga previstos en el art. 4.2 Directiva 2014/42/UE, sino también a otros supuestos como en los casos de fallecimiento, inmunidad, prescripción, etcétera.

3.2. LA NECESIDAD DE UNA NORMA DE ADAPTACIÓN DEL REGLAMENTO 2018/1805

El Reglamento de 2018 afirma que «El embargo y el decomiso de los instrumentos y del producto del delito se encuentran entre los medios más eficaces en la lucha contra la delincuencia. La Unión se ha comprometido a garantizar una mayor eficacia en la identificación, decomiso y reutilización de los activos de origen delictivo, de conformidad con el Programa de Estocolmo —"Una Europa abierta y segura que sirva y proteja al ciudadano"—» (Considerando 3). Además, en el preámbulo nos recuerda que, dado que la delincuencia reviste a menudo un carácter transnacional, la *«cooperación transfronteriza eficaz es esencial para el embargo y el decomiso de los instrumentos y del producto del delito»*, un compromiso que no es nuevo y que se remonta dos décadas atrás[290].

En definitiva, el reconocimiento de resoluciones penales es una pieza clave del engranaje del proceso de recuperación de activos del que depende, en gran medida el éxito del mismo. Pero a pesar de que el Reglamento 2018/1805 entro el vigor el 19 de diciembre de 2020, y por lo tanto sus normas son de aplicación directa en nuestro país, sustituyendo, en lo que se contradiga con lo dispuesto en el mismo, España aún no ha adaptado la Ley 23/2014, no sólo los títulos VII y VIII sino también las disposiciones comunes (arts. 1 a 33 LRM) o incluso si fuere necesario, algunos preceptos de la LECr., a este nuevo Reglamento. Y es que, aun cuando el Reglamento no implica una alteración profunda del anterior sistema previsto en las DDMM (Deci-

290. Pero recordemos que este compromiso no es nuevo, pues ya en el año 1998, fecha en la que se aprobó, en el seno del Consejo de la Unión Europea, una acción Común sobre la base del artículo K.3 del Tratado de la Unión Europea, relativa al blanqueo de capitales, identificación, seguimiento, embargo, incautación y decomiso de los instrumentos y productos del delito, en la que se instaba a los Estados miembros, a velar *«porque su legislación y procedimientos le faculten para posibilitar la identificación y seguimiento del presunto producto de delitos a petición de otro Estado miembro cuando existan motivos razonables que permitan presumir que se ha cometido una infracción penal. La legislación y procedimientos citados posibilitarán la prestación de asistencia en una fase de investigación tan temprana como sea posible…»*. Igualmente, se instaba a tomar *«todas las medidas necesarias para reducir al mínimo el riesgo de desaparición de los activos. Estas medidas incluirán las necesarias para que los activos objeto de petición de otro Estado miembro puedan ser rápidamente embargadas o incautadas a fin de que no se vean fustadas posteriores demandas de decomiso»*.

siones Marco)[291], que fue el que se incorporó a la Ley 23/2014, es necesario aprobar una norma de adaptación al Reglamento 2018/1805. Lo que no se entiende de ninguna manera es que cinco años después el legislador español no haya adaptado nuestro ordenamiento a la referida norma reglamentaria, afectando al principio de seguridad jurídica, y contribuyendo este retraso a que el delito resulte rentable.

El Reglamento es un instrumento jurídico directamente aplicable en todos los Estados miembros vinculados por el mismo, que, además, aporta mayor claridad y evita problemas de transposición en los ordenamientos nacionales. Pero no obstante lo dicho, la debilidad del Reglamento 2018/1805, es que a pesar de que nació siendo vinculante para los Estados miembros, la interpretación de su contenido necesita de la regulación interna, y esta es la razón por la que este instrumento jurídico no ha superado completamente las dificultades detectadas. Por otro lado, no todos los Estados han adoptado el Reglamento (es el caso de Irlanda y Dinamarca), por lo que no es de aplicación en todo el espacio judicial europeo, lo que implica que aún coexisten varios regímenes normativos en materia de reconocimiento de resoluciones de embargo y decomiso en el seno de la UE.

291. Se trata de la Decisión Marco 2003/577/JAI del Consejo de 22 de julio de 2003 relativa a la ejecución en la Unión Europea de las resoluciones de embargo preventivo de bienes y de aseguramiento de pruebas, y la Decisión Marco 2006/783/JAI del Consejo, de 6 de octubre de 2006, relativa a la aplicación del principio de reconocimiento mutuo de resoluciones de decomiso. Estas decisiones han sido sustituidas por el Reglamento 2018/1805, salvo para Irlanda y Dinamarca, en las que si son de aplicación.
Estas decisiones marco no habían sido eficaces por cuanto no se habían transpuesto y aplicado de manera uniforme en los Estados miembros, que las habían aplicado de forma incorrecta e incompleta, como señalan los informes de evaluación de la comisión (*Vid.* Considerando 6 preámbulo Reglamento (UE) 2018/1805. No nos debemos extrañar ante esta situación ya que España tardó casi 12 años en trasponer de forma completa la DM 2006/783/JAI del Consejo —*Vid.* DF 4.ª Ley 3/2018—.
Y, por otra parte, el fracaso del reconocimiento muto del embargo y del decomiso de podía atribuir al hecho de que estos instrumentos jurídicos (DDMM de 2003 y 2006) no cubrían algunas resoluciones de embargo y decomiso que se podían acordar a nivel nacional tras la aprobación de la Directiva 2014/42/UE, en particular, por lo que respecta al reconocimiento de las resoluciones del denominado decomiso sin condena, así como del decomiso ampliado y el decomiso de terceros.
Además, la complejidad de los procedimientos y formularios los convirtieron en ineficaces. Por otro lado, estos instrumentos (DDMM) no contenían ninguna disposición sobre indemnización o restitución a las víctimas, y ello a pesar de que en el punto 3.3. del Programa del Consejo de 30 de noviembre de 2000, el objetivo era mejorar el reconocimiento mutuo de las resoluciones de decomiso, a efectos, en particular de la devolución a la víctima de una infracción penal, tal y como se preveía en el considerando 4 de la DM 2006/783/JAI del Consejo.

Y, a todo ello hay que añadir que, incluso para los Estados miembros vinculados por el Reglamento (UE) 2018/1805, algunas cuestiones que inciden de manera decisiva en su eficacia quedan condicionadas por las declaraciones optativas que puedan hacer los Estados miembros. En particular, hay que prestar atención a la previsión del art. 24.2 de la norma reglamentaria, en relación con la designación de una o más autoridades centrales para que sean responsables de la transmisión y recepción administrativas de los certificados de embargo y de decomiso y de asistir a las autoridades competentes[292], en el caso de que sea necesario debido a la estructura de su ordenamiento jurídico interno. Como dice RODRÍGUEZ-MEDEL[293], esta posibilidad implica la «creación de un panorama asimétrico que obliga a la autoridad judicial española de emisión a operar de una u otra manera según sea el país al que remitan la resolución judicial de embargo o decomiso para su ejecución».

4. DISFUNCIONES, DEBILIDADES Y CUESTIONES A RESOLVER

4.1. DISFUNCIONES DEL SISTEMA COMPETENCIAL

El sistema competencial vigente en nuestro país en el que se prioriza el criterio territorial tiene, en mi opinión, graves disfunciones, que hay que solucionar en la futura ley de adaptación del Reglamento 2018/1805.

Sobre esta cuestión la FGE ya se dirigió al Ministerio de Justicia solicitando el cambio del sistema competencial en la próxima adaptación de la LRM al Reglamento. En concreto se propuso la modificación de la LRM para que el fiscal pudiese, «en sus funciones de ejecución de la OEI en lo relativo al aseguramiento de prueba o de las decisiones de embargo, ejecutar estas medidas cautelares de inmovilización y embargo de bienes y cuentas, permitiendo una mayor agilidad y continuidad de la investigación y estableciendo un control judicial a través de la imposición de un sistema de ratificación judicial de las medidas de embargo o incautación adoptadas por el

292. Según se hace constar en la Memoria de la FGE de 2020, p. 958, el Ministerio de Justicia envió a la Comisión Europea el día 28 de diciembre las necesarias declaraciones incluyéndose entre ellas la relativa a la competencia de la Unidad de Cooperación Internacional de la Fiscalía General del Estado (UCIF) para la realización de las indagaciones previas dirigidas a la determinación de la competencia territorial de los juzgados de instrucción o de lo penal, cuando a priori no se conozca ninguna conexión territorial.

293. RODRÍGUEZ-MEDEL NIETO, C., «España como país emisor de decisiones de embargo y decomiso en el Reglamento (UE) 2018/1805», en *Decomiso y recuperación de activos Crime Doesn't pay*, RODRÍGUEZ GARCÍA, N. y BERDUGO GÓMEZ DE LA TORRE, I. (Coordinadores), Ed. Tirant lo Blanch, 2020. (www.tirantonline.com Documento TOL8.195.738).

fiscal en un plazo de 15 o 20 días. Igualmente, se proponía completar el sistema con una concentración de todo el sistema competencial también entre juzgados, de forma que el juez de lo penal que ratifique el embargo adoptado por el fiscal pudiera posteriormente resolver la ejecución del decomiso».

4.1.1. El necesario cambio del sistema competencial

En relación con la cuestión competencial para la ejecución a través del reconocimiento mutuo de estas medidas, actualmente hemos de estar a lo dispuesto en el artículo 144.2 de la LRM, que establece como autoridades competentes en España para ejecutar una resolución de embargo preventivo de bienes y de aseguramiento de pruebas, a los Jueces de Instrucción del lugar donde se encuentren los bienes o documentos objeto de aseguramiento o las pruebas que deban ser aseguradas, así como los Fiscales para la ejecución de aquellas medidas de aseguramiento de pruebas que pueden realizar dentro de sus competencias sin adoptar medidas limitativas de derecho fundamentales.

Recordemos que las referencias al aseguramiento de pruebas del articulado del Título VII de la LRM son aplicables solo en relación con Irlanda y Dinamarca, mientras que para el resto de los Estados miembros se tramitan a través de la OEI (Título X). El sistema competencial establecido en estos títulos se mantiene en relación con el Reglamento 2018/1805 y así lo ha hecho constar en la declaración de autoridades competentes que se comunicó a la Comisión Europea el día 18 de diciembre a la entrada en vigor del Reglamento, aunque con una nueva competencia para el fiscal, concretamente a la Unidad de Cooperación Internacional de la Fiscalía General del Estado —UCIF— en casos de desconocimiento del lugar de ubicación del objeto a embargar como veremos a continuación. Esta decisión acerca de las autoridades competentes bajo el Reglamento debería tener su proyección inmediata en la LRM ya que se trata de una atribución de competencias a autoridades judiciales en materia penal que, de momento, está hecha sin base legal, sino mediante una mera declaración diplomática.

La regulación de la competencia se completa siguiendo el principio de concentración en una sola autoridad de ejecución de forma que el artículo 144 LRM establece que «*El cambio sobrevenido de la ubicación del objeto de la resolución de embargo preventivo de bienes y de aseguramiento de pruebas no implicará una pérdida sobrevenida de competencia del Juez de Instrucción o del Fiscal que hubiera acordado el reconocimiento y la ejecución de la resolución transmitida a España.*

Si el certificado se hubiese emitido en relación con varios bienes ubicados en circunscripciones distintas, el Juez de Instrucción que primero lo reciba y en cuya circunscripción se encuentre al menos uno de dichos bienes será competente para conocer del embargo o aseguramiento de todos los demás».

A su vez el artículo 158.2 de la LRM determina que el Juez de lo Penal del lugar donde se encuentre cualquiera de los bienes objeto de decomiso es la autoridad competente para reconocer y ejecutar la resolución de decomiso[294]. Por otro lado, hay que tener en cuenta que la competencia para la investigación patrimonial a través de la OEI corresponde al Fiscal de conformidad con las previsiones del art. 187 de la LRM[295].

Y es que el criterio territorial, en muchos casos, implica la intervención incluso de tres autoridades distintas (una triple competencia) en relación a una misma medida, con la consiguiente confusión de las autoridades de emisión: el fiscal para la investigación patrimonial; el juez de instrucción para el embargo; y el juez de lo penal para el decomiso. Como vemos con esta triple competencia, cada órgano trata cada resolución de forma autónoma pese a que son actos claramente relacionados que suelen darse en un proceso de continuidad. Una situación que, sin duda, es contraria a ese principio de concentración pretendido que provoca falta de eficacia y distorsiones[296].

294. Además, se trata también de mantener la competencia inicial y se establece que el cambio sobrevenido de la ubicación del bien no implicará una pérdida de la competencia del Juez de lo Penal que hubiera acordado el reconocimiento y la ejecución de la resolución de decomiso transmitida a España.

295. Y en la práctica es más que frecuente que, antes de solicitar una medida cautelar, se solicite a través de la OEI una investigación sobre los bienes del investigado en nuestro país.

296. Los inconvenientes y retrasos que este sistema supone fueron puestos de manifiesto por el miembro nacional de España en Eurojust en las memorias de 2018 y 2019, cuando se trata, por ejemplo, de bienes situados en diferentes partes del territorio nacional cuyo embargo se solicita en un certificado. En concreto refiere un caso de certificado de embargo remitido a las autoridades españolas en el que se solicitaba la ejecución simultánea del bloque de numerosas cuentas bancarias que se encontraban situadas, según constaba en el certificado, en diversas sucursales bancarias distribuidas por la geografía española. Al tratarse de un solo certificado, no se podía aplicar el criterio legal contemplado en el art. 144.2.3 párrafo LRM —«*Si el certificado se hubiese emitido en relación con varios bienes ubicados en circunscripciones distintas, el Juez de Instrucción que primero lo reciba y en cuya circunscripción se encuentre al menos uno de dichos bienes será competente para conocer del embargo o aseguramiento de todos los demás*»— al no poderse atribuir al Juez de instrucción que primero lo reciba. El miembro nacional de Eurojust, lo que propuso fue que la Fiscalía fuese la autoridad de recepción que asignase el certificado a un Juzgado de Instrucción, remitiéndolo con el informe

4.1.2. La posible ampliación de competencias del Fiscal

Hay que recordar que hoy en día, como señala MORÁN MARTÍNEZ[297], no hay obstáculo constitucional alguno para la ampliación de las competencias del Fiscal para la adopción de medidas cautelares reales y hay que tener presente que, en España, autoridades administrativas de todo tipo, nacionales, regionales o locales tienen esta competencia en relación con sus expedientes sancionadores. Esta nueva competencia que se propone, la de la adopción de medidas cautelares por el fiscal, cuenta ya con el precedente la Ley Orgánica 9/2021 de 1 de julio, de aplicación del Reglamento (UE) 2017/1939 del Consejo de 12 de octubre de 2017, por el que se establece una cooperación reforzada para la creación de la Fiscalía Europea. Esta norma permite a los fiscales delegados europeos la adopción por sí mismos de medidas cautelares y así lo expresa el art. 53 de esta LO[298].

Siguiendo este precedente, que el Ministerio Público pudiera en sus funciones de ejecución de las OEI o del reconocimiento mutuo de las decisiones de embargo ejecutar este tipo de medidas cautelares de inmovilización y embargo de bienes y cuentas daría una mayor agilidad a la adopción de estas medidas cuando, como es habitual, son solicitadas por la autoridad de emisión, simultánea o inmediatamente después de las medidas de investigación de la OEI. Por el contrario, lo que ocurre en la práctica es, que una vez el fiscal competente para la ejecución de una OEI en la que se solicita la localización de bienes y cuentas obtiene esas informaciones, el certificado

---

correspondiente sobre su reconocimiento, al igual que se procede con la OEI desde la reforma de la LRM a través de la Ley 3/2018 (art. 187.2 LRM), y que se ha constatado muy eficaz.

297. MORÁN MARTÍNEZ, R., «España como país ejecutor de decisiones de embargo y decomiso en el Reglamento (UE) 2018/1805», en *Decomiso y recuperación de activos Crime Doesn't pay*, RODRÍGUEZ GARCÍA, N. y BERDUGO GÓMEZ DE LA TORRE, I. (Coordinadores), Ed. Tirant lo Blanch, 2020. (www.tirantonline.com Documento TOL8.195.739).

298. El art. 53 de la LO 9/2021 establece que «Desde que resulten indicios racionales de la comisión de un hecho delictivo por persona determinada, el Fiscal europeo delegado, de oficio o a instancia de parte, podrá adoptar mediante decreto las medidas cautelares dirigidas al aseguramiento de todas las responsabilidades civiles, las multas y las costas, así como del decomiso que en el futuro pueda acordarse respecto de los efectos, instrumentos y productos del delito». Esta competencia, sin la cual la actividad investigadora del fiscal europeo carecería de eficacia y sería incompatible con el resto de las competencias de fiscales europeos delegados, no se encontraba sin embargo en el anteproyecto de ley remitido por el Ministerio a los órganos consultivos. Efectivamente, la idea de la adopción por el fiscal de medidas cautelares es tan ajena a nuestra tradicional práctica procesal que el art. 95 del anteproyecto de ley orgánica de la Fiscalía Europea reservaba esta competencia al juez de garantías, otorgando a éste un papel director impropio del que corresponde a un juez que actúa solo para el control de actuaciones. previamente acordadas.

de embargo, que a veces se remite junto a la OEI, debe ser trasladado al Juzgado de Instrucción para su ejecución perdiendo en ocasiones un tiempo esencial para impedir la desaparición, por ejemplo, del saldo de una cuenta corriente. Hay que añadir que en muchos casos ese certificado de embargo debe remitirse al decanato para su reparto por lo que su ejecución se retrasa de forma que frecuentemente los saldo o los bienes desaparecen.

Para evitar estos problemas la propuesta sería trasladar al fiscal la competencia para la adopción de las medidas cautelares de embargo e incautación, tanto las dispuestas en el art. 223 de la LRM en la OEI en ejecución de un aseguramiento de pruebas, que en teoría ya podrían ser adoptadas, como las decisiones de embargo previas al decomiso. Para evitar las dificultades para la creación de un recurso contra un decreto del fiscal en vía penal, podría acordarse la necesidad de ratificación judicial de las medidas de embargo o incautación adoptadas por el fiscal en ejecución de estas solicitudes de reconocimiento muto en un plazo razonable que podría ser de 15 o 20 días. Esta nueva competencia permitiría que el fiscal remitiera a las entidades bancarias y financieras la solicitud de información de cuentas o movimientos y a la vez la orden de bloqueo de la cuenta, evitando la posible desaparición de saldos que pueda derivarse de cualquier filtración que pueda producirse pese a la obligación de confidencialidad que tienen las entidades respecto a las medidas de investigación[299].

Lo mismo ocurre con la competencia para el decomiso respecto al que la declaración de España al Reglamento 2018/1805 expresa lo siguiente:

> «La autoridad competente para reconocer y ejecutar la resolución de decomiso será el juez de lo penal del lugar donde se encuentren cualquiera de los bienes objeto de decomiso.
>
> Si la autoridad emisora no conociera el lugar de ubicación del bien a decomisar, pero sí indicara en el certificado el lugar de residencia o domicilio social de la persona frente a la que se dictó la resolución, será competente el Juez de lo Penal de dicha localidad, aun cuando se constatase con posterioridad que el bien está ubicado en otra circunscripción o que la persona ha trasladado su domicilio.
>
> Si la autoridad emisora no conociera el lugar de ubicación del bien a decomisar ni el lugar de residencia o domicilio social de la persona frente a la que se dictó la resolución, será competente, a los solo efectos de determinar la

299. Esta propuesta sigue la línea de la ampliación de competencias adoptadas por la ley 3/2018 para la implementación de la OEI y coincide también de alguna forma con la competencia que España ha atribuido directamente a la UCIF en relación con la investigación previa para la localización de bienes previo al embargo o decomiso conforme a las declaraciones efectuadas por España al artículo 24 del Reglamento 2018/1805.

ubicación del bien, el fiscal, a través de la Unidad de Cooperación internacional de la Fiscalía General del Estado, que trasladará la resolución de decomiso al Juez de lo Penal de la localidad donde se localice el bien para la ejecución de la resolución de decomiso».

Y en otro orden de cosas, y por lo que se refiere a la falta de presupuesto autónomo y medios de la Fiscalía para la conservación de algunos bienes, esta deficiencia podría completarse con una colaboración estrecha y el auxilio de la ORGA de forma que siempre que se incauten o embarguen bienes que por sus características no puedan ser custodiados por el Fiscal sean automáticamente enviados a la ORGA. La oficina cuenta con esa posibilidad de gestión y administración especializada de los bienes incautados y vería ampliada de esta forma sus capacidades de intervención en este tipo de expedientes con una coordinación privilegiada con la (UCIF) y los Fiscales delegados de cooperación internacional.

Por último, otro beneficio de unificar la competencia en la Fiscalía para la adopción de embargos, bien para aseguramiento de prueba o para el decomiso, permitiría también evitar usos abusivos de algunas autoridades extranjeras en el uso de algunos instrumentos de reconocimiento mutuo como ya ha sucedido en alguna ocasión. En este sentido, como nos recuerda MORÁN MARTÍNEZ[300], la diferenciación entre el embargo con fines de Decomiso (Título VII de la LRM) o para el aseguramiento de prueba (Título X de la LRM) no es tan clara en la práctica y teniendo en cuenta el diferente tratamiento del destino económico de lo incautado de una medida u otra se han comenzado a producir algunos abusos que serían más fáciles de evitar con una sola autoridad competente para los dos instrumentos. Por ejemplo, un vehículo de alta gama incautado puede ser reclamado por la autoridad de emisión como prueba a través de una OEI, con lo que se conseguiría la inmediata remisión del vehículo al Estado emisor de la solicitud que recuperaría así todo su valor, mientras, que si lo que se ejecuta es una orden de embargo y posterior decomiso, conforme al o dispuesto en el artículo 30.7 del Reglamento (2018/1805), similar al artículo 172 de la LRM, si el importe de su valor realizado fuera inferior a 10.000 euros revertirá en el Estado de ejecución y si el importe es mayor se produce un reparto al 50% entre los Estados de emisión y ejecución.

---

300. MORÁN MARTÍNEZ, R. «España como país ejecutor de decisiones de embargo y decomiso en el Reglamento (UE) 2018/1805», en *Decomiso y recuperación de activos Crime Doesn't pay,* RODRÍGUEZ GARCÍA, N. y BERDUGO GÓMEZ DE LA TORRE, I. (Coordinadores), Ed. Tirant lo Blanch, 2020. (www.tirantonline.com Documento TOL8.195.739).

4.1.3. La adaptación del sistema competencial de los órganos judiciales

Finalmente, para completar el sistema parecería también razonable una adaptación completa del sistema competencial siguiendo el principio de concentración también en la competencia atribuida a órganos judiciales. La propuesta en este punto sería que se mantenga la competencia para la adopción del decomiso en el juez de lo penal y que sea también el juez de lo penal quien ratifique el embargo adoptado por el fiscal, se trata de una juez que, al no tener intervención en la instrucción, no tiene comprometida su imparcialidad y podría posteriormente, conociendo los hechos y con los bienes ya a su disposición, adoptar más ágilmente su decomiso en caso de que se solicitara la ejecución de esa medida.

4.2. FRACASO DE LA REGULACIÓN EN UN INSTRUMENTO ÚNICO

La Comisión destacó que con la regulación en una sola norma (el Reglamento) del reconocimiento mutuo de resoluciones de embargo y de decomiso, al tratase de un instrumento único para ambas resoluciones, se garantizaba que las mismas fuesen reconocidas y ejecutadas inmediatamente en la UE. Pero esto no ha sido así, por cuanto se ha tratado de una «unificación meramente formal pero no material», y es que lo que se ha hecho es reproducir ambas regulaciones paralelamente, pero en un solo instrumento, el Reglamento en cuestión. No contiene su articulado disposiciones auténticamente comunes para ambas modalidades de resoluciones, siendo muchos artículos auténticos duplicados que, con la misma redacción, encontramos en sede de embargo y en sede de decomiso. De la misma forma nos encontramos que también se mantienen dos certificados, como si no pudieran concurrir ambos simultáneamente (esto es, como si la fase del procedimiento de ejecución de sentencias —que es donde se haría efectivo el decomiso— no pudiera en ocasiones exigir que se embargaran o aseguraran cautelarmente bienes de cara a su ulterior decomiso)[301].

Como nos recuerda la Directiva 2014/42/UE, es cierto que embargo y decomiso son dos conceptos independientes (considerando 13), pero tam-

301. La práctica nos enseña que es perfectamente posible que en un mismo procedimiento penal sea necesario embargar un bien, pero decomisar otro, ambos en relación con el mismo condenado. Piénsese, por ejemplo, en la ejecución de una sentencia que ordena el decomiso de un bien concreto y de una determinada cantidad de dinero. Si se sabe que el bien en cuestión está en un Estado miembro concreto, allí remitiremos el certificado de decomiso, pero sería lógico remitir también el de embargo de dinero por si aparece efectivo en algún lugar de modo que se trabe la medida cautelar hasta que se dilucide si efectivamente el dinero hallado es del condenado o, por el contrario, de otra persona —cuestión, por ejemplo, que podría ventilarse en un incidente de ejecución de sentencia—. Piénsese, por ejemplo, en el decomiso de un determinado

poco se puede desconocer que están estrechamente relacionados dado que «*la conservación de la propiedad puede ser un requisito previo al decomiso y un factor de importancia para la ejecución de una resolución de decomiso. El bien se conserva mediante el embargo*» (considerando 26). Por ello, no hubiese estado de más una regulación más unificada, así como que se hubiese previsto un único certificado para los casos en los que la ejecución de la sentencia requiera embargar y decomisar a la vez.

Dichas previsiones no han sido tenidas en cuenta por el legislador, de tal manera que la regulación actual prevista en el art. 4.6.a) del Reglamento 2018/1805, lo que prevé es que el certificado de embargo; irá acompañado de un certificado de decomiso transmitido de conformidad con el artículo 14 Reglamento 2018/1805; o bien contendrá instrucciones de que el bien debe permanecer embargado en el Estado de ejecución a la espera de la transmisión y ejecución de la resolución de decomiso, todo ello de conformidad también con el art. 14 del mencionado Reglamento 2018/1805, en cuyo caso la autoridad de emisión indicará la fecha prevista para su transmisión en el certificado de embargo.

4.3. AUSENCIA DE MEDIDAS CAUTELARES A EFECTOS DE ASEGURAR EL DECOMISO

En el seno de la doctrina española se ha criticado con toda la razón, el «panorama heterogéneo y fragmentario» sobre el que deben operar nuestros jueces y tribunales cuando reciben peticiones, al no existir en nuestro ordenamiento una lista de medidas cautelares a adoptar a efectos de asegurar el decomiso, obligando a los operadores en ocasiones a llevar a cabo una especie de reconstrucción del régimen jurídico de estas medidas cautelares, incluso al margen de la ley[302].

---

vehículo que se sabe está aparcado en un determinado lugar y que se embargue el efectivo que pudiera hallarse dentro hasta dilucidar si es del titular del coche condenado o, por el contrario, de un tercero que use habitualmente el vehículo. El Reglamento no lo permite así, habría que mandar un certificado para el decomiso del bien y otro distinto para el embargo del dinero, a pesar de que ambos sean emitidos por la misma autoridad judicial de emisión, en un mismo procedimiento penal, en relación con un mismo condenado y para su ejecución en un mismo Estado de ejecución —pudiera darse el caso incluso, de que la autoridad competente fuese una misma autoridad de ejecución, aunque esto último sería irrelevante, pues si el Estado de ejecución es el mismo, la coordinación entre la autoridad llamada a ejecutar el embargo y la competente para ejecutar el decomiso debería estar resuelta por la legislación interna de dicho Estado de ejecución, sin que ello afectara a la autoridad de emisión—.

302. Tengamos en cuenta que el embargo viene regulado en la LECr como medida destinada a asegurar las responsabilidades pecuniarias o civiles (art. 589 y ss. LECr.), no coincidiendo con el concepto de embargo que se maneja a nivel europeo, como medida cautelar destinada a asegurar el decomiso.

Las definiciones de resolución de embargo y de decomiso las encontramos, respectivamente, en los apartados 1 y 2 del art. 2 de la norma Reglamentaria. Así por «resolución de embargo» se entiende aquella «*resolución dictada o validada por una autoridad de emisión con el fin de impedir la destrucción, transformación, traslado, transferencia o enajenación de bienes con vista a su decomiso*»[303]; en tanto que la resolución de decomiso se define como: «*sanción o medida firme impuesta por un órgano jurisdiccional a raíz de un procedimiento relativo a un delito, que tenga como resultado la privación definitiva de bienes de una persona física o jurídica*».

Por su parte, las definiciones de resoluciones de embargo y decomiso, las localizamos, respectivamente, en los arts. 143.1 y 157.1 LRM, siendo reproducciones de las contempladas en el art. 2.c DM 2003/577/JAI y en el art. 2.c DM 2006/783 JAI, y que coinciden, en lo fundamental, con las definiciones del reglamento.

4.4. LA NECESIDAD DE ADAPTACIÓN EN EL CONCEPTO DE BIENES

Hay que poner de relieve la necesidad de adaptar el concepto de bienes objeto de resolución de embargo y decomiso, por cuanto que la definición prevista en el Reglamento (art. 2.3) en relación al mencionado concepto de bienes, es mucho más amplia que la contemplada en el art. 157.2 LRM,

303. Tengamos en cuenta que, la duración de la medida de embargo es indefinida conforme a lo dispuesto en el Reglamento, que prevé que la medida dure hasta que se remita la decisión definitiva de decomiso o se deje sin efecto. Sin embargo, y teniendo en cuenta no solo los costes sino las dificultades materiales del mantenimiento de ciertos embargos, el Reglamento permite que la autoridad de ejecución remita a la autoridad de emisión una solicitud motivada de limitación del plazo de mantenimiento del embargo que deberá contestar en un plazo máximo de seis semanas. Es importante apuntar que la ejecución debe ajustarse a nuestro ordenamiento y tener en cuenta la Ley Hipotecaria en su art. 86 establece un plazo de caducidad de 4 años que son prorrogables por orden expresa de la autoridad que lo acordó. De forma que la autoridad de ejecución española deberá advertir expresamente a la autoridad de emisión de ese plazo y la necesidad de renovar la orden en caso de que procediera y fuera necesaria la prórroga.
Lo cierto es que en la práctica se producen frecuentemente situaciones injustificables y abusos, y sin embargo en caso de desacuerdo, el Reglamento no da otra solución que la del mantenimiento del embargo pese a la opinión contraria de la autoridad de ejecución. Es evidente que podría darse en ese caso una propuesta para compartir los gastos, conforme dispone el artículo, que nuevamente remite a consultas y acuerdos, pero al menos menciona a Eurojust como facilitador de esas consultas. Aquí el Reglamento también es insuficiente, por cuanto que la experiencia práctica y ordinaria acredita que el crecimiento de las medidas de reconocimiento mutuo también deriva en desentendimientos y desencuentros entre las autoridades de emisión y ejecución y aquí el rol que debería jugar Eurojust es clave, pues permitiría resolver conflictos de este tipo cuando el acuerdo voluntario sea imposible.

donde tan sólo se contemplan los bienes afectados por una resolución de decomiso directo o decomiso ampliado, tal y como se preveía en la Decisión Marco 2006/783/JAI (art. 2.d). Y, puesto que en la Ley 23/2014 no se contemplan los bienes que hayan sido objeto de decomiso sin sentencia (art. 127 ter CP), es una de las cuestiones que debería se adaptada por el legislador en la futura ley.

Por otro lado, la LRM utiliza un concepto de embargo novedoso en nuestro ordenamiento[304], que también aparece en artículo 127 *octies* del CP, que incluye ese nuevo concepto de embargo como medida cautelar, aunque sin demasiada precisión y permite que «*A fin de garantizar la efectividad del decomiso, los bienes, medios, instrumentos y ganancias podrán ser aprehendidos o embargados y puestos en depósito por la autoridad judicial desde el momento de las primeras diligencias*».

La falta tradicional de mención del término jurídico embargo en el sentido de medida de incautación, aprehensión o congelación de cuentas bancarias, como medida cautelar penal previa al decomiso en nuestra ley procesal penal ha conducido a algunos problemas prácticos en relación con la emisión de los certificados de embargos; además los bienes intervenidos y sobre todo cantidades de dinero incautadas se aprehenden y custodian como tales en las cuentas de consignaciones de los Juzgados, pero no son objeto en muchos casos de ninguna resolución judicial concreta de «embargo». Nuestra Ley Procesal no establece ni siquiera una forma procesal específica a estos actos de incautación, embargos o simple congelación de cuentas bancarias que es una de las medidas cautelares más habituales y que carece de una regulación adecuada pese a ser una de las medidas cautelares más utilizadas.

4.5. MOTIVOS DE DENEGACIÓN DEL RECONOCIMIENTO MUTUO

Por lo que se refiere a los motivos de denegación del reconocimiento mutuo, la Comisión destacó la mejora que implicaba no permitir una amplia facultad discrecional para denegar el reconocimiento en caso de decomiso ampliado. Por otro lado, al haberse modificado los motivos de denegación del reconocimiento mutuo y ejecución en el Reglamento 2018/1805 (art. 8 embargo y art. 19 decomiso), el legislador español deberá adaptar la Ley 23/2014 a lo dispuesto en el Reglamento 2018/1805. MORÁN MARTÍ-

304. Téngase en cuenta que tradicionalmente nuestra ley procesal penal utilizaba el término «embargo» en los artículos 589 a 614, en relación con el embargo de bienes para la cobertura de la fianza necesaria para el pago de las posibles responsabilidades civiles.

NEZ[305] agrupa los motivos de no reconocimiento previstos en el Reglamento UE 2018/1805, según el fundamento en tres grupos: a) motivos formales; b) motivos relacionados con el control de doble incriminación; y c) motivos relacionados con la protección de derechos fundamentales.

En cuanto a los motivos formales, en los que incluye los relacionados con la existencia de una inmunidad o privilegio o que el certificado esté incompleto o sea manifiestamente incorrecto (art. 8.1.b) y c) para el embargo; art. 19.1 b y c para el decomiso en el Reglamento), están previstos en el art. 32.1 c) y d) LRM por lo que la adaptación de la Ley al Reglamento debería ser mínima.

En cambio, si hay que hacer alguna adaptación de nuestra ley a lo dispuesto en el Reglamento 2018/1805 cuando se trata de los motivos relacionados con la doble incriminación, pues en el art. 8.1.d) (embargo) y en el art. 19.1.d) (decomiso) del Reglamento se contempla un nuevo motivo que amplía la posibilidad de realizar el control de doble incriminación cuando el delito haya sido cometido en todo o en parte en el territorio de ejecución.

Por otro lado, también tendrá que ser tenido en cuenta en la ley de adaptación, aunque sea de aplicación directa el Reglamento 2018/1805, el nuevo motivo de denegación relacionados con el respeto a los derechos fundamentales contenidos en la Carta de Derechos Fundamentales de la UE, en particular, el derecho a la tutela judicial efectiva, a un juicio justo, y a la defensa (art. 8.1.f) (embargo) y en el art. 19.1 h) (Decomiso) del Reglamento[306];

Y, por último, también hay que tener en cuenta en la ley de adaptación, los motivos de denegación relacionados con la libertad de prensa o la liber-

305. MORÁN MARTÍNEZ, R., «España como país ejecutor de decisiones de embargo y decomiso en el Reglamento (UE) 2018/1805», en *Decomiso y recuperación de activos Crime Doesn't pay*, RODRÍGUEZ GARCÍA, N. y BERDUGO GÓMEZ DE LA TORRE, I. (Coordinadores), Ed. Tirant lo Blanch, 2020. (www.tirantonline.com Documento TOL8.195.739).

306. Hay que ver como se usa este motivo de denegación por cuanto otorga a las autoridades mayor margen para denegar el reconocimiento, aunque también se puede interpretar como un motivo «no formulado en términos generales sino restringido a situaciones excepcionales». *Vid.* JIMÉNEZ-VILLAREJO FERNÁNDEZ, F. «Recuperación de activos en la Unión Europea», en *Decomiso y recuperación de activos Crime Doesn't pay*, RODRÍGUEZ GARCÍA, N. y BERDUGO GÓMEZ DE LA TORRE, I. (Coordinadores), Ed. Tirant lo Blanch, 2020. (www.tirantonline.com Documento TOL8.195.736).
Por otro lado, la doctrina ha considerado que «la vulneración del derecho de defensa debe tener un reflejo efectivo de indefensión en la posición del sujeto pasivo del proceso, colocándolo en una ilegítima desventaja, por lo que no es suficiente con alegar

tad de expresión en otros medios de comunicación que impidan la ejecución de la resolución de embargo (art. 8.1.b) Reglamento) o de decomiso (art. 19.1 b) Reglamento).

El motivo relacionado con el respeto de los derechos fundamentales que no requeriría ninguna adaptación en la futura ley porque ya se contempla en el art. 32.1.a) LRM «de forma clara y amplia», siguiendo las precisiones del TJUE, es el relacionado con el principio non bis in ídem (art. 8.1.a) y art. 19.1.a) Reglamento).

4.6. PLAZOS PARA EL RECONOCIMIENTO Y EJECUCIÓN DE LAS RESOLUCIONES DE EMBARGO

Por lo que se refiere a los plazos para el reconocimiento y la ejecución de las resoluciones de embargo (que podemos entender como otra de las mejoras del Reglamento UE 2018/1805), cabe destacar que en el artículo 9.1 del Reglamento no se contempla ningún plazo, sino que recurre a la fórmula genérica «*procederá a su ejecución sin demora con la misma rapidez y prioridad que emplearía en un asunto nacional análogo*»[307].

Con respecto a las órdenes de embargo, partiendo de los casos ordinarios en los que la autoridad ejecutora decidirá sobre el reconocimiento y la

la vulneración, sino que es necesario intentar la reposición de la situación a través de los medios legales al alcance de la parte afectada. Además, no creemos que se deba acudir a los criterios legales y jurisdiccionales del Estado de ejecución para medir el grado de vulneración, porque ello permitiría abrir, dada las divergencias entre ordenamientos, una grieta interpretativa que no ayudaría a la intención armonizadora que pretende la Unión Europea y que favorecería un diferente grado de protección que sería, de esta forma, consentido por el legislador europeo», *Vid.* PÉREZ MARÍN, M. A., «Sobre el procedimiento para el reconocimiento y la ejecución de las resoluciones de embargo: El Reglamento (UE) 2018/1805», en *Revista Internacional Consinter de Direito*, número 9, 2019, p. 764.

307. Esta fórmula dista de la utilizada en el art. 5.1 DM 2003/577/JAI «*reconocerán sin más trámite toda resolución de embargo preventivo de bienes… y tomarán de inmediato las medidas oportunas para la ejecución inmediata…*». En el art. 5.3 DM 2003/577/JAI se prevé que las autoridades deben decidir y comunicar la decisión sobre una resolución de embargo preventivo «*lo antes posible y, siempre que sea viable, dentro de las veinticuatro horas siguientes a la recepción de dicha resolución*»; ampliándose en el Reglamento ese plazo de 24 horas, a todas luces muy difícil de cumplir, a 48 horas en los casos en los que la autoridad de emisión haya indicado en el certificado de embargo que este debe producirse con carácter inmediato, debiendo adoptar la autoridad de ejecución en el plazo máximo de otras 48 horas, desde la adopción de la citada resolución, las medidas concretas necesarias para la ejecución de la resolución (art. 9.3 Reglamento 2018/1805). En la línea de lo dispuesto en la Decisión marco 2003/577/JAI, en el art. 151.1 LRM se prevé un plazo de 24 horas para reconocer la resolución de embargo, y, a pesar de que

ejecución «*sin demora y con la misma celeridad y prioridad*» que, en un supuesto nacional similar, se establecen plazos específicos para los casos urgentes. De hecho, cuando la autoridad emisora indica que un embargo urgente o inmediato es necesario, el Estado ejecutante debe adoptar una decisión sobre el reconocimiento del certificado, dentro de las 48 horas y tomar las medidas concretas para ejecutarlo en las próximas 48 horas.

En cuanto a los certificados de decomiso, que normalmente no son tan apremiantes como las órdenes de embargo (ya que normalmente le preceden), el término previsto es de 45 días para que la decisión se reconozca, pero no se establece un plazo específico para la ejecución, que simplemente debe tener lugar «*sin demora y con la misma prontitud y prioridad*» que una orden de decomiso doméstica.

Sin embargo, la efectividad de las disposiciones sobre los plazos se ve afectada por la falta de previsión de las consecuencias legales en caso de incumplimiento de los mismos. En este sentido, se echa en falta la notificación de los incumplimientos de los plazos previsto y de sus motivos a una entidad supranacional de la Unión Europea —como establece el art. 17.7 de la DM de la OEDE en relación con Eurojust— [308].

4.7. DEFICIENCIAS EN MATERIA LINGÜÍSTICA

También se pone de manifiesto que el Reglamento no ha avanzado en materia lingüística, al no exigirse que todos los Estados miembros acepten el certificado en una lengua de generalizado conocimiento y utilizada en documentos oficiales como el inglés, o bien el francés, sino que se le deja elegir a cada Estado miembro si, además de en su lengua oficial, los acepta

---

en la DM 2003/577/JAI no se establece ningún plazo para adoptar las medidas necesarias para la averiguación de la localización del bien objeto de embargo preventivo, en el apartado 2 de este artículo 151 LRM, se señala que la autoridad competente que reciba la resolución de embargo preventivo «adoptará, en el plazo de cinco días desde la recepción, las medidas necesarias para la averiguación de la localización del bien objeto de embargo preventivo».

308. Decisión Marco del Consejo 2002/584/JAI, de 13 de junio de 2002, relativa a la orden de detención europea y a los procedimientos de entrega entre Estados miembros, DO, núm. L 190 de 18 de julio de 2002. Esta decisión marco fue modificada en el año 2009 (Decisión marco 2009/299/ JAI, del Consejo, de 26 de febrero de 2009, DO, núm. L 81 de 27 de marzo de 2009) e incorporada al derecho español por medio de la Ley 3/2003, de 14 de marzo, sobre la orden europea de detención y entrega y de la Ley Orgánica 2/2003, de 14 de marzo (ambas publicadas en el BOE de 17-III-2003). La primera de ellas fue derogada por la Ley 23/2014, de 20 de noviembre, de reconocimiento mutuo de resoluciones penales en la Unión Europea (BOE, 21-XI-2014).

en otra u otras lenguas oficiales (arts. 6.2 y 3 para el embargo; y art. 17.2 y 3 para el decomiso)[309].

Esta barrera lingüística hace que en algunas ocasiones se pierda tiempo pues hay que traducir el certificado, que puede ser crucial cuando se trata de resoluciones de decomiso, y no digamos ya de embargo. En el art. 17.1 de la Ley 23/2014 (traducción del certificado) se prevé que cuando el formulario o el certificado no venga traducido al español, se devolverá inmediatamente a la autoridad judicial del Estado emisor para que lleve a cabo la traducción correspondiente, salvo que exista un convenio en vigor con dicho Estado o una declaración depositada ante la Secretaría General del Consejo de la Unión Europea, que permitan el envío en esa otra lengua. No se debería desaprovechar la oportunidad de incluir en la ley de adaptación al Reglamento la aceptación de otras lenguas oficiales, y todo ello a pesar de que el art. 6.3 del Reglamento ya permite a los Estados admitir las traducciones a algún otro idioma oficial de la Unión.

Para salir del paso y mientras no se consiga un régimen lingüístico más abierto, Eurojust podrá, conforme establece el art. 4.3 de su nuevo Reglamento 2018/1727 de 14 de noviembre de 2018 sobre la Agencia de la Unión Europea para la Cooperación Judicial Penal (Eurojust) y por la que se sustituye y deroga la Decisión 2002/187/JAI —en adelante Reglamento de Eurojust—: «facilitar apoyo logístico, incluida la traducción, la interpretación y la organización de reuniones de coordinación».

4.8. EL PROBLEMA DE LA LOCALIZACIÓN DE LOS BIENES

Otra de las mayores dificultades a las que se enfrentan las autoridades de emisión en los casos de embargo y decomiso de bienes, es dilucidar donde se encuentran los bienes, para saber cuál es la autoridad de ejecución a la que hay que remitir el certificado. Lejos de facilitar esta tarea, el Regla-

309. España es uno de los países más reticentes a la ampliación del régimen jurídico, con la única excepción del portugués. Así en el art. 17 LRM solo admite el español como lengua de recepción de los certificados u órdenes para su ejecución en España, una decisión de legislador adoptada en 2014 y que no fue modificada tras esa previsión más exigente de la Directiva 41/2014 por la que se regula la Orden Europea de Investigación. Si no se hizo en ese momento pese a esta previsión bastante clara de la Directiva, hay que suponer que no se modificará la Ley para admitir otro idioma pese a lo previsto en el art. 6.3 del Reglamento que permite a los Estados admitir las traducciones a algún otro idioma oficial de la Unión. Sin embargo, es importante tener en cuenta que España si ha hecho una declaración en relación con las OEI admitiendo el portugués, a la vez que Portugal ha admitido el español, en lo que no es sino una continuidad del ya tradicional régimen bilateral más favorable que había sido adoptado en el Convenio bilateral de cooperación judicial en materia civil y penal de 19 de noviembre de 1997.

mento 2018/1805 la ha complicado al eliminar la cláusula residual prevista en el art. 4.1 de la Decisión marco 2006/783, para los casos en los que no existiesen motivos fundados que permitiesen al Estado de emisión determinar cuál es el Estado miembro de ejecución al que se puede transmitir la resolución de decomiso, y en la que se preveía, al igual que en el art. 159.4 de nuestra LRM, que ésta pueda transmitirse «*a la autoridad competente del Estado miembro donde la persona física o jurídica contra la que se ha dictado la resolución de decomiso resida habitualmente o tenga su domicilio social, respectivamente*».

Un aspecto positivo del Reglamento 2018/1805, es que prevé en el art. 5 la posibilidad de transmitir una resolución de embargo a uno o más países de ejecución, posibilidad que (pese a no estar contemplada en la DM 2003/577/JAI) si la recoge nuestro ordenamiento jurídico en el art. 148 LRM. No obstante, como denuncia RODRÍGUEZ-MEDEL[310], el Reglamento 2018/1805 no se activa hasta que no se sabe cuál es el Estado de ejecución, debiéndose haber permitido la remisión a todo el espacio europeo (—tal y como se permite en relación con la orden europea de detención y entrega—), a la vez que se debería haber potenciado el papel de las Oficinas de Recuperación y Gestión de Activos en esta labor de localización.

4.9. LA CONFIDENCIALIDAD EN EL REGLAMENTO 2018/1805

Por su parte, el art. 11 Reglamento 2018/1805 se dedica a regular la confidencialidad durante la ejecución de la resolución de embargo, tanto de los hechos como del fondo de la resolución de embargo, pudiendo la autoridad de emisión, con el fin de proteger las investigaciones en curso, solicitar a la autoridad de ejecución que aplace el momento de informar a las personas afectas de la ejecución de la resolución de embargo. En el certificado (Sección F. Confidencialidad de la resolución o solicitud de trámites completos) se contemplan dos casillas, referidas a la «Necesidad de mantener la confidencialidad de la información contenida en la resolución tras la ejecución», y, a la «necesidad de trámites concretos en la ejecución».

Si bien son las resoluciones de embargo las que requieren realizarse con urgencia y debe ser reconocidas y ejecutadas en un plazo corto, también es necesario establecer plazos para el reconocimiento y ejecución de las resoluciones de decomiso. Por ello, y a diferencia de la Decisión Marco 2006/783/

310. RODRÍGUEZ-MEDEL NIETO, C., «España como país emisor de decisiones de embargo y decomiso en el Reglamento (UE) 2018/1805», en *Decomiso y recuperación de activos Crime Doesn't pay*, RODRÍGUEZ GARCÍA, N. y BERDUGO GÓMEZ DE LA TORRE, I. (Coordinadores), Ed. Tirant lo Blanch, 2020. (www.tirantonline.com Documento TOL8.195.738).

JAI en la que no se preveía ningún plazo —en el art. 7.1 tan solo se señala que «*tomarán de inmediato todas las medidas oportunas para su ejecución*»—, en el art. 20.1 Reglamento (UE) 2018/1805, se prevé que la autoridad de ejecución adoptará una decisión sobre el reconocimiento y la ejecución de la resolución de decomiso lo antes posible, a más tardar 45 días después de haber recibido el certificado de decomiso, sin perjuicio de lo dispuesto en el apartado 4 del mismo precepto, para los casos en los que no sea posible respetar el citado plazo. En nuestro ordenamiento jurídico, ya se establecían plazos para el reconocimiento y ejecución de las resoluciones de decomiso en el art. 167.2 LRM, previéndose que «*el Juez de lo Penal, previo informe del Ministerio Fiscal y demás partes personadas, emitido en el plazo de 5 días, acordará mediante auto el despacho de ejecución de la resolución de decomiso debidamente transmitida, en un plazo máximo de diez días desde su recepción*»[311].

Aun cuando la Comisión Europea apuntó en su día que, los certificados y formularios normalizados contemplados en el Reglamento traían consigo mejoras reseñables frente a la normativa contemplada en las Decisiones marco, lo cierto es que no todo son ventajas. Al contemplar en el Reglamento como facultativa la remisión de la resolución de embargo y decomiso, frente a la forma de proceder anterior en la que se contemplada como obligatoria, se apunta como desventaja la necesidad de comprobar las declaraciones efectuadas por cada Estado miembro para constatar si debe remitir tan solo el certificado, o si a éste le debe acompañar la resolución de embargo o de decomiso. Por ello se considera que hubiese sido mejor que únicamente se exigiese el certificado.

4.10. OTRAS CUESTIONES A RESOLVER

Por último, en el análisis y valoración del impacto del Reglamento 2018/1805 en el reconocimiento mutuo de las resoluciones de embargo y decomiso, quedan distintas cuestiones a resolver. Entre ellas quisiera destacar el diseño del carácter bilateral del reconocimiento en la norma reglamentaria y el contenido de los certificados.

311. La norma española exige siempre informe previo del Ministerio Fiscal y demás partes personadas en un plazo de cinco días y le otorga al Juez competente 10 días para dictar el auto despachando la ejecución. Estos plazos son más escasos que los que contempla el Reglamento que establece un plazo de 45 días para dictar la resolución de ejecución salvo que concurra algún motivo de aplazamiento, previsto expresamente en el art. 21 de forma bastante conforme a lo dispuesto y con la especifica obligación de informar a la autoridad de emisión establecida en el art. 21.3 del Reglamento. Durante el tiempo de suspensión o aplazamiento procederá adoptar las medidas provisionales que garanticen la posterior ejecución y siempre procede la comunicación con la autoridad de emisión. El art. 171 LRM recoge de forma bastante similar los motivos de aplazamiento, aunque se refiere a este como «suspensión».

Respecto de la primera cuestión, las previsiones de los artículos 16.3 y 25 del Reglamento (UE) que parten de un diseño de carácter bilateral del reconocimiento (autoridad de emisión - autoridad de ejecución), en vez de un diseño multilateral en el que se facilite la comunicación entre las autoridades de ejecución a las que se pueda haber enviado el certificado, no contribuye de ninguna manera a la comunicación entre las autoridades competentes, por lo que, en opinión de la Comisión Europea, no queda plenamente garantizada.

Y respecto de la segunda cuestión, hay que señalar que tampoco convence el contenido de los certificados, sobre todo el certificado de embargo, en la medida en que es más largo, minucioso y complicado que su antecesor, pudiendo ralentizar el aseguramiento de bienes de organizaciones criminales en las que la celeridad es fundamental; al tiempo que se echa en falta la inclusión de otros certificados, presentes en otros instrumentos de reconocimiento mutuo como en la OEI, que permitan seguir el desarrollo del proceso (*vgr.* Certificados para acusar recibo o notificaciones especiales).

5. NECESIDAD DE COORDINACIÓN ENTRE LA AUTORIDAD DE EMISIÓN Y DE EJECUCIÓN

Ya hemos hecho antes referencia al art. 4.6.a) del Reglamento 2018/1805, en relación al certificado de embargo[312]. Pues bien, el Reglamento 2018/1805 contempla en su art. 9.2, como novedad, la posibilidad de que la autoridad de emisión indique una fecha concreta para proceder a la ejecución del embargo, fecha que deberá ser tenida en cuenta por la autoridad de ejecución en la mayor medida posible[313], previéndose cómo deben coordinarse las autoridades de emisión y ejecución en caso de que la autoridad de emisión haya indicado que se necesita coordinación.

312. Certificado de embargo que irá acompañado de un certificado de decomiso transmitido de conformidad con el artículo 14 Reglamento 2018/1805; o bien contendrá instrucciones de que el bien debe permanecer embargado en el Estado de ejecución a la espera de la transmisión y ejecución de la resolución de decomiso con arreglo al art. 14 del Reglamento 2018/1805, en cuyo caso la autoridad de emisión indicará la fecha prevista para su transmisión en el certificado de embargo.

313. Esta indicación favorece que se planifique la adopción de medidas cautelares en determinados momentos operativos de la investigación penal, haciendo así que la adopción de la medida cautelar sobre los bienes no frustre otras medidas cautelares —personales, por ejemplo, como la detención de los investigados en una fecha concreta— o el propio éxito de la investigación penal —pues ciertamente conocer que un bien ha sido trabado a consecuencia de la investigación penal seguida en otro Estado miembro puede suponer alertar al investigado del procedimiento en curso, favoreciendo la destrucción de pruebas en otros Estados, por ejemplo—.

El precepto indicado, además de arbitrar un procedimiento para consensuar la fecha del embargo en caso de que así sea necesario, insta a la autoridad de emisión y de ejecución a coordinarse. Lo que resulta sorprendente es que no mencione que, la necesidad de coordinación puede surgir no sólo entre ellos, autoridad de emisión y una concreta autoridad de ejecución, sino en su caso, también con las distintas autoridades de ejecución en caso de que, como hemos anticipado, se haya remitido el certificado a varias simultáneamente. Si ya esto es llamativo, lo es aún más que no haga el Reglamento en este punto ninguna referencia a Eurojust, órgano de la Unión Europea especializado en la cooperación judicial penal y, por tanto, institución llamada a intervenir para asistir a las autoridades judiciales de emisión y varias de ejecución ante esta necesidad de coordinación.

Como viene siendo habitual en toda la regulación de los instrumentos de reconocimiento mutuo, el legislador europeo omite en ella cualquier referencia a Eurojust, cuando en la práctica es un actor clave en cualquier asunto con incidencia o con repercusión en tres o más Estados miembros —de hecho, incluso en muchos asuntos bilaterales su intervención es frecuente y decisiva—. Pues bien, el Reglamento, en su articulado, solo se refiere a este órgano en un solo precepto, el art. 31, en relación con las consultas que deban realizarse las autoridades de emisión y de ejecución en relación a los gastos. Y, por lo que se refiere al preámbulo de dicha norma reglamentaria encontramos dos menciones al mismo, en primer lugar, señalando su posible papel coordinador para evitar un decomiso excesivo (considerando 27) solicitando asistencia a Eurojust para cuestiones relativas a las resoluciones de embargo y decomiso, y, en segundo lugar, de una forma breve y genérica como órgano facilitador de las comunicaciones (considerando 44).

En mi opinión, Eurojust debería haber estado más presente en todo el articulado del Reglamento, teniendo un papel protagonista, fortaleciendo sus funciones y facilitando que las autoridades judiciales llamadas a aplicar la norma reglamentaria lo conozcan y acudan a este organismo que tanta eficacia ha demostrado en la facilitación de la cooperación judicial penal europea. Dicho esto, no hay obstáculo alguno para que la autoridad judicial española de emisión acuda a Eurojust en todos los casos que entienda que puede facilitar la ejecución de su resolución, de conformidad con la normativa española de aplicación. Pero una mayor referencia a este órgano dentro del Reglamento así lo hubiera facilitado.

6. EL REGLAMENTO 2018/1805 Y LAS ORGAS

Por lo que se refiere a las Oficinas de recuperación y gestión de activos (ORGAS), en el Reglamento 2018/1805 son dos las alusiones que se hacen a las mismas, pero no en el texto del articulado sino en el Preámbulo, considerandos 47 y 54. La primera referencia (considerando 47), realmente, tan sólo recuerda, sin citar este precepto, lo dispuesto en el art. 10 de la Directiva 2014/42/UE, en el que ya se mencionaban estas oficinas en relación con la gestión de los bienes embargados y activos y bienes decomisados.

En España, como ya hemos dicho en páginas anteriores, contamos con la Oficina de Recuperación y Gestión de Activos (ORGA), regulada en el RD 948/2015, de 23 de octubre, norma a través de la cual se incorporó al derecho español lo dispuesto en el art. 10 Directiva 2014/42/UE con el fin de «*optimizar la prevención y la lucha contra la delincuencia organizada transfronteriza, incluida la de carácter organizado, neutralizando el producto del delito, pues se entiende que la principal motivación de esta forma de delincuencia es la obtención de beneficios financieros*». En el artículo 16 del RD 948/2015 se regula quiénes pueden ser beneficiarios de los recursos de la ORGA dándose preferencia a la ORGA para su mantenimiento contemplándose también, en la línea prevista en el considerando 47 del Reglamento 2018/1805 (UE), que vayan destinados al desarrollo de los programas y acciones previstos en el citado RD 948/2015, incluidas las Oficinas de Asistencia a las Víctimas.

Por otra parte, la segunda referencia a la ORGA se contiene en el considerando 54 del Reglamento (UE) 2018/1805, y la misma, pone de manifiesto la importancia de garantizar la cooperación entre las Oficinas de Recuperación y Gestión de Activos de los Estados miembros vinculados por el Reglamento 2018/1805, de conformidad con la Decisión 2007/845/JAI del Consejo, para facilitar el seguimiento y la identificación de los productos de actividades delictivas y de otros bienes relacionados con el delito que puedan ser objeto de una resolución de embargo de decomiso.

Por otro lado, recordemos aquí que La ley 23/2014 de reconocimiento mutuo de resoluciones penales en la UE, para regular la OEI, se reformó a través de la ley 3/2018, de 11 de junio, y, por lo que en este momento nos interesa, también se aprovechó la reforma para adecuar «la norma a la existencia de la Oficina de recuperación y Gestión de activos y al protagonismo que ésta ha adquirido en el marco del embargo y decomiso en España, con el objeto de mejorar la eficiencia de su actuación en el ámbito del reconocimiento mutuo». Esto se tradujo, por lo que a la ORGA se refiere, en dos cambios:

a) en la adición de un nuevo párrafo segundo al apartado 2 del artículo 165 LRM, acerca del acuerdo entre autoridades sobre la disposición de bienes decomisados, previéndose que la ORGA podrá llegar a un acuerdo sobre el reparto de gastos con el Estado de ejecución cuando haya intervenido en la gestión de los bienes decomisados;

b) y en la previsión, en el nuevo artículo 223 LRM, sobre la ejecución de una orden europea de investigación para adoptar medidas de aseguramiento de prueba o de diligencias de investigación en relación con los medios de prueba, de que la autoridad española competente recabe la asistencia de la ORGA en la ejecución de una orden europea de investigación cuando esta se refiera a elementos probatorios susceptibles de ulterior decomiso.

7. DERECHO DE LAS VÍCTIMAS A LA INDEMNIZACIÓN Y RESTITUCIÓN

Por último, una de las grandes novedades del Reglamento es la protección del derecho de las víctimas a la indemnización y restitución para que no se vea menoscabado en los casos transfronterizos previstos en el Reglamento[314].

Las normas sobre la enajenación de los bienes embargados o decomisados deben dar prioridad a la indemnización y restitución de los bienes a la víctima frente al interés de los Estados de ejecución y emisión, interpretándose el concepto de víctima de conformidad con el ordenamiento jurídico del Estado de emisión, que puede contemplar que una persona jurídica tenga la consideración de víctima a los efectos del Reglamento[315]. Ello se entenderá sin perjuicio de las normas relativas a la indemnización y resti-

314. En este sentido es oportuno hacer mención del art. 26 del Reglamento, dentro del capítulo destinado a disposiciones generales comunes, por tanto al embargo y al decomiso, que viene dedicado a las resoluciones múltiples, es decir, a los supuestos en los que o bien la autoridad de ejecución recibe dos o más resoluciones contra la misma persona y la misma carece de bienes suficientes en el Estado de ejecución para afrontar todas las resoluciones o bien las resoluciones se refieren al mismo bien y la autoridad de ejecución debe dilucidar a qué orden dar prioridad. Creemos que merece una muy favorable acogida que se conceda prioridad, siempre que sea posible, a los intereses de las víctimas.

315. El Reglamento profundiza en el tratamiento de la compensación y reparación de los perjuicios económicos del delito a la víctima, ya que equipara legalmente los derechos de las personas físicas y jurídicas, de acuerdo con el Derecho del Estado de emisión. De ese modo, como refleja el considerando 45 del Reglamento, una persona jurídica pueda ser considerada como víctima a los efectos del derecho a ser indemnizada y, por consiguiente, la ejecución de los certificados no puede ser rechazada por dicho motivo, como ocurría hasta ahora.
Por último, conviene recordar que el art. 23 (2) del Reglamento, establece la obligatoriedad de la ejecución de los certificados contra personas jurídicas, aun cuando la legislación del Estado de ejecución no reconozca la responsabilidad de las personas jurídicas. El nuevo régimen de justicia retributiva queda definitiva y ampliamente instaurado en materia de reconocimiento mutuo de resoluciones de embargo y decomiso en la UE por el nuevo Reglamento.

tución de los bienes a la víctima en los procesos nacionales (considerando 45).

Como señala MORÁN MARTÍNEZ[316] aunque la restitución se menciona como destino tanto en el certificado de embargo (sección K) como en el certificado de decomiso (sección J), esta finalidad específica no es mencionada en los preceptos dedicados al reconocimiento mutuo de ambos tipos de resoluciones, reservándose los arts. 29 y 30 Reglamento para regular la restitución: el artículo 29 Reglamento prevé la restitución de los bienes embargados a la víctima, quedando supeditada la obligación de restituir al cumplimiento de una serie de condiciones (*vid.* también considerando 46)[317]; y el art. 30 Reglamento por su parte se ocupa del destino de los bienes decomisados o del dinero obtenido tras la venta de dichos bienes.

La importancia que el legislador europeo ha dado a la protección de los derechos de las víctimas se refleja en el considerando 48 que señala que: «Cada Estado miembro debe considerar la posibilidad de crear un fondo nacional para garantizar una indemnización adecuada a las víctimas de delitos, como las familias de los agentes de policía y los funcionarios públicos que hayan sido víctimas mortales o estén permanentemente incapacitados en el ejercicio de sus funciones. Los Estados miembros pueden destinar a tal fin parte de los bienes decomisados».

Actualmente, en España no contamos con un fondo nacional para garantizar la indemnización a las víctimas de delitos para los casos en los que no sea suficiente la indemnización procedente del delincuente o de otras fuentes. Y ya es hora de que España cuente con Fondo estatal único para las víctimas de delitos graves, no considerando aconsejable la creación de Fondos específicos con bienes decomisado según el delito de que se trate (liber-

316. MORÁN MARTÍNEZ, R. «España como país ejecutor de decisiones de embargo y decomiso en el Reglamento (UE) 2018/1805», en *Decomiso y recuperación de activos Crime Doesn't pay*, RODRÍGUEZ GARCÍA, N. y BERDUGO GÓMEZ DE LA TORRE, I. (Coordinadores), Ed. Tirant lo Blanch, 2020. (www.tirantonline.com Documento TOL8.195.739).

317. Nada de esto se contemplaba en el régimen de las decisiones marco. Sin duda, supone que el legislador europeo ha seguido en este punto la senda de su propia normativa (posterior a las citadas Decisiones marco), singularmente, la Directiva 2012/29/UE del Parlamento Europeo y del Consejo, de 25 de octubre de 2012, por la que se establecen normas mínimas sobre los derechos, el apoyo y la protección de las víctimas de delitos, y por la que se sustituye la Decisión marco 2001/220/JAI del Consejo, y la propia directiva de decomiso, cuyo art. 8.10 establece que en caso de que, a raíz de una infracción penal, las victimas tengan derechos de reclamación respecto de una persona sometida a una medida de decomiso establecida en virtud de la citada directiva, los Estados miembros adoptarán todas las medidas necesarias para garantizar que la medida de decomiso no impida a las víctimas reclamar una indemnización.

tad sexual/ trata de seres humanos, etc.). No sólo es más fácil gestionar un fondo único como advirtió la Oficina de Naciones Unidas contra la Droga y el Delito (UNODC)[318] en la Ley Modelo contra la trata de personas, sino que permitiría ahorrar costes y maximizar los resultados; y, lo más importante, allanaría el camino a las víctimas para obtener la indemnización a la que tienen derecho.

La dispersión de fondos, sobre todo cuando nos encontramos ante organizaciones criminales dedicadas a varias actividades delictivas conexas, puede generar más caos al ya existente. Las víctimas no sabrán a dónde acudir para reclamar su derecho a la indemnización, lo cual acabará por desincentivar la petición de las cantidades que les correspondan. Además, la creación de un Fondo estatal único permitiría eliminar las barreras existentes en la actualidad relacionadas con los criterios de elegibilidad para el acceso de las víctimas a las ayudas estatales de compensación extrajudicial de víctimas de delitos violentos.

8. CUESTIONES PENDIENTES EN LA APLICACIÓN DE LA LEY 23/2014

Como ya sabemos España decidió integrar toda la regulación del reconocimiento mutuo penal en una sola norma dando lugar a la Ley 23/2014 de reconocimiento mutuo de resoluciones judiciales penales en la UE de 20 de noviembre de 2014 (LRM). Desde entonces, y sorprendentemente, solo ha sufrido una modificación, en concreto por la Ley 3/2018 de 11 de junio por la que se modifica la Ley 23/2014 de 20 de noviembre, de reconocimiento mutuo de resoluciones penales en la Unión Europea, para regular la Orden Europea de Investigación.

Como cuestiones pendientes y urgentes para el legislador nacional podemos señalar, en primer lugar, la necesaria reforma y adaptación de LRM para la incorporación de algunas normas europeas como el Reglamento 2018/1805 de 14 de noviembre sobre el reconocimiento mutuo de las resoluciones de embargo y decomiso y la Directiva UE 2016/680 de 20 de abril de 2016, relativa a la protección de las personas físicas en lo que respecta al tratamiento de datos personales por parte de las autoridades competentes para fines de prevención, investigación, detección o enjuiciamiento de infracciones penales o de ejecución de sanciones penales, y a la libre circulación de dichos datos, como para corregir algunos de los defectos

318. Oficina de las Naciones Unidas contra la Droga y el Delito. Ley Modelo contra la trata de personas accesible en la dirección https://www.unodc.org/documents/human-trafficking/TIP-Model-Law-Spanish.pdf (último acceso 9/04/2024).

detectados en su aplicación práctica. Lo sorprendente, es que no se haya modificado, hasta la fecha, la mencionada LRM en el sentido indicado.

Por otro lado, los títulos VII (arts. 143 a 156)[319] y VIII (arts. 157 a 172)[320] de la LRM están directamente afectados por la entrada en vigor del Reglamento 2018/1805 de 14 de noviembre sobre el reconocimiento mutuo de las resoluciones de embargo y decomiso, que es de aplicación directa y por tanto sustituye las normas de estos títulos en todo lo que sea incompatible con su regulación[321]. Y habida cuenta que el legislador español no ha adoptado, hasta el momento, ninguna medida de adaptación de la LRM al Reglamento 2018/1805, en la práctica diaria se provocan muchas duras y errores. Por ello, aunque no sea imprescindible parece aconsejable llevar a cabo una regulación completa del reconocimiento mutuo de estos dos tipos de resoluciones (embargo y decomiso) en la LRM regulando tanto las normas aplicables a Irlanda y Dinamarca como las aplicables al resto de los Estados miembros.

Mientras esa tarea no se lleva a cabo, merece la pena tener en cuenta la nota instructiva conjunta del Servicio de Relaciones internacionales del CGPJ y la Unidad de Cooperación Internacional de la Fiscalía referente al Reglamento (UE) 2018/1805 sobre el reconocimiento mutuo de las resoluciones de embargo y decomiso que trata de fijar pautas dirigidas a facilitar la aplicación del Reglamento por los operadores jurídicos[322]. La nota resume las principales normas del Reglamento facilitando su reconocimiento y aplicación en la práctica.

---

319. El título VII contempla el régimen de reconocimiento de la resolución de embargo preventivo y del aseguramiento de pruebas, teniendo en cuenta que esto último la resolución para el «aseguramiento de pruebas», de acuerdo con el art. 143.4 LRM, solo procederá por la ley 23/2014 «...cuando se dirija o provenga respectivamente, de Estados miembros del a Unión Europea que no estuvieran vinculados por la Orden Europea de Investigación regulada en el Título X», pues en ese caso debería seguirse el mencionado título X. .

320. El título VIII prevé el régimen de la resolución de decomiso e incorpora, con algunas adaptaciones las disposiciones de la Ley 4/2010. En él se regula el procedimiento de emisión y ejecución de resoluciones judiciales de decomiso quedando fuera de la ley los supuestos de restitución de bienes a sus legítimos propietarios. Además, se contemplan medidas para remediar los problemas derivados de las dudas de localización de los bienes objeto de decomiso, permitiéndose en tales casos que la autoridad judicial transmita de manera simultánea su resolución a varios Estados miembros (art. 162 LRM).

321. El manejo de estas normas se complica teniendo en cuenta que las Decisiones Marco 2003/577/JAI y 2006/783/JAI siguen siendo aplicables a Irlanda y Dinamarca, que no participan del Reglamento de 2018, por lo que los preceptos de estos dos Títulos siguen siendo aplicables en la cooperación con estos dos países debiendo acudir al Reglamento cuando se trate del resto de los Estado miembros.

322. La nota esta accesible y disponible en www. prontuario.org y en www.fiscal.es

En definitiva, urge y es necesaria una modificación de la LRM, que solvente las deficiencias de dicha normativa a la luz del Reglamento de 2018, puesto que, como ya hemos puesto de manifiesto, entre otras cuestiones:

- Es necesario ordenar la utilización del nuevo concepto de embargo como medida cautelar a efecto de garantizar al efectividad del decomiso, que está dando problemas prácticos en relación con la emisión de los certificados de embargo, puesto que nuestra Ley procesal no establece siquiera una forma procesal específica a estos actos de incautación, embargos o simple congelación de cuentas bancarias que es una de las medidas cautelares más habituales y que carece de una regulación adecuada pese a ser una de las medidas cautelares más utilizadas.

- Por otro lado, es necesario atribuir la competencia para la adopción de medidas cautelares reales al Ministerio Público, tales como incautaciones, congelaciones de cuentas, y embargos entendidos como medidas cautelares que, conforme a la definición del art. 143.1 de la LRM son aquellas que están destinadas a impedir provisionalmente la destrucción, transformación, desplazamiento, transferencia o enajenación de bienes que pudieran ser sometidos a decomiso o utilizarse como medio de prueba[323].

- Y por último es necesario armonizar y resolver las cuestiones de competencia para la ejecución a través del reconocimiento mutuo de las resoluciones de embargo y decomiso. Partiendo de la regulación del art. 144.2 de la LRM[324], pasando por la declaración de autoridades competentes que se comunicó a la Comisión Europea el día 18 de diciembre a la entrada en vigor del Reglamento, aunque con una nueva competencia para el fiscal, concretamente a la Unidad de Cooperación Internacional de la Fiscalía General del Estado —UCIF— en casos de desconocimiento del lugar de ubicación del

323. El artículo 143.1 LRM como el resto del articulado en cuanto hace referencia al aseguramiento de prueba restaría aplicable solo para Irlanda y Dinamarca, mientras que para el resto su tramitación se contiene dentro de la OEI y concretamente en el art. 223 de la misma LRM.

324. El artículo 144.2 de la LRM, establece que son autoridades competentes en España para ejecutar una resolución de embargo preventivo de bienes y de aseguramiento de pruebas los Jueces de Instrucción del lugar donde se encuentren los bienes o documentos objeto de aseguramiento o las pruebas que deban ser aseguradas, así como los Fiscales para la ejecución de aquellas medidas de aseguramiento de pruebas que pueden realizar dentro de sus competencias sin adoptar medidas limitativas de derecho fundamentales.

objeto a embargar[325]. Y continuando con lo dispuesto en el art. 144 LRM[326], que concreta el principio de concentración, y con el artículo 158.2 de la LRM determina que el Juez de lo Penal del lugar donde sen encuentre cualquiera de los bienes objeto de decomiso es la autoridad competente para reconocer y ejecutar la resolución de decomiso[327].

325. Recordemos que las referencias al aseguramiento de pruebas del articulado del Título VII de la LRM son aplicables solo en relación con Irlanda y Dinamarca, mientras que para el resto de los Estados miembros se tramitan a través de la OEI (Título X). El sistema competencia establecido en estos títulos se mantiene en relación con el Reglamento 2018/1805 y así lo ha hecho constar en la declaración de autoridades competentes que se comunicó a la Comisión Europea el día 18 de diciembre a la entrada en vigor del Reglamento, aunque con una nueva competencia para el fiscal, concretamente a la Unidad de Cooperación Internacional de la Fiscalía General del Estado —UCIF— en casos de desconocimiento del lugar de ubicación del objeto a embargar como veremos a continuación. Esta decisión acerca de las autoridades competentes bajo el Reglamento debería tener acceso inmediato a la LRM ya que se trata de una atribución de competencias a autoridades judiciales en materia penal que, de momento, está hecha sin base legal sino mediante una mera declaración diplomática.

326. El artículo 144 LRM establece que «*El cambio sobrevenido de la ubicación del objeto de la resolución de embargo preventivo de bienes y de aseguramiento de pruebas no implicará una pérdida sobrevenida de competencia del Juez de Instrucción o del Fiscal que hubiera acordado el reconocimiento y la ejecución de la resolución transmitida a España.*
Si el certificado se hubiese emitido en relación con varios bienes ubicados en circunscripciones distintas, el Juez de Instrucción que primero lo reciba y en cuya circunscripción se encuentre al menos uno de dichos bienes será competente para conocer del embargo o aseguramiento de todos los demás».

327. Además, se trata también de mantener la competencia inicial y se establece que el cambio sobrevenido de la ubicación del bien no implicará una pérdida de la competencia del Juez de lo Penal que hubiera acordado el reconocimiento y la ejecución de la resolución de decomiso transmitida a España.

Capítulo VIII

La propuesta de directiva sobre recuperación y decomiso de activos[328]

1. INTRODUCCIÓN

A lo largo de los capítulos anteriores hemos puesto de relieve la importancia y dimensión que ha adquirido el crimen organizado en nuestra sociedad, siendo una amenaza de primer orden para nuestra seguridad con capacidad para desestabilizar los propios Estados. Este fenómeno criminal, conformado en el trinomio «crimen organizado - transnacional - digital», está absolutamente globalizado y se caracteriza por hacer un uso sistemático de la violencia y la corrupción, alcanzando su infiltración económica un grado sin precedentes como han puesto de manifiesto operaciones como EncroChat[329], Sky ECC[330] y AN0M[331], llevadas a cabo en 2020/2021.

El Informe SOCTA de Europol de 2021, ya evaluó y puso de relieve la amenaza que representa la delincuencia organizada y la infiltración delictiva, destacando que la misma se alimenta de los grandes ingresos que genera, que cada año ascienden a un mínimo de 139 000 millones EUR y

---

328. Como ya se ha señalado en la NOTA DEL AUTOR, estando en prensa la presente obra, la propuesta de Directiva de 2022, ha sido publicada en el DOUE del pasado 2 de mayo de 2024, como DIRECTIVA (UE) 2024/1260 del Parlamento Europeo y del Consejo de 24 de abril de 2024, por lo que todas las referencias a la propuesta de Directiva han de entenderse realizadas a la Directiva 2024/1260.

329. Europol, Dismantling of an Encrypted Network sends Shockwaves through Organised Crime Groups across Europe [El desmantelamiento de una red encriptada hace temblar a los grupos de delincuencia organizada de toda Europa], 2 de julio de 2020. **EncroChat** vendía los criptoteléfonos (con un coste de unos 1.000 euros cada uno) a escala internacional y ofrecía suscripciones con cobertura mundial, con un coste de 1.500 euros por un periodo de seis meses, con asistencia 24/7. Los teléfonos EncroChat se presentaban a los clientes como garantía de un perfecto anonimato (ausencia de asociación del dispositivo o de la tarjeta SIM en la cuenta del cliente, adquisición en condiciones que garantizan la ausencia de trazabilidad) y de una perfecta discreción

que se blanquean cada vez más a través de un sistema financiero paralelo encubierto. La disponibilidad de este producto de actividades delictivas constituye una amenaza significativa a la integridad de la economía y la sociedad, y asimismo, erosiona el Estado de Derecho y los derechos fundamentales (Considerando n.º 1 PD).

Ante esta realidad, y para abordar estos retos, la Estrategia de la UE contra la Delincuencia Organizada 2021-2025[332] pretende impulsar la cooperación transfronteriza, apoyando investigaciones eficaces contra las redes delictivas, eliminando el producto de las actividades delictivas y adaptando las fuerzas y cuerpos de seguridad y el poder judicial a la era digital. Como señala específicamente la mencionada estrategia de la UE, para dificultar las actividades de los grupos delictivos y evitar que se infiltren en la eco-

---

tanto de la interfaz cifrada (doble sistema operativo, la interfaz cifrada se oculta para no ser detectable) como del propio terminal (supresión de la cámara, del micrófono, del GPS y del puerto USB). También disponía de funciones destinadas a garantizar la «impunidad» de los usuarios (borrado automático de los mensajes en los terminales de sus destinatarios, código PIN específico destinado al borrado inmediato de todos los datos del dispositivo, borrado de todos los datos en caso de introducción consecutiva de una contraseña errónea), funciones que, al parecer, estaban especialmente desarrolladas para permitir un borrado rápido de los mensajes comprometedores, por ejemplo, en el momento de la detención por la policía. Además, el dispositivo podía ser borrado a distancia por el revendedor/ayudante.

330. Europol, New major interventions to block encrypted communications of criminal networks, [Nuevas e importantes intervenciones para bloquear las comunicaciones cifradas de redes delictivas], 10 de marzo de 2021.
En este caso (**Sky ECC**), las autoridades judiciales y policiales de Bélgica, Francia y Países Bajos, con el apoyo de Europol y Eurojust, realizaron importantes intervenciones para bloquear el uso de las comunicaciones cifradas por parte de los grupos de delincuencia organizada a gran escala. Y lo que se hizo fue un seguimiento continuo del uso delictivo de la herramienta de servicios de comunicación Sky ECC.

331. Europol, 800 criminal arrested in biggest ever law enforcement operation against encrypted communication, [800 delincuentes detenidos en la mayor operación policial de la historia contra la comunicación cifrada], 8 de junio de 2021.
La Oficina Federal de Investigación de Estados Unidos (FBI), la Policía Nacional de los Países Bajos (Politie) y la Autoridad Policial de Suecia (Polisen), en cooperación con la Administración para el Control de Drogas de Estados Unidos (DEA) y otros 16 países, llevaron a cabo, con el apoyo de Europol, una de las mayores y más sofisticadas operaciones policiales realizadas hasta la fecha en la lucha contra las actividades delictivas cifradas. Desde 2019 la oficina Federal de Investigación de EEUU, en estrecha colaboración con la Policía Federal Australiana desarrolló estratégicamente y operó de forma encubierta una empresa de dispositivos cifrados, llamada ANOM, que llegó a dar servicio a más de 12.000 dispositivos cifrados a más de 300 sindicatos delictivos que operan en más de 100 países, entre ellos, la delincuencia organizada italiana, las bandas de motoristas ilegales y las organizaciones internacionales de tráfico de drogas.

332. Comunicación de la Comisión sobre la Estrategia de la UE contra la Delincuencia Organizada 2021-2025 [COM (2021) 170, de 14.4.2021].

nomía legal, es fundamental privar a los delincuentes de estos beneficios ilícitos. Y dado que el principal motivo de la delincuencia organizada es el beneficio económico, la recuperación de activos es un mecanismo eficaz para disuadir de actividades delictivas. Para garantizar que delinquir no salga a cuenta, la Comisión anunció la intención de reforzar las normas sobre recuperación y decomiso de activos teniendo en cuenta el informe de la Comisión de 2020 titulado «*Recuperación y decomiso de activos: garantizar que el delito no resulte provechoso*»[333].

Y es que, no hay que olvidar, pues ya se ha convertido en un mantra en esta materia, que «*La motivación principal de la delincuencia organizada transfronteriza, incluidas las redes delictivas de alto riesgo, es la obtención de beneficios financieros. Por tanto, para hacer frente a la grave amenaza que supone la delincuencia organizada, las autoridades competentes deben disponer de los medios que les permitan seguir, identificar, embargar, decomisar y gestionar eficazmente los instrumentos y productos del delito y los bienes procedentes de actividades delictivas*» (Considerando n.º 2 PD de 2022).

Por otro lado, también nos hemos ocupado, en las páginas precedentes, de lo que ha supuesto la Directiva 2014/42/UE sobre el embargo y el decomiso de los instrumentos y del producto del delito, en la lucha contra el crimen organizado, pues nos ha permitido actuar sobre el patrimonio y beneficios de estas redes y estructuras criminales, que son su verdadero talón de aquiles. En definitiva, esta directiva ha supuesto un avance desde la perspectiva normativa, operativa y judicial. Ahora bien, los resultados esperados de este marco normativo han sido muy deficientes, estando dicha norma, diez años después de su aprobación, agotada y superada por la realidad, a lo que hay que añadir los problemas que ha planteado el desarrollo de una política de decomiso total, que ha afectado al complejo sistema de derechos y garantías propios del proceso penal y básicos en un Estado de derecho.

Y a todo ello, hemos de añadir los excesos (pues la Directiva de 2014 era una directiva de «mínimos») y la deficiente técnica del legislador nacional en la transposición de la norma comunitaria por la LO 1/2015 de reforma del Código Penal, y la Ley 41/2015 de 5 de octubre de modificación de la LECr para la agilización de la justicia penal y el fortalecimiento de las

333. Informe de la Comisión al Parlamento Europeo y al Consejo sobre recuperación y decomiso de activos: garantizar que el delito no resulte provechoso [COM (2020) 217, de 2 de junio de 2020].
Este informe hay que ponerlo en relación con el Comunicado de la Comisión al Parlamento Europeo y al Consejo, de 20 de noviembre de 2008, Productos de la delincuencia organizada: garantizar que «*el delito no resulte provechoso*», COM (2008) 766 final —no publicado en el Diario oficial—.

garantías procesales, que han supuesto incongruencias, contradicciones e insuficiencias.

En definitiva, y ante la ineficacia del sistema actual, es necesario reformar el marco normativo vigente en materia de embargo, decomiso y recuperación de activos derivados del delito, superando las deficiencias actuales, profundizando en la cooperación transfronteriza y adaptándose a la realidad digital y transnacional del crimen organizado. Y el primer paso en el diseño y conformación de este nuevo marco normativo, es la propuesta de directiva del Parlamento europeo y del consejo sobre recuperación y decomiso de activos, de 25 de mayo de 2022[334], la cual prevé (art. 35) la sustitución de cinco instrumentos normativos en la materia:

- la Acción Común 98/699/JIA,
- las Decisiones Marco 2001/500/JIA y 2005/212/JIA,
- la Decisión 2007/845/JIA[335] y
- la Directiva 2014/42/UE sobre el embargo y el decomiso de los instrumentos y del producto del delito en la Unión Europea[336].

2. MARCO NORMATIVO ACTUAL

El proceso de Decomiso y embargo hemos de insertarlo en el marco de la Unión Europea en el Proceso de Recuperación de activos, el cual es un proceso compuesto de distintas fases;

334. Propuesta de directiva del Parlamento europeo y del consejo sobre recuperación y decomiso de activos, de 25 de mayo de 2022 COM 2022) 245 final).
335. Decisión 2007/845/JAI del Consejo, de 6 de diciembre de 2007, sobre cooperación entre los organismos de recuperación de activos de los Estados miembros en el ámbito del seguimiento y la identificación de productos del delito o de otros bienes relacionados con el delito (DO L 332 de 18.12.2007, p. 103). Recordemos que esta Decisión obligaba a los Estados miembros a crear organismos de recuperación de activos y establecía requisitos mínimos para facilitar la cooperación transfronteriza entre los mismos.
336. Directiva 2014/42/UE del Parlamento Europeo y del Consejo, de 3 de abril de 2014, sobre el embargo y el decomiso de los instrumentos y del producto del delito en la Unión Europea (DO L 127 de 29.4.2014, p. 39).

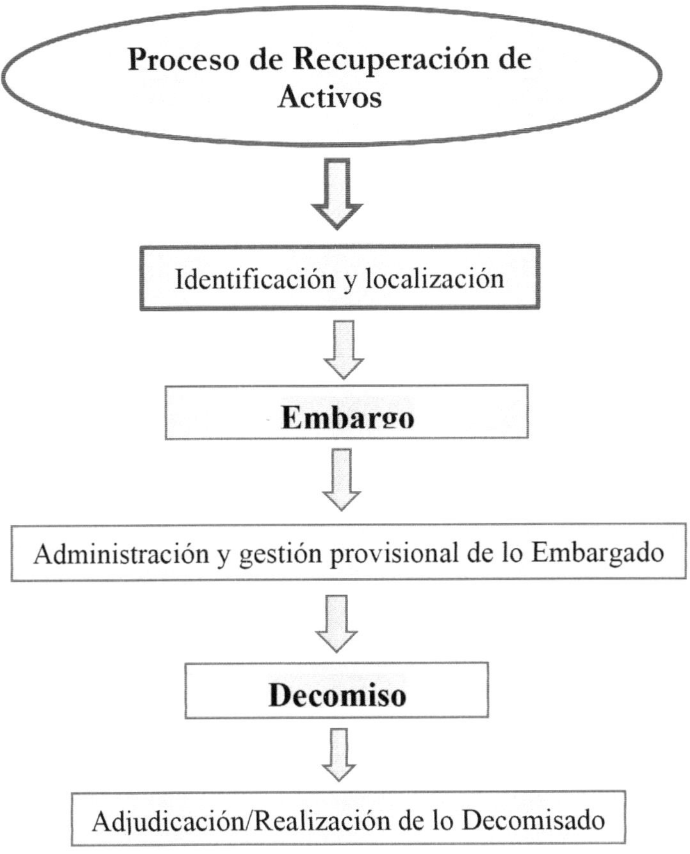

Por su parte, el actual marco jurídico de la Unión sobre seguimiento e identificación, embargo, decomiso y gestión de los productos, instrumentos y bienes, y sobre recuperación de activos, está compuesto, fundamentalmente, por la Directiva 2014/42/UE del Parlamento Europeo y del Consejo[337]; la Decisión 2007/845/JAI del Consejo[338]; y la Decisión 2005/212/JAI

337. Directiva 2014/42/UE del Parlamento Europeo y del Consejo, de 3 de abril de 2014, sobre el embargo y el decomiso de los instrumentos y del producto del delito en la Unión Europea (DO L 127 de 29.4.2014, p. 39).
338. Decisión 2007/845/JAI del Consejo, de 6 de diciembre de 2007, sobre cooperación entre los organismos de recuperación de activos de los Estados miembros en el ámbito del seguimiento y la identificación de productos del delito o de otros bienes relacionados con el delito (DO L 332 de 18.12.2007, p. 103).

del Consejo[339]. Aunque el sistema es mucho más complejo como se puede comprobar en el siguiente cuadro:

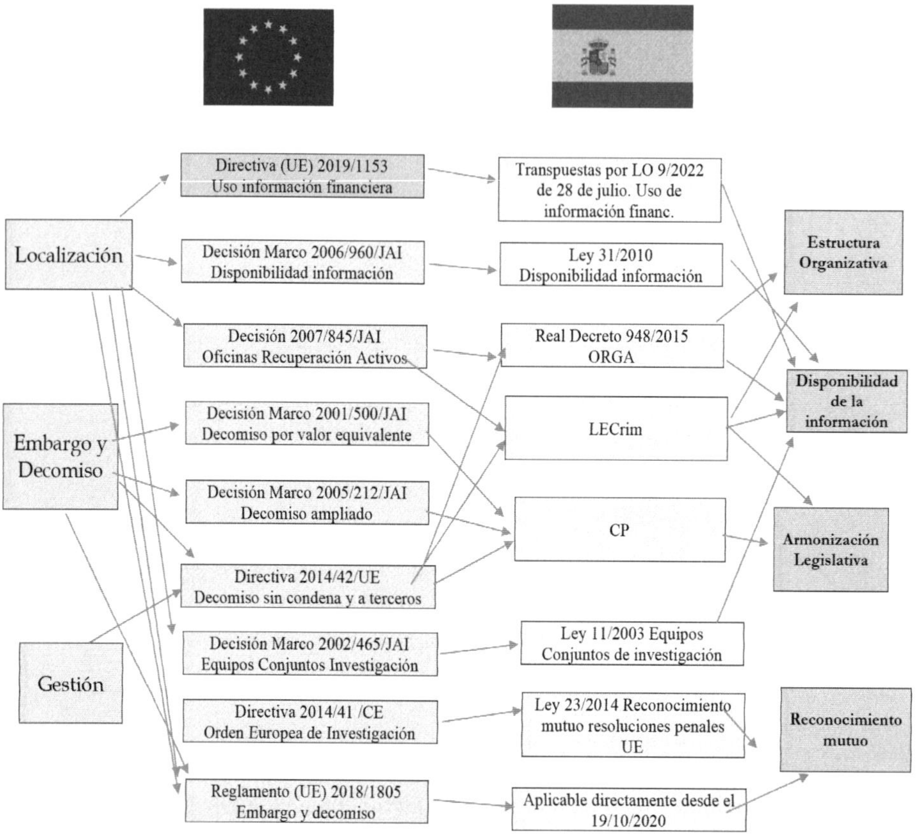

Esta normativa básica, así como la propuesta de Directiva que vamos a tratar hay que integrarla en la lucha mundial contra la delincuencia organizada, la corrupción y el blanqueo de capitales, y por lo tanto hay que complementarla con:

339. Decisión Marco 2005/212/JAI del Consejo, de 24 de febrero de 2005, relativa al decomiso de los productos, instrumentos y bienes relacionados con el delito (DO L 68 de 15.3.2005, p. 49).

- la Convención de las Naciones Unidas contra la Delincuencia Organizada (UNTOC) y sus Protocolos[340],
- la Convención de las Naciones Unidas contra la Corrupción (UNCAC)[341],
- la Convención de Varsovia del Consejo de Europa[342],
- la Recomendación n.º 4 del Grupo de Acción Financiera Internacional (GAFI).

Toda esta normativa instan a los países que son Partes a adoptar medidas que permitan a sus autoridades competentes embargar y decomisar los productos e instrumentos del delito.

3. LA NECESIDAD DE REFORMA EN LA RECUPERACIÓN DE ACTIVOS

Por lo que se refiere a la necesidad de reforma del actual marco normativo, la misma deriva de la evaluación que la Comisión realizó de la Directiva 2014/42/UE y la Decisión 2007/845/JAI del Consejo, tras la cual llegó a la conclusión de que dicho marco no alcanza plenamente el objetivo de luchar contra la delincuencia organizada mediante la recuperación de sus beneficios (Considerando n.º 4 PD). En concreto el legislador europeo entiende que existen deficiencias en cuatro aspectos básicos y estructurales:

- Los sistemas de recuperación de activos de los EEMM, no están bien equipados para abordar con eficacia el complejo *modus operandi* de las organizaciones delictivas.
- Las capacidades con las que cuentan las autoridades nacionales para seguir, identificar y embargar rápidamente los activos, son limitadas.

---

340. Convención de las Naciones Unidas contra la Delincuencia Organizada Transnacional y Protocolo para prevenir, reprimir y sancionar la trata de personas, especialmente mujeres y niños, Protocolo contra el tráfico ilícito de migrantes por tierra, mar y aire, Resolución 55/25 de la Asamblea General, de 15 de noviembre de 2000 y Protocolo contra la fabricación y el tráfico ilícitos de armas de fuego, Resolución 55/255 de la Asamblea General, de 31 de mayo de 2001.
341. Convención de las Naciones Unidas contra la Corrupción, Resolución 58/43 de la Asamblea General, de 1 de octubre de 2003.
342. Convenio del Consejo de Europa relativo al blanqueo, seguimiento, embargo y comiso de los productos del delito y a la financiación del terrorismo (CETS n.º 198).

- La gestión de los activos embargados es ineficiente, y ello da lugar a que pierdan valor antes de que se adopte una resolución sobre su decomiso.
- Y, por último, los instrumentos de decomiso existente no contemplan todos los mercados delictivos de ingresos elevados ni las complejas estructuras y métodos de las organizaciones delictivas.

Por tanto, y desde hace tiempo, las instituciones de la UE son conscientes de la necesidad de reforzar el régimen de recuperación de activos de la UE. Así en junio de 2020, el Consejo pidió a la Comisión que estudiara la posibilidad de reforzar el marco jurídico de gestión de bienes embargados y de otorgar a los organismos de recuperación de activos competencias adicionales, como el embargo urgente de activos y el acceso a una serie de registros públicos[343]. Estos llamamientos vienen a sumarse a una petición anterior por parte de ambos colegisladores de que se analizara la viabilidad de introducir nuevas normas comunes sobre el decomiso de bienes procedentes de actividades delictivas aun en ausencia de sentencia condenatoria[344].

La actualización del marco jurídico vigente, con el fin de mejorar la eficacia de la recuperación y decomiso de activos, conlleva que la Directiva reguladora deba «*establecer normas mínimas sobre seguimiento e identificación, embargo, decomiso y gestión de bienes en el marco de un procedimiento en materia penal*». Entendiendo en este contexto, como ya hemos dejado dicho con anterioridad, que «procedimiento en materia penal» es un concepto autónomo del Derecho de la Unión interpretado por el Tribunal de Justicia de la Unión Europea, sin perjuicio de la jurisprudencia del Tribunal Europeo de Derechos Humanos. El concepto comprende todos los tipos de resoluciones de embargo y decomiso dictadas tras un procedimiento relativo a una infracción penal. Asimismo, comprende otros tipos de resoluciones dictadas sin sentencia condenatoria firme.

Los procedimientos en materia penal pueden también incluir investigaciones penales realizadas por la policía y por otras autoridades encargadas del cumplimiento de la ley. Y en este sentido, es preciso reforzar la capacidad de las autoridades competentes para privar a los delincuentes de los ingresos procedentes de actividades delictivas. A tal fin, es necesario establecer normas para reforzar las capacidades de seguimiento e identifi-

343. Conclusiones del Consejo sobre la mejora de las investigaciones financieras para luchar contra la delincuencia grave y organizada (documento del Consejo 8927/20 de 17 de junio de 2020).

344. Declaración del Parlamento Europeo y del Consejo sobre un análisis que deberá llevar a cabo la Comisión, documento del Consejo 7329/1/14/REV 1 ADD 1.

cación de activos, así como de embargo, mejorar la gestión de los bienes embargados y decomisados, reforzar los mecanismos y herramientas para decomisar los instrumentos y productos del delito y los bienes derivados de las actividades de organizaciones delictivas y mejorar la eficiencia global del sistema de recuperación de activos (Considerando n.º 5 PD).

A todo ello intenta responder la Propuesta de Directiva sobre recuperación y decomiso de activos, que pretende y tiene como objetivos:

a) Reforzar las capacidades de las autoridades competentes para identificar, embargar y gestionar activos.

b) Reforzar y ampliar las capacidades de decomiso a fin de que comprendan todas las actividades delictivas llevadas a cabo por grupos de delincuencia organizada, permitiendo decomisar todos los activos correspondientes.

c) Mejorar la cooperación entre todas las autoridades que intervienen en la recuperación de activos favoreciendo un enfoque más estratégico a través de una mayor compromiso de dichas autoridades con la consecución de objetivos comunes en este ámbito.

Por último también hay que mencionar que esta propuesta de Directiva, en respuesta a la agresión militar de Rusia contra Ucrania, ha adoptado medidas restrictivas contra Rusia y Bielorrusia (que amplían las que se adoptaron en 2014 con motivo de anexión ilegal de Crimea y Sebastopol por parte de Rusia). Estas medidas, que tienen como base jurídica el artículo 29 del TUE y el artículo 215 del TFUE, incluyen medidas sectoriales y medidas individuales en forma de embargo de activos y restricciones de admisión[345].

Y aunque estas medidas restrictivas «*no sean de carácter penal ni presupongan actividades delictivas para su imposición*», «también se basan en el

345. También incluyen, cláusulas antielusión que prohíben la participación consciente y deliberada en actividades destinadas a eludir estas medidas, junto con otras obligaciones, en particular la de informar sobre las actuaciones emprendidas para aplicar las medidas restrictivas adoptadas por la Unión. Para contrarrestar aún más el riesgo de incumplimiento de tales medidas, el 25 de mayo de 2022, la Comisión adoptó una propuesta de Decisión del Consejo por la que se añadía el incumplimiento de medidas restrictivas de la Unión a los ámbitos delictivos establecidos en el artículo 83, apartado 1, del Tratado de Funcionamiento de la Unión Europea, junto con una Comunicación con vistas a una Directiva relativa a las sanciones penales por incumplimiento de medidas restrictivas de la Unión, que consideran la vulneración del Derecho de la Unión en materia de medidas restrictivas (incumplimiento de medidas restrictivas de la Unión) como un ámbito delictivo de especial gravedad con una dimensión transfronteriza.

embargo de fondos (es decir, en sanciones financieras específicas) y en medidas sectoriales, y, por tanto, les favorecerá el refuerzo de las capacidades de identificación y seguimiento de activos», que se persigue con la reforma legislativa[346] (Considerando n.º 6 PD).

En definitiva, la propuesta de Directiva que nos ocupa, forma parte de los esfuerzos más generales en el ámbito de la UE para luchar contra la delincuencia grave y organizada. A este respecto complementa un conjunto de instrumentos legislativos que armonizan la definición de los delitos y las sanciones de las actividades delictivas, así como otros instrumentos destinados a prevenir o combatir actividades ilícitas relacionadas con aquellas, tales como la falsificación, el tráfico de bienes culturales, los delitos fiscales y la falsificación de documentos administrativos.

Por último, la presente propuesta es conforme y contribuye a la aplicación efectiva de la política de seguridad de la UE, consistente en un conjunto de medidas legislativas y no legislativas destinadas a ofrecer a las autoridades policiales y judiciales las herramientas necesarias para prevenir y combatir una amplia gama de actividades delictivas y garantizar un alto nivel de seguridad en la Unión Europea, en particular a través de la cooperación transfronteriza. Entre dichas medidas figura, en particular, el Reglamento (UE) 2018/1805, que facilita el reconocimiento mutuo de las resoluciones de embargo y decomiso en toda la UE, y ha sido objeto de nuestro análisis en el capítulo anterior.

4. LAS OPCIONES DE REFORMA Y PRINCIPIOS DE LA PROPUESTA

4.1. EVALUACIÓN Y OPCIONES DE REFORMA. LA NECESIDAD DE UN INSTRUMENTO ÚNICO

La combinación en un instrumento único, la actual propuesta de Directiva, de unas obligaciones hasta ahora dispersas en distintos instrumentos jurídicos (que se sustituirían por la mencionada propuesta Directiva) garantizaría un enfoque más coherente y estratégico de la recuperación de activos

346. *«A tal fin, deben establecerse normas para mejorar la identificación, el seguimiento y la gestión efectivos de los bienes que sean propiedad o estén bajo el control de personas y entidades sujetas a tales medidas restrictivas y para favorecer una mayor cooperación internacional de los organismos de recuperación de activos con sus homólogos de terceros países. No obstante, las medidas relacionadas con el embargo y decomiso en virtud de la presente Directiva, en particular las de los capítulos III y IV, siguen estando limitadas a situaciones en las que los bienes proceden de actividades delictivas, como el incumplimiento de medidas restrictivas de la Unión. La presente Directiva no regula el embargo de fondos y recursos económicos en virtud de medidas restrictivas de la Unión»* (*Vid.* Considerando n.º 6 PD).

y la cooperación de todos los agentes relevantes del sistema de recuperación de activos.

A este respecto, se ha llevado a cabo la evaluación de los dos instrumentos normativos sobre la materia (la Decisión del Consejo sobre los organismos de recuperación de activos y la Directiva de 2014 sobre decomiso), siendo de justicia destacar que, ambas normas han contribuido a una mayor cooperación entre los organismos de recuperación de activos al aproximar los conceptos de embargo y decomiso de todos los Estados miembros y aumentar hasta cierto punto los índices de embargo y decomiso. Sin embargo, la evaluación llevada a cabo concluyó que sigue habiendo retos en materia de identificación de activos y que el decomiso global de productos de la delincuencia sigue siendo demasiado escaso para afectar significativamente a los beneficios de la delincuencia organizada[347], por lo que para estas estructuras criminales el delito sigue siendo provechoso.

Por lo tanto, entendiendo, tras la evaluación, que el sistema de recuperación de activos de la UE no está bien equipado para abordar eficazmente el complejo *modus operandi* de las organizaciones delictivas, se plantearon distintas opciones, además de la hipótesis de base que no supondría ningún cambio con respecto a la situación actual, y por lo tanto no era asumible. Dichas opciones fueron las siguientes:

- Opción 1, consistente en medidas no legislativas de apoyo al intercambio de experiencias, conocimientos y buenas prácticas entre las autoridades competentes con vistas a reforzar las capacidades y la comprensión de la recuperación de activos en relación con las diversas fases de la recuperación de activos. Estos intercambios se reforzarían mediante el desarrollo de orientaciones adecuadas de la UE y, en su caso, de una formación para las autoridades competentes.

- Opción 2, las medidas consistirían principalmente en modificaciones específicas de la Decisión del Consejo sobre organismos de recuperación de activos y de la Directiva sobre decomiso para espe-

347. Pese a la mejora de diversos aspectos del sistema de recuperación de activos tras la adopción de la Decisión del Consejo sobre los organismos de recuperación de activos y de la Directiva sobre decomiso, persisten en gran medida los problemas observados antes de su adopción (y, en particular, de la Directiva sobre decomiso), a los que hay que añadir una serie de deficiencias que afectan a la capacidad de los Estados miembros para seguir, identificar, embargar, decomisar y gestionar activos ilícitos con eficacia. Tengamos en cuenta, por otro lado, que ya la Directiva de 2014, ponía de relieve en su considerando número cuatro que los procedimientos de decomiso estaban siendo infrautilizados, y sus resultados eran muy deficientes.

cificar el alcance y aumentar la eficacia de los requisitos generales vigentes. Estas medidas incluirían la obligación de que los Estados miembros adoptaran estrategias nacionales sobre recuperación de activos y garantizasen que las autoridades competentes dispongan de las competencias y recursos necesarios. Además, se incluirían medidas para mejorar la cooperación transfronteriza entre los organismos de recuperación de activos, incluido el acceso a bases de datos y la ampliación de los poderes de embargo.

– La opción 3 incluiría, además de las medidas contempladas en la opción 2 (es decir modificaciones específicas), requisitos más detallados para los Estados miembros en todas las fases del proceso de recuperación. Se trataría de obligaciones tales como el inicio sistemático de investigaciones financieras, así como requisitos específicos sobre gestión de activos, tales como planificación previa a la incautación, venta anticipada y creación de organismos especializados en gestión de activos. Asimismo, se ampliaría el ámbito de aplicación de la Directiva sobre decomiso para contemplar una gama más amplia de delitos: se extendería la actual disposición sobre decomiso no basado en una sentencia condenatoria y se introduciría un modelo de decomiso de patrimonio no explicado que garantizaría el decomiso de activos no vinculados a un delito específico.

– Las medidas de la opción 4 se basarían en las de la opción 3, pero su ámbito de aplicación se haría extensivo a todos los delitos y recogería requisitos más amplios a la hora de iniciar investigaciones. Además, se fijarían requisitos más concretos sobre resoluciones de embargo urgente e intercambio de información entre organismos de recuperación de activos.

Finalmente, analizadas las distintas opciones en términos de eficacia, eficiencia y proporcionalidad, la evaluación de impacto concluyó que la opción preferible era la tercera[348], pues pese a sus costes estas medidas se consideraban eficaces (en atención al salto cualitativo en el índice de deco-

348. En la evaluación se consideró que las medidas de la opción 1 pueden servir de complemento a los cambios legislativos, pero no bastan para resolver satisfactoriamente los problemas observados, que en gran medida obedecen al marco legislativo. De forma similar, la opción 2 solo contribuiría de forma limitada a mejorar la situación actual, ya que los pocos requisitos que vendrían a añadirse a los actuales tan solo reforzarían hasta cierto punto las capacidades de seguimiento e identificación de activos, pero no bastarían para garantizar una gestión eficiente de los activos inmovilizados ni abarcarían todas las actividades delictivas pertinentes dado que las medidas de decomiso seguirían siendo de alcance limitado.

miso que han hecho posible) y proporcionadas en cuanto a la carga administrativa y la interferencia con las estructuras organizativas de los Estados Miembros. Y en cuanto a los Derechos fundamentales también se consideró que esta opción 3, en lo que se refiere al nuevo modelo de decomiso, quedaban equilibradas por las salvaguardias y el objetivo político perseguido, dada la magnitud del problema.

Por otro lado, se entendió desde las Instituciones Europeas que la carga normativa relacionada con estas medidas se vería sobradamente compensada por los beneficios, en forma de identificación, embargo y decomiso de un mayor número de activos ilícitos, cuyo valor se mantendrá o incluso se elevará al máximo.

Por último, la propuesta de directiva establece unas normas mínimas sobre las distintas medidas y las correspondientes garantías, con el objeto de que haya una interpretación común y unas normas mínimas para el seguimiento e identificación y para el embargo, decomiso y gestión de activos. Y la adopción de estas normas mínimas, no impide a los Estados miembros, otorgar competencias más amplias a los organismos de recuperación de activos, o a los organismos de gestión de activos ni establecer garantías adicionales a través de la legislación nacional, siempre y cuando dichas medidas y disposiciones nacionales no vayan en detrimento del objetivo de la propuesta de Directiva (Considerando número 46 de la Propuesta de Directiva).

Por lo que a la opción 3 se refiere, se consideró que las medidas sobre seguimiento e identificación de activos, así como las destinadas a garantizar la adopción de mecanismos eficaces de gestión de activos y modelos de decomiso, mejorarían considerablemente la eficacia del sistema de recuperación de activos. Pese a sus costes, estas medidas se consideran eficaces, dado el salto cualitativo en el índice de decomiso que han hecho posible, y proporcionadas en cuanto a la carga administrativa y la interferencia con las estructuras organizativas de los Estados miembros. En cuanto a los derechos fundamentales, se consideró que las repercusiones de la opción 3 y, en particular, del nuevo modelo de decomiso quedaban equilibradas por las salvaguardias y el objetivo político perseguido dada la magnitud del problema.
En relación con la opción 4, se considera que los beneficios previstos en términos de eficacia serían limitados en comparación con los costes adicionales y su interferencia más significativa con la libertad de los Estados miembros a la hora de organizar sus estructuras nacionales de recuperación de activos en función de las opciones y preferencias nacionales.
Por último, tras el dictamen favorable sin reservas emitido por el Comité de Control Reglamentario el 4 de marzo de 2022, se revisó la evaluación de impacto para mejorar la presentación y la comparación entre las distintas opciones, incluidos sus costes, beneficios e impacto. Y volvió a revisarse la evaluación de impacto para reflejar mejor las opiniones de las distintas partes interesadas y las diferencias entre los problemas observados en los Estados miembros.

4.2. BASE NORMATIVA Y PRINCIPIOS DE LA REFORMA

4.2.1. Base jurídica

La Directiva se basa en el artículo 82.2, el artículo 83.1 y 2, y el artículo 87.2, del TFUE. En concreto, las medidas sobre embargo y decomiso son acordes con el artículo 83.1 del TFUE, que permite establecer normas mínimas sobre la definición de las sanciones en ámbitos delictivos de especial gravedad y con una dimensión transfronteriza a los delitos enumerados en dicho artículo. El ámbito de aplicación de estas medidas se amplía a los delitos cometidos en el contexto de organizaciones delictivas, dado que la delincuencia organizada es un «eurodelito» a efectos del artículo 83.1, del TFUE[349]. Esto incluiría también el incumplimiento de medidas restrictivas de la Unión armonizadas en el ámbito de la UE[350].

Asimismo, las medidas sobre seguimiento e identificación de activos o cooperación entre los organismos de recuperación de activos y los organismos de gestión de activos con sus homólogos de otros Estados miembros también contribuyen a una cooperación transfronteriza eficaz en relación con la prevención, descubrimiento e investigación de delitos. De ahí que sean acordes con lo dispuesto en el artículo 87, apartado 2, del TFUE[351]. Por último, las garantías procesales contempladas en la propuesta de Directiva, así como la disposición que garantiza la indemnización de las víctimas, son acordes con el artículo 82, apartado 2, del TFUE.

349. Recordemos que los Eurodelitos recogidos en el artículo 83.1 TFUE son los siguientes: el terrorismo, la trata de seres humanos y la explotación sexual de mujeres y niños, el tráfico ilícito de drogas, el tráfico ilícito de armas, el blanqueo de capitales, la corrupción, la falsificación de medios de pago, la delincuencia informática y la delincuencia organizada.

350. También está justificada la inclusión de delitos, o bien armonizados en la UE, o bien cuyo ámbito político esté armonizado en la UE, ya que las medidas propuestas en materia de embargo y decomiso son esenciales para garantizar la aplicación efectiva de una política de la Unión en un ámbito que haya sido objeto de medidas de armonización y, por tanto, se contemple en el artículo 83, apartado 2, del TFUE. Las medidas destinadas a mejorar la gestión de activos embargados y decomisados son necesarias para garantizar la aplicación efectiva de las medidas de embargo y decomiso, y constituyen obligaciones complementarias a efectos del artículo 83 del TFUE. Lo mismo se aplica a las disposiciones que buscan elaborar un enfoque más amplio de la recuperación de activos, combinado con mecanismos de cooperación entre las autoridades nacionales y disposiciones para garantizar que las autoridades competentes dispongan de los recursos necesarios para llevar a cabo sus tareas.

351. Dado que el ámbito de aplicación del artículo 87 del TFUE no tiene límites en cuanto a los delitos contemplados, estas medidas se aplican también al incumplimiento de medidas restrictivas de la Unión en la medida en que constituya un delito penal a efectos del Derecho nacional y que las medidas faciliten la prevención y descubrimiento de casos de incumplimiento de medidas restrictivas de la Unión.

4.2.2. Principio de subsidiariedad (En el caso de competencia no exclusiva)

Los esfuerzos de los Estados miembros para luchar contra la delincuencia organizada no bastan por sí solos para abordar la naturaleza transfronteriza de los grupos de delincuencia organizada, ya que el 70 % de dichos grupos activos en la UE operan en más de tres Estados miembros[352] y ocultan y reinvierten bienes derivados de sus actividades delictivas en el mercado interior de la UE. Para ocultar el origen y propiedad de los fondos, los grupos delictivos emplean una compleja red de cuentas bancarias y empresas pantalla dispersa por varios territorios; al parecer, los delincuentes se centran en los Estados miembros con los sistemas más débiles de recuperación de activos[353]. Es, por tanto, crucial redoblar los esfuerzos en toda la Unión contra los medios financieros de las organizaciones delictivas para recuperar de manera efectiva los instrumentos y productos del delito. En este sentido la propuesta de Directiva quiere facilitar e impulsar decididamente la cooperación transfronteriza, que a buen seguro, mejorará la lucha contra la delincuencia organizada.

Ante la realidad que se describe, el legislador comunitario concreta en el considerando número 47 de la propuesta de Directiva el principio de subsidiariedad, señalando que, «*Dado que los Estados miembros no pueden alcanzar de manera suficiente el objetivo de la presente Directiva, a saber, facilitar el decomiso de bienes en asuntos penales, sino que este puede alcanzarse mejor a nivel de la Unión, esta puede adoptar medidas con arreglo al principio de subsidiariedad contemplado en el artículo 5 del Tratado de la Unión Europea (TUE). De conformidad con el principio de proporcionalidad establecido en el mismo artículo, la presente Directiva no excede de lo necesario para alcanzar dicho objetivo*».

4.2.3. Principio de Proporcionalidad

Por lo que se refiere al principio de proporcionalidad (Artículo 5.4, del TUE), la Directiva propuesta se limita a exigir lo que es necesario y proporcionado para aplicar una norma mínima común en toda la UE.

La propuesta refuerza las capacidades y herramientas para seguir, identificar, embargar, gestionar y decomisar los activos ilícitos. Al tiempo que

352. Europol, Evaluación de la amenaza de la delincuencia grave y organizada en la Unión Europea «A Corrupting Influence: The infiltration and undermining of Europe's economy and society by organised crimes» (2021).
353. Reunión con expertos de Eurojust en junio de 2016, citada en el documento de trabajo de los servicios de la Comisión «Evaluación de impacto que acompaña al documento Propuesta de Reglamento del Parlamento Europeo y del Consejo sobre el reconocimiento mutuo de las resoluciones de embargo y decomiso», SWD (2016) 468 final.

garantizan un ámbito de aplicación suficientemente amplio, las medidas se centran en los activos ilícitos relacionados con actividades delictivas por parte de la delincuencia organizada. Asimismo, la propuesta aclara una serie de obligaciones de carácter más general, lo que permite reducir diferencias entre los Estados miembros que puedan suponer obstáculos a la cooperación transfronteriza y aporta mayor claridad jurídica[354].

Por otra parte, las medidas individuales se limitan a lo necesario y proporcionado a los objetivos de desarticular las actividades de la delincuencia organizada y privar a los delincuentes de significativos beneficios ilícitos. Para ello, por ejemplo, la apertura sistemática de investigaciones de seguimiento de activos se limita a delitos que puedan generar ventajas económicas sustanciales. Este objetivo también se alcanza limitando las posibilidades de decomiso, a falta de sentencia condenatoria por un delito específico, a delitos graves que puedan generar ventajas sustanciales. La proporcionalidad en general se garantiza combinando diferentes medidas con sólidas salvaguardias.

4.2.4. Derechos fundamentales

Por último, y como no podía ser de otra manera, todas las medidas previstas en la propuesta de directiva, así como su aplicación, han de respetar los derechos y libertades fundamentales reconocidos por la Carta de los Derechos Fundamentales de la Unión Europea. Cualquier limitación del ejercicio de los derechos y libertades fundamentales está supeditada al cumplimiento de las condiciones dispuestas en el artículo 52, apartado 1, de la Carta, a saber, observar el principio de proporcionalidad con respecto a la finalidad legítima de cumplir efectivamente objetivos de interés general reconocidos por la Unión y proteger los derechos y libertades de los demás. Las limitaciones deben ser establecidas por ley y respetar el contenido esencial de los derechos y libertades reconocidos por la Carta.

La injerencia de las medidas propuestas en los derechos fundamentales (incluidos, en particular, los derechos de propiedad) se justifica por la necesidad de privar de manera efectiva a los delincuentes —y, en particular, a la delincuencia organizada— de sus activos ilícitos, pues son, tanto la principal motivación de sus delitos, como el medio que les permite proseguir y ampliar sus actividades delictivas. Entiende el legislador comunitario que las medidas propuestas se limitan a lo necesario para alcanzar dicho obje-

354. Además, el impacto de las medidas propuestas en los Estados miembros en cuanto a recursos necesarios y necesidad de adaptar los marcos nacionales se ve compensado por los beneficios que comporta mejorar las capacidades de las autoridades competentes para seguir e identificar, embargar, gestionar y decomisar activos ilícitos.

tivo. Y como ya hemos señalado, el respeto de los derechos fundamentales se garantizará mediante salvaguardias que incluirán vías de recurso efectivas a disposición de la persona afectada en relación con todas las medidas contempladas en la Directiva propuesta, incluidos los nuevos requisitos sobre venta anticipada o el nuevo modelo de decomiso.

Por lo que se refiere al Decomiso, el nuevo modelo de decomiso se justifica por las dificultades que se plantean a la hora de vincular activos con delitos específicos cuando el titular participa en actividades de delincuencia organizada consistentes en delitos múltiples cometidos durante un período prolongado.

Por último, la propuesta de Directiva también garantiza la aplicación de las normas pertinentes de la UE en materia de protección de datos a la hora de poner en práctica la Directiva.

5. DISPOSICIONES GENERALES SOBRE RECUPERACIÓN Y DECOMISO DE ACTIVOS

La propuesta de directiva está organizada en 51 considerandos, 8 capítulos y 37 artículos[355], estructurada de forma sistemática en los siguientes capítulos; en el primero, recoge las disposiciones generales, a continuación, se ocupa del seguimiento e identificaciones de activos (capítulo II), y es en el capítulo III cuando trata, tanto el embargo como el decomiso (artículos 11 a 18), para pasar a continuación a regular la gestión (capítulo IV), las garantías (capítulo V), el marco estratégico en la recuperación de activos (capítulo VI), la cooperación (capítulo VII), y finalizando con las disposiciones finales (capítulo VIII). En estas páginas me voy a centrar en la regulación propuesta sobre el embargo y al decomiso y en los preceptos directamente vinculados a esta materia.

5.1. OBJETO Y ÁMBITO DE APLICACIÓN DE LA PROPUESTA DE DIRECTIVA

En primer lugar, el objeto de la Directiva (art. 1) es establecer normas mínimas sobre seguimiento e identificación, embargo, decomiso y gestión de bienes en el marco de un procedimiento en materia penal[356].

355. Recordemos que la Directiva 2014/42/UE de 3 de abril sobre el Embargo y el Decomiso de los instrumentos y del producto del delito en la Unión Europea, constaba de 44 considerandos y 16 artículos.
356. Este artículo 1 respecto del mismo artículo de la Directiva de 2014, incorpora las referencias a las normas mínimas sobre seguimiento e identificación y sobre la gestión de bienes.

En segundo lugar, su ámbito de aplicación se concreta en el art. 2.1. en las infracciones penales siguientes[357]:

a) participación en una organización delictiva[358];

b) terrorismo[359];

c) trata de seres humanos[360];

d) explotación sexual de menores y pornografía infantil[361];

e) tráfico ilícito de estupefacientes y sustancias psicotrópicas[362];

f) corrupción, tal como se define en el Convenio establecido sobre la base del artículo K.3, apartado 2, letra c), del Tratado de la Unión Europea, relativo a la lucha contra los actos de corrupción en los que estén implicados funcionarios de las Comunidades Europeas o de los Estados miembros de la Unión Europea[363], y en la Decisión marco 2003/568/JAI del Consejo[364];

---

357. Se trata de una lista más amplia que la recogida en el artículo 3 de la Directiva de 2014, por cuanto que incorpora nuevos delitos como la ayuda a la entrada y la estancia irregulares, o los delitos contra el medio ambiente, o los delitos informáticos. Además, esta lista se ve ampliada con las disposiciones contenidas en el art. 2.2. de las propuestas de directiva que incluye una serie de delitos cuando son cometidos en el seno de una organización criminal.

358. Tal como se define en la Decisión marco 2008/841/JAI del Consejo, de 24 de octubre de 2008, relativa a la lucha contra la delincuencia organizada (DO L 300 de 11.11.2008, p. 42).

359. Tal como se define en la Directiva (UE) 2017/541 del Parlamento Europeo y del Consejo, de 15 de marzo de 2017, relativa a la lucha contra el terrorismo y por la que se sustituye la Decisión marco 2002/475/JAI del Consejo y se modifica la Decisión 2005/671/JAI del Consejo (DO L 88 de 31.3.2017, p. 6).

360. Tal como se define en la Directiva 2011/36/UE del Parlamento Europeo y del Consejo, de 5 de abril de 2011, relativa a la prevención y lucha contra la trata de seres humanos y a la protección de las víctimas y por la que se sustituye la Decisión marco 2002/629/JAI del Consejo (DO L 101 de 15.4.2011, p. 1).

361. Tal como se define en la Directiva 2011/93/UE del Parlamento Europeo y del Consejo, de 13 de diciembre de 2011, relativa a la lucha contra los abusos sexuales y la explotación sexual de los menores y la pornografía infantil y por la que se sustituye la Decisión marco 2004/68/JAI del Consejo (DO L 335 de 17.12.2011, p. 1).

362. Tal como se define en la Decisión marco 2004/757/JAI del Consejo, de 25 de octubre de 2004, relativa al establecimiento de disposiciones mínimas de los elementos constitutivos de delitos y las penas aplicables en el ámbito del tráfico ilícito de drogas (DO L 335 de 11.11.2004, p. 8).

363. DO C 195 de 25.6.1997, p. 1.

364. Decisión marco 2003/568/JAI del Consejo, de 22 de julio de 2003, relativa a la lucha contra la corrupción en el sector privado (DO L 192 de 31.7.2003, p. 54).

g) blanqueo de capitales[365];

h) falsificación de medios de pago[366];

i) falsificación de moneda, incluido el euro[367];

j) delitos informáticos[368];

k) tráfico ilícito de armas, municiones y explosivos[369];

l) fraude, incluido el fraude y otras infracciones penales que afectan a los intereses financieros de la Unión[370];

m) delitos contra el medio ambiente, incluido el tráfico ilícito de especies animales protegidas y de especies y variedades vegetales protegidas[371], así como delitos relacionados con la contaminación procedente de buques[372];

365. Tal como se define en la Directiva (UE) 2018/1673 del Parlamento Europeo y del Consejo, de 23 de octubre de 2018, relativa a la lucha contra el blanqueo de capitales mediante el Derecho penal (DO L 284 de 12.11.2018, p. 22).
366. Tal como se define en la Directiva (UE) 2019/713 del Parlamento Europeo y del Consejo, de 17 de abril de 2019, sobre la lucha contra el fraude y la falsificación de medios de pago distintos del efectivo y por la que se sustituye la Decisión Marco 2001/413/JAI del Consejo (DO L 123 de 10.5.2019, p. 18).
367. Tal como se define en la Directiva 2014/62/UE del Parlamento Europeo y del Consejo, de 15 de mayo de 2014, relativa a la protección penal del euro y otras monedas frente a la falsificación (DO L 151 de 21.5.2014, p. 1).
368. Tal como se define en la Directiva 2013/40/UE del Parlamento Europeo y del Consejo, de 12 de agosto de 2013, relativa a los ataques contra los sistemas de información y por la que se sustituye la Decisión marco 2005/222/JAI del Consejo (DO L 218 de 14.8.2013, p. 8).
369. tal como se define en el Protocolo contra la fabricación y el tráfico ilícitos de armas de fuego, sus piezas y componentes y municiones, que complementa la Convención de las Naciones Unidas contra la Delincuencia Organizada Transnacional. DO L 89 de 25.3.2014, p. 7.
370. Tal como se define en la Directiva (UE) 2017/1371 del Parlamento Europeo y del Consejo, de 5 de julio de 2017, sobre la lucha contra el fraude que afecta a los intereses financieros de la Unión a través del Derecho penal (DO L 198 de 28.7.2017, p. 29).
371. Tal y como se define en la Directiva 2008/99/CE del Parlamento Europeo y del Consejo, de 19 de noviembre de 2008, relativa a la protección del medio ambiente mediante el Derecho penal (DO L 328 de 6.12.2008, p. 28).
372. Tal y como se define en la Directiva 2009/123/CE del Parlamento Europeo y del Consejo, de 21 de octubre de 2009, por la que se modifica la Directiva 2005/35/CE relativa a la contaminación procedente de buques y la introducción de sanciones para las infracciones (DO L 280 de 27.10.2009, p. 52).

n) ayuda a la entrada y la estancia irregulares[373];

Este ámbito de aplicación se extiende a una serie de delitos «*en la medida en que se cometan en el marco de una organización delictiva*» (art. 2.2.), en concreto relaciona los siguientes delitos:

a) violación de derechos de propiedad intelectual o industrial y falsificación de mercancías;

b) tráfico ilícito de bienes culturales, incluidas las antigüedades y las obras de arte;

c) falsificación de documentos administrativos y tráfico de estos;

d) asesinato o lesiones graves;

e) tráfico ilícito de órganos y tejidos humanos;

f) secuestro, detención ilegal o toma de rehenes;

g) robo organizado o a mano armada;

h) chantaje y extorsión;

i) tráfico de vehículos robados;

j) delitos fiscales[374] relacionados con los impuestos directos e indirectos definidos en el Derecho nacional de los Estados miembros, que lleven aparejada una pena privativa de libertad o medida de seguridad privativa de libertad de al menos un año.

Como vemos este listado incluye los delitos enumerados en el artículo 83 del TFUE y los delitos armonizados en toda la UE. Además, incorpora una serie de delitos que suelen cometer los grupos de delincuencia organizada,

373. Tal y como se define en la Decisión Marco 2002/946/JAI del Consejo, destinada a reforzar el marco penal para la represión de la ayuda a la entrada, a la circulación y a la estancia irregulares (DO L 328 de 5.12.2002, p. 1). Y la Directiva 2002/90/CE destinada a definir la ayuda a definir la ayuda a la entrada, a la circulación y a la estancia irregulares (DO L 328 de 5.12.2002, p. 17).

374. Como señala el considerando número 10 en la Propuesta de Directiva: «*...es fundamental incluir en el ámbito de aplicación de la Directiva los delitos fiscales en la medida en que los cometan organizaciones delictivas, ya que este delito específico es una fuente de beneficios, sobre todo cuando se comete en un contexto transfronterizo. Las técnicas más frecuentemente empleadas para cometer fraude o evasión fiscal consisten en utilizar estructuras empresariales transfronterizas o mecanismos similares para obtener de manera fraudulenta ventajas y devoluciones fiscales, ocultar activos o beneficios, mezclar beneficios y activos lícitos con otros ilícitos o transferirlos a entidades extranjeras para ocultar sus orígenes o su titularidad real*».

así como delitos relacionados con el incumplimiento de medidas restrictivas de la UE[375]. A efectos de localización e identificación de bienes, se contemplan delitos castigados con penas privativas de libertad de una duración máxima de al menos un año.

Por otro lado, la propuesta de Directiva que nos ocupa se aplicará también al incumplimiento de medidas restrictivas de la Unión (art. 2.3), así como a «cualquier otra infracción penal establecida en otros actos jurídicos de la Unión si estos establecen específicamente que la presente Directiva se aplica a los delitos allí definidos» (Art. 2.4). Y como cláusula de cierre, concreta que «las disposiciones sobre seguimiento e identificación de instrumentos y productos o bienes del capítulo se aplicarán a todas las infracciones penales definidas en el derecho nacional que lleven aparejada una pena privativa de libertad o medida de seguridad privativa de libertad de al menos un año» (art. 2.5), recordemos que el capítulo II se dedica al «Seguimiento e identificación», y que por lo tanto el legislador establece un mínimo de pena para operar este seguimiento e identificación.

5.2. DEFINICIONES

Y, en tercer lugar, el artículo 3 contiene las definiciones a las que habremos de atenernos a efectos de la propuesta de Directiva. Sobre esta cuestión, se mantienen las definiciones actualmente incluidas en la Directiva sobre Decomiso de 2014, y añade nuevas definiciones como los conceptos de «sanciones financieras específicas» y «medidas restrictivas de la UE». Por otro lado, las referencias al término «activo» deben entenderse de manera

375. Como señala el considerando número 9 de la Propuesta de Directiva:
«Debido al carácter polidelictivo y a la cooperación sistémica y lucrativa de las organizaciones delictivas que participan en toda clase de actividades ilícitas en diferentes mercados, la lucha eficaz contra la delincuencia organizada requiere poder aplicar medidas de embargo y decomiso que puedan aplicarse los beneficios de todos los delitos en los que intervienen grupos de delincuencia organizada. Se trata, entre otros, de delitos incluidos en los ámbitos delictivos enumerados en el artículo 83, apartado 1, tales como el tráfico ilícito de armas, municiones y explosivos, tal como se define en el Protocolo contra la fabricación y el tráfico ilícitos de armas de fuego, sus piezas y componentes y municiones, que complementa la Convención de las Naciones Unidas contra la Delincuencia Organizada Transnacional, en la que la Unión es Parte. Además de los delitos enumerados en el artículo 83, apartado 1, el ámbito de aplicación de la Directiva debe abarcar todos los delitos armonizados en el ámbito de la UE, incluidos los fraudes contra los intereses financieros de la Unión Europea, dada la creciente actividad de grupos delictivos organizados en este ámbito delictivo. Asimismo, la Directiva debe contemplar los delitos medioambientales, negocio esencial de los grupos delictivos organizados, que a menudo va ligado al blanqueo de capitales o atañe a desechos y residuos generados por la producción y tráfico de drogas. La ayuda a la entrada y estancia irregulares es una actividad esencial de los grupos delictivos organizados y suele estar relacionada con la trata de seres humanos».

no técnica. Y a efectos de las disposiciones sobre seguimiento e identificación, embargo, decomiso y gestión de bienes en el marco de un procedimiento en materia penal, se utilizan y definen los términos «producto», «instrumentos» y «bienes». En concreto las definiciones son las siguientes:

1) «producto»: toda ventaja económica derivada, directa o indirectamente, de infracciones penales; puede consistir en cualquier tipo de bien e incluye cualquier reinversión o transformación posterior del producto directo así como cualquier beneficio cuantificable[376];

2) «bienes»: cualquier tipo de bienes, ya sean materiales o inmateriales, muebles o inmuebles, así como los documentos o instrumentos jurídicos acreditativos de un título o derecho sobre esos bienes[377];

3) «instrumento»: cualquier bien utilizado o destinado a utilizarse de cualquier forma, total o parcialmente, para cometer una o varias infracciones penales;

376. De conformidad con el considerando número 13 de la Propuesta de Directiva: «*A fin de hacerse con los bienes que puedan transformarse y transferirse para ocultar su origen y garantizar la armonización y claridad de las definiciones en toda la Unión, debe darse una definición amplia de producto del delito, que incluya el producto directo de la actividad delictiva y todos los beneficios indirectos, incluida la posterior reinversión o transformación del producto directo, en consonancia con las definiciones del Reglamento (UE) 2018/1805 del Parlamento Europeo y del Consejo (Reglamento (UE) 2018/1805 del Parlamento Europeo y del Consejo, de 14 de noviembre de 2018, sobre el reconocimiento mutuo de las resoluciones de embargo y decomiso (DO L 303 de 28.11.2018, p. 1). Por consiguiente, el producto debe incluir cualquier bien, aunque haya sido transformado o convertido, total o parcialmente, en otro bien, y el que haya sido entremezclado con otro bien adquirido legítimamente, hasta el valor estimado del producto entremezclado. También debe incluir los ingresos u otras ventajas económicas derivadas del producto del delito o de bienes procedentes de la transformación, conversión o mezcla de dicho producto*».

377. Como se recoge en el considerando número 12 de la Propuesta de la Directiva «*A fin de hacerse con los bienes que puedan transformarse y transferirse para ocultar su origen y garantizar la armonización y claridad de las definiciones en toda la Unión, deben definirse de manera amplia los bienes que pueden ser objeto de embargo y decomiso. Dicha definición debe incluir los documentos o actos legales que demuestran la titularidad o el interés en bienes sujetos a embargo y decomiso, tales como, por ejemplo, instrumentos financieros o documentos que puedan considerarse títulos de crédito y que normalmente obran en posesión de la persona afectada por el procedimiento de que se trate, así como fideicomisos. La presente Directiva se entiende sin perjuicio de los procedimientos nacionales vigentes en materia de posesión de documentos o actos jurídicos que acrediten titularidad u otros derechos sobre bienes, aplicados por las autoridades nacionales competentes o los organismos públicos de conformidad con el Derecho nacional. La definición debe abarcar todas las formas de bienes, incluidos los criptoactivos*».

4) «seguimiento e identificación»: cualquier investigación realizada por las autoridades competentes para determinar los instrumentos, productos o bienes que puedan derivarse de actividades delictivas;

5) «embargo»: la prohibición temporal de transferir, destruir, convertir, enajenar o poner en circulación bienes, o la custodia o el control temporales de bienes;

6) «decomiso»: la privación definitiva de un bien dictada por un órgano jurisdiccional en relación con una infracción penal;

7) «SIENA»: la Aplicación de la Red de Intercambio Seguro de Información gestionada por Europol y destinada a facilitar el intercambio de información entre los Estados miembros y Europol;

8) «organización delictiva»: una organización delictiva, tal como se define en el artículo 1 de la Decisión marco 2008/841/JAI del Consejo[378];

9) «víctima»: una víctima, tal como se define en el artículo 2, apartado 1, letra a), de la Directiva 2012/29/UE del Parlamento Europeo y del Consejo[379], así como una persona jurídica, tal como se define en el Derecho nacional, que haya sufrido un perjuicio como consecuencia de cualquiera de los delitos incluidos en el ámbito de aplicación de la presente Directiva;

378. A efectos de la mencionada Decisión Marco 2008/841/JAI del Consejo de 24 de octubre de 2008, relativa a la lucha contra la delincuencia organizada (DO L 300 de 11 de noviembre de 2008) se entiende por
1. «"organización delictiva": una asociación estructurada de más de dos personas, establecida durante un cierto período de tiempo y que actúa de manera concertada con el fin de cometer delitos sancionables con una pena privativa de libertad o una medida de seguridad privativa de libertad de un máximo de al menos cuatro años o con una pena aún más severa, con el objetivo de obtener, directa o indirectamente, un beneficio económico u otro beneficio de orden material;
2. "asociación estructurada": una organización no formada fortuitamente para la comisión inmediata de un delito ni que necesite haber asignado a sus miembros funciones formalmente definidas, continuidad en la condición de miembro, o exista una estructura desarrollada».

379. Directiva 2012/29/UE del Parlamento Europeo y del Consejo, de 25 de octubre de 2012, por la que se establecen normas mínimas sobre los derechos, el apoyo y la protección de las víctimas de delitos, y por la que se sustituye la Decisión Marco 2001/220/JAI del Consejo.

10) «titular real»: un titular real, tal como se define en el artículo 3, punto (6), de la Directiva (UE) 2015/849[380];

11) «medidas restrictivas de la Unión»: medidas adoptadas sobre la base del artículo 29 del Tratado de la Unión Europea y del artículo 215 del Tratado de Funcionamiento de la Unión Europea;

12) «sanciones financieras específicas»: medidas restrictivas específicas de la Unión aplicables a personas o entidades específicas, adoptadas sobre la base del artículo 29 del Tratado de la Unión Europea y del artículo 215 del Tratado de Funcionamiento de la Unión Europea;

La Directiva de 2014 relacionada 6 definiciones, de ellas sólo 5 se incorporan a la propuesta de Directiva que nos ocupa, pues se suprime la definición de «infracción penal»[381], añadiéndose las definiciones de «seguimiento e identificación», «SIENA», «organización delictiva», «víctima», «titular real», «medidas restrictivas de la Unión», y «sanciones financieras específicas». Es decir, un total de 12 definiciones.

5.3. EL SEGUIMIENTO E IDENTIFICACIÓN DE ACTIVOS

Por lo que se refiere al Seguimiento e identificación de activos (Capítulo II, artículo 4 a 10), las disposiciones previstas se basan en el art. 87.2 del TFUE. En primer lugar, para facilitar la cooperación transfronteriza, los EEMM adoptarán medidas que permitan el rápido seguimiento e identificación de instrumentos y productos o de bienes que puedan ser objeto de una resolución de embargo o decomiso en el curso de un proceso penal (art. 4.1 PD)[382].

380. Directiva (UE) 2015/849 del Parlamento Europeo y del Consejo, de 20 de mayo de 2015, relativa a la prevención de la utilización del sistema financiero para el blanqueo de capitales o la financiación del terrorismo, modificada por la Directiva 2018/843/UE (DO L 141 de 5.6.2015, p. 73).;

381. En la Directiva de 2014, «infracción penal» se definía en el art. 2 apartado 6 como «una infracción de las previstas por cualquiera de los actos enumerados en el artículo 3».

382. De acuerdo con el considerando número 14 de la Propuesta de Directiva:
«A la hora de facilitar la cooperación transfronteriza, el seguimiento e identificación de bienes en una fase temprana de una investigación penal es fundamental para garantizar la rápida identificación de los instrumentos, productos o bienes que puedan decomisarse posteriormente, incluidos los relacionados con actividades delictivas en otras jurisdicciones. Para garantizar que las investigaciones financieras sean suficientemente prioritarias en todos los Estados miembros y poder hacer frente a un delito de carácter transfronterizo, es necesario exigir a las autoridades competentes que pongan en marcha el seguimiento de activos desde el momento en que existan sospechas de actividades delictivas que puedan generar ventajas económicas sustanciales».

Y, en segundo lugar, se concreta la necesidad de que cada Estado miembro cree al menos un organismo de recuperación de activos (art. 5.1), determinando los cometidos del mismo (art. 5.2), que serían:

- El seguimiento e identificación de instrumentos, productos o bienes siempre que sea necesario para apoyar a otras autoridades nacionales competentes responsables de las investigaciones de seguimiento de activos. (Es decir fundamentalmente a la Fiscalía, Unidades de Policía Judicial, CITCO, etcétera).
- Seguimiento e identificación de instrumentos, productos o bienes que puedan llegar a ser o sean objeto de una resolución de embargo o decomiso dictada por otro Estado miembro;
- Cooperar e intercambiar información con los organismos de recuperación de activos de otros Estados miembros durante el seguimiento e identificación de instrumentos y productos o bienes que puedan llegar a ser o sean objeto de una resolución de embargo o decomiso.
- Intercambiar información con otros organismos de recuperación de activos de los Estados miembros en relación con la aplicación efectiva de medidas restrictivas de la Unión cuando sea necesario para prevenir, descubrir o investigar infracciones penales.

También habilita a estos organismos de recuperación de activos (los «faculta» dice la norma), para seguir e identificar bienes de personas y entidades sujetas a sanciones financieras específicas de la UE cuando sea necesario para prevenir, descubrir o investigar infracciones penales. A tal efecto la norma señala que «cooperarán» (aquí no es opcional) con los organismos de recuperación de activos y otras autoridades competentes pertinentes de otros Estados miembros e intercambiarán la información pertinente. (art. 5.3.).

5.4. LA ADOPCIÓN DE MEDIDAS INMEDIATAS

Por otro lado (Art. 5.4) se prevé que los EEMM permitirán a los organismos de recuperación de activos adoptar medidas inmediatas con arreglo al artículo 11, apartado 2, cuando sea necesario para prevenir, descubrir o investigar delitos relacionados con el incumplimiento de medidas restrictivas de la Unión. Es decir, estamos hablando de una medida de embargo inmediata (art. 11.2) que sería temporal y urgente no pudiendo exceder de siete días (art. 11.3). Estas resoluciones de embargo deberán ser dictadas por la autoridad competente y estar debidamente motivadas (art. 11.5)[383].

Recordemos aquí que el artículo 11 se ocupa del embargo y en su apartado 2 establece que «*Las medidas de embargo incluirán las actuación inmediata que sea necesaria para la conservación de los bienes*», por lo que, a la vista del 5.2 en relación con el 11.2 y 11.5 de la norma, se trata de una suerte de medidas cautelarísimas o provisionalísimas, en el supuesto concreto de incumplimiento de medidas restrictivas de la Unión, y siempre y cuando sea necesario para prevenir, descubrir o investigar delitos relacionados con este supuesto, que precisará que la resolución de embargo este dictada por una autoridad competente y esté debidamente motivada.

383. El artículo 11.5 de la Directiva señala que «Los Estados miembros velarán por que las resoluciones de embargo con arreglo a los apartados 1, 2, 3 y 4 sean dictadas por una autoridad competente y estén debidamente motivadas».
Como señala el Considerando número 15, «*Deben también emprenderse investigaciones de seguimiento e identificación de bienes que permitan prevenir, descubrir o investigar delitos penales relacionados con el incumplimiento de medidas restrictivas de la Unión. Para ello, los organismos de recuperación de activos deben estar facultados para seguir e identificar los bienes de personas o entidades sujetas a sanciones financieras específicas. Una vez identificados los bienes, los organismos de recuperación de activos deben tener la facultad de embargarlos temporalmente para garantizar que no desaparezcan*».

Capítulo IX

Embargo, decomiso y gestión de activos. Novedades e innovaciones en la propuesta de reforma

1. EMBARGO Y DECOMISO

La propuesta de Directiva se ocupa del Embargo y Decomiso en el Capítulo III (en 8 artículos, del art. 11 a 18). Y como indica en su considerando número 20 «*El decomiso conduce a la privación definitiva de los bienes. No obstante, la conservación del bien puede ser un requisito previo al decomiso y es a menudo fundamental para la ejecución efectiva de una resolución de decomiso. El bien se conserva mediante el embargo*[384]. *Para evitar la desaparición de los bienes antes de que se dicte la resolución de embargo, las autoridades competentes de los Estados miembros, incluidos los organismos de recuperación de activos, deben estar facultadas para adoptar inmediatamente las medidas necesarias para asegurar esos bienes*».

Las disposiciones sobre embargo y decomiso se basan en el artículo 83 del TFUE, y las disposiciones del capítulo III se aplicarán a los delitos comprendidos en el ámbito de aplicación del artículo 2, apartados 1, 2, 3 y 4 de la Directiva, pero no al embargo en virtud de medidas restrictivas de la Unión.

1.1. EMBARGO

Por lo que se refiere al Embargo, el artículo 11.1 exige a los Estados miembros que adopten las medidas necesarias para permitir el embargo de

384. Como se indica en el considerando número 22, «*Las medidas de embargo deben entenderse sin perjuicio de que un bien específico pueda considerarse como prueba a lo largo del procedimiento, siempre y cuando esté disponible para la ejecución efectiva de la resolución de decomiso. Puede realizarse el embargo de un bien en el contexto de un procedimiento penal con vistas a una posible restitución ulterior o como garantía de una indemnización por daños y perjuicios provocados por una infracción penal*».

bienes que sea necesario para garantizar un posible decomiso. Las medidas de embargo incluirán la actuación inmediata que sea necesaria para la conservación de los bienes (art. 11.2). Y como ya hemos señalado anteriormente, los organismos de recuperación de activos pueden adoptar las medidas inmediatas contempladas en el apartado 2, hasta que se dicte una resolución de embargo con arreglo al apartado 1. En este caso se trataría de una medida temporal y urgente que no podrá exceder de 7 días. Se trata como vemos de un embargo provisionalísimo y temporal (art. 11.3). Las precisiones hasta aquí realizadas sobre el embargo, son de aplicación a los bienes en posesión de terceros (art. 11.4).

En todos los casos las resoluciones de embargo se dictarán por una autoridad competente y deberán estar debidamente motivadas (art. 11.5). Por otro lado, la propuesta de directiva contempla una salvaguardia específica (art. 11.6) que establece que la resolución de embargo únicamente seguirá vigente durante el tiempo necesario, debiendo restituirse el bien de inmediato si no se decomisa[385].

1.2. DECOMISO

Por lo que respecta al Decomiso, el legislador comunitario exige a los Estados Miembros que permitan el Decomiso, ya sea total o parcial, de los instrumentos y productos derivados de una infracción penal, previa resolución penal firme condenatoria (decomiso ordinario) que podrá ser también resultado de un procedimiento tramitado en ausencia del acusado (art. 12.1). También se podrá decomisar los bienes de valor equivalente al producto del delito («decomiso del valor» contemplado en las normas vigentes de la UE), que a su vez podrá ser resultado de un procedimiento en rebeldía (art. 12.2)[386].

385. Las condiciones o normas procesales en virtud de las cuales se restituya los bienes decomisados a tu titular se determinarán en el derecho nacional. Sobre esta cuestión *vid.* el considerando número 21, «... *que las órdenes de embargo limitan el derecho a la propiedad, dichas medidas provisionales no deben mantenerse más allá de lo necesario para preservar la disponibilidad de los bienes con vistas a su posible decomiso. Para ello puede ser necesario que el órgano jurisdiccional nacional proceda a una revisión con objeto de velar por que la finalidad de evitar la desaparición del bien siga siendo válida*».

386. Como se recoge en el considerando número 23 «*Además de las medidas de decomiso, que permiten a las autoridades privar a los delincuentes de los productos o instrumentos directamente derivados de los delitos, tras una sentencia condenatoria firme, es necesario permitir el decomiso de bienes de valor equivalente a dichos productos o instrumentos a fin de hacerse con bienes de valor equivalente a los productos e instrumentos de un delito cuando sea imposible localizarlos. Los Estados miembros son libres de definir el decomiso de bienes de valor equivalente con carácter subsidiario o alternativo al decomiso directo, según proceda de conformidad con el Derecho nacional*».

1.2.1. El Decomiso de terceros

Cabe también el decomiso de terceros. Hoy en día, una práctica ampliamente generalizada es que un sospechoso o persona acusada transfiera activos delictivos a una tercera persona[387] con el conocimiento de ésta de esa situación o que, al menos, hubieran debido tener conocimiento de que el objetivo de la transferencia o adquisición era evitar el decomiso, basándose en hechos y circunstancias concretas, entre ellas que la transferencia se haya realizado gratuitamente o a cambio de un importe significativamente inferior al valor del mercado. El supuesto característico es el de los testaferros[388], que simplemente prestan su nombre en un contrato o negocio que, en realidad es de otra persona, siendo habitual que sean familiares del «hombre de atrás», al tener que ser de su absoluta confianza.

Por otro lado, la propuesta de la Directiva también establece específicamente, como hacía la Directiva de 2014 en su art. 6, y con la importancia que ello conlleva, que las normas sobre decomiso de bienes de terceros deben extenderse tanto a personas físicas como jurídicas, y en cualquier caso no deberán verse perjudicados los derechos de los terceros que actúen de buena fe[389]. Así el artículo 13 exige a los Estados miembros que permitan

---

387. Como recoge el considerando número 24 «*Es práctica común y extendida que una persona sospechosa o acusada transfiera bienes o fondos a un tercero con su conocimiento a fin de evitar el decomiso. La adquisición por un tercero se refiere a situaciones en las que, por ejemplo, el bien ha sido adquirido por el tercero, directa o indirectamente, por ejemplo mediante un intermediario, de manos de un sospechoso o persona acusada, incluso cuando la infracción penal haya sido cometida en su nombre o en su beneficio, en caso de que el acusado carezca de bienes que puedan decomisarse. Ese decomiso debe ser posible en aquellos casos en que se haya determinado que los terceros tenían o habrían debido tener conocimiento de que el objetivo de la transferencia o adquisición era evitar el decomiso, basándose en hechos y circunstancias concretas, entre ellas la de que la transferencia se realizó gratuitamente o a cambio de un importe significativamente inferior al valor de mercado. Las normas sobre decomiso de terceros deben hacerse extensivas tanto a las personas físicas como jurídicas, sin perjuicio del derecho de los terceros a ser oídos, incluido el derecho a reclamar la propiedad de los bienes en cuestión. En cualquier caso, no deben verse afectados los derechos de terceros que actúen de buena fe*».

388. Una completa explicación de esta figura la podemos encontrar en la STS núm. 1440/2014 (Sala 2.ª) de 9 de septiembre.

389. Esta no es la primera vez que el legislador europeo se ocupa del decomiso de bienes y efectos en poder de terceros (pues ya se preveía antes de la Directiva de 2014 en la DM 2005/212/JAI), ahora bien, lo hacía como una opción o posibilidad del Estado en relación a su inclusión en el ordenamiento penal interno, y con la Directiva de 2014 lo que hizo fue imponer la preceptiva incorporación al derecho interno de los Estados Miembros, y por ello el artículo 6 de la mencionada Directiva de 2014 especificó que «los Estados miembros adoptarán las medidas necesarias para posibilitar el decomiso de productos del delito u otros bienes cuyo valor correspondan a productos, que directa o indirectamente, hayan sido transferidos a terceros por un sospechoso o acusado, o que hayan sido adquiridos por terceros —el intermediario—, de un sospechoso o un acusado...» en los supuestos previstos en el precepto.

el decomiso de los bienes transferidos por el acusado o sospechoso a un tercero con el fin de evitar el decomiso (el «decomiso de terceros» previsto en la Directiva sobre decomiso). Este decomiso solo se justifica cuando el tercero sabía o debiera haber sabido (aquí opera la presunción[390]) que la transmisión de bienes se realizaba con ese objetivo. Se concreta en el precepto que este tipo de decomiso no afectará a los derechos de terceros de buena fe. Las disposiciones contemplan las circunstancias pertinentes a la hora de llevar a cabo esta evaluación[391].

390. En la regulación actual del decomiso de bienes de terceros, el nivel de conocimiento que se le exige al tercero es un elemento central de la figura, en este sentido, el legislador decidió establecer una presunción en el art. 127 *quater*. 2 CP, entendiendo que dicho tercero conocerá —salvo prueba en contrario— la procedencia ilícita de los bienes o que se produce su transmisión con el objeto de evitar su decomiso, «cuando dichos bienes sean transferidos a título gratuito o por un precio inferior al real de mercado». Sin duda alguna en el caso de que la transmisión hubiera sido a título gratuito se establece una presunción *iuris tantum*. Por otro lado, en relación a la expresión «precio inferior al real…» no deja de ser equívoca y necesitará precisión jurisprudencial, a estos efectos resulta más precisa la empleada en el considerando número 24 y en el artículo 6 de la Directiva 2014/42/UE que expresamente señala un «importe significativamente inferior al valor de mercado», que, en cualquier caso, también exigirá su correspondiente matización.
Como ya he manifestado en otro trabajo, el recurso a las presunciones no puede vaciar de contenido los derechos básicos de sospechosos y acusados como la presunción de inocencia. «En definitiva, no puede obviarse que el Estado que procede al decomiso de bienes, no hace valer un derecho, sino que ejerce el *ius puniendi*, la potestad sancionadora de la que está investido, y por lo tanto exige la aplicación de todas las garantías inherentes a un proceso penal como son la mencionada presunción de inocencia, el derecho a un proceso justo, la tutela judicial efectiva, el respeto al principio *ne bis in idem*, y el derecho a un abogado, entre otras, sin que haya lugar a la minoración de estos derechos básicos recurriendo a la «proporcionalidad», a la discutida naturaleza del decomiso, o haciendo creativas alusiones terminológica como la «prueba semiplena», por cuanto que, estamos ante un proceso penal, en el que los hechos han de quedar probados o no probados, y en el que la inversión de la carga de la prueba sobre presunciones legales, genera dificultades por cuanto que es el indicio el que se constituye en el centro de la actividad probatoria», *Vid*. GARRIDO CARRILLO, F. J. «Límites a una política de decomiso total en la lucha contra la delincuencia organizada. Derechos y Garantías procesales en el Sistema de indicios y en la inversión de la carga de la prueba», pp. 49-83, en «*Retos en la lucha contra la delincuencia organizada. Un estudio multidisciplinar: Garantías, Instrumentos y control de los beneficios económicos*», GARRIDO CARRILLO, F. J. (director), Ed. Aranzadi, Navarra, 2021.

391. Es de interés anotar aquí como el TJUE en su Sentencia de 21 de octubre de 2021 (Sala tercera), en el marco de un procedimiento prejudicial en relación la Directiva 2014/42/UE, en su parágrafo 85 relativo a la cuarta cuestión prejudicial planteada, concreta que es necesario que la persona afectada, aún, siendo una persona distinta del autor de la infracción penal, es decir un tercero en posesión del bien, tenga la facultad de intervenir como parte en el procedimiento de decomiso en defensa de sus intereses, en virtud del artículo 47 de la CDFUE.

Como vemos, en la propuesta de Directiva, el legislador comunitario se ha basado en una serie de presunciones, que exigen al tercero, no sólo que no conozca el origen delictivo de los bienes, efectos o ganancias, sino también que no tenga motivos para sospechar que de esa forma se dificultaba el decomiso, esto es lo que se conoce en EEUU como «ignorancia deliberada»[392].

Con respecto al Decomiso de Terceros, a esta cuestión le he dedicado el capítulo III de esta obra, por lo que me remito a lo dicho allí, en relación a las deficiencias y contradicciones que presenta la regulación actual en la materia. Esperemos que, en la transposición de la nueva propuesta de Directiva, se tengan en cuenta estas observaciones y se produzcan una mejora sustantiva de la regulación actualmente vigente.

En concreto el artículo 13 de la propuesta de Directiva dispone que: «*1. Los Estados miembros adoptarán las medidas necesarias para poder proceder al decomiso de productos del delito u otros bienes cuyo valor corresponda a productos que, directa o indirectamente, hayan sido transferidos a terceros por un sospechoso o acusado o hayan sido adquiridos por terceros de un sospechoso o acusado.*

El decomiso de dichos productos u otros bienes se permitirá en aquellos casos en que dichos terceros tuvieran o hubieran debido tener conocimiento de que el objetivo de la transferencia o adquisición era evitar el decomiso y se basará en hechos y circunstancias concretas, entre ellas la de que la transferencia o adquisición se haya realizado gratuitamente o a cambio de un importe significativamente inferior al valor de mercado.

2. El apartado 1 no afectará a los derechos de terceros de buena fe».

Y, como vemos en esta redacción en relación al concepto de tercero, lo primero que destacamos es el concepto amplio que emplean. Tercero es, no sólo quien ostenta la titularidad del bien, sino también todo aquel que ostente algún derecho real sobre el mismo, y que se pueda ver afectado por el decomiso. Por otro lado, el legislador comunitario en relación al decomiso de bienes de terceros determina que «*no afectará a los derechos de terceros de buena fe*». Por su parte esperemos, ahora sí y no como hizo con la transpo-

392. Al respecto *vid.* CORCOY BIDASOLO, M. L., «Comentario al Título VI. De las consecuencias accesorias», *en Comentarios al Código penal, reforma LO 1/2015 y LO 2/2015*, CORCOY BIDASOLO Y MIR PUIG (directores). Tirant lo Blanch, Valencia 2015, p. 451. Visto de esta manera, para el legislador español una conducta imprudente sería suficiente para adoptar el decomiso de terceros. Por lo que, como afirma CORCOY BIDASOLO, *op. cit.*, p. 403. depende del alcance que se le dé a la figura, pues podría infringir el derecho de propiedad que forma parte de las normas imperativas internacionales de *ius cogens*.

sición de la Directiva de 2014, que el legislador nacional si incorpore al ordenamiento nacional esta referencia explícita al tercero de buena fe[393].

1.2.2. El decomiso ampliado

Por lo que se refiere al denominado decomiso ampliado, el artículo 14 exige a los Estados miembros que permitan el decomiso de bienes de una persona condenada cuando el órgano jurisdiccional nacional de un Estado miembro tenga la certeza de que los bienes proceden de una actividad delictiva[394]. En su apreciación, el órgano jurisdiccional nacional debe atender a todas las circunstancias del caso, incluido el hecho de que el valor del bien sea desproporcionado con respecto a los ingresos lícitos de la persona condenada. En comparación con la Directiva actual sobre decomiso, esta posibilidad debe existir para todos los delitos incluidos en el ámbito de aplicación de la Directiva.

1.2.3. Decomiso no basado en sentencia condenatoria.

El artículo 15 de la propuesta de Directiva se ocupa del Decomiso no basado en sentencia condenatoria[395], y conforme al mismo se exige a los

393. Como ya hemos dejado dicho, a día de hoy, el legislador español, no ha recogido la referencia explícita al tercero de buena fe, habiendo desaparecido la contenida en el antiguo artículo 127 CP, lo que sí ha hecho es establecer la previsión recogida el art. 127 *quáter 2* del CP, conforme a la cual «*se presumirá, salvo prueba en contrario, que el tercero ha conocido o ha tenido motivos para sospechar que se trataba de bienes procedentes de una actividad ilícita o que eran transferidos para evitar su decomiso, cuando los bienes o efectos le hubieran sido transferidos a título gratuito, o por un precio inferior al real de mercado*». Es decir, el legislador español, ha conformado un sistema en el que ha establecido dos supuestos, en los que se presume la falta de buena fe por parte del tercero, es decir cuando los bienes o efectos le hubieran sido transferidos a título gratuito, o por un precio inferior al real de mercado. En estos supuestos por lo tanto tendría el tercero la carga probatoria, de que no fue así.

394. *Vid.* Considerando número 25 de la Propuesta de Directiva.

395. En concreto el artículo 15 de la propuesta de directiva determina que: «1. Los Estados miembros adoptarán las medidas necesarias para permitir, en las condiciones contempladas en el apartado 2, el decomiso de instrumentos y productos, o de los bienes a que se refiere el artículo 12, o que se hayan transferido a terceros a efectos del artículo 13, en casos en los que se hayan incoado procedimientos penales que no haya podido continuar debido a las circunstancias siguientes: a) enfermedad del sospechoso o acusado; b) fuga del sospechoso o acusado; c) fallecimiento del sospechoso o acusado; d) inmunidad penal del sospechoso o acusado según la legislación nacional; e) amnistía concedida al sospechoso o acusado según la legislación nacional; f) expiración de los plazos fijados por la legislación nacional, cuando dichos plazos no sean lo suficientemente prolongados para permitir la investigación y el enjuiciamiento efectivos de las infracciones penales pertinentes.

Estados miembros que prevean la posibilidad de decomiso cuando se disponga de todas las pruebas de infracción penal, pero no sea posible la sentencia condenatoria debido a un número limitado de circunstancias. Entre estas figuran, además de la enfermedad y la fuga (ya incluidas en la Directiva de 2014 sobre decomiso[396]), la propuesta de Directiva incorpora como novedad el fallecimiento del sospechoso o acusado, así como la inmunidad o amnistía o el hecho de que hayan expirado los plazos estipulados en la legislación nacional. El ámbito de aplicación en materia de delitos se limita a los que lleven aparejada una pena máxima de privación de libertad de al menos cuatro años[397].

1.2.4. Decomiso de patrimonio no explicado

Por otro lado, en la propuesta de directiva, y esto si es una novedad extraordinaria respecto de la regulación de 2014, se incorpora el Decomiso de patrimonio no explicado vinculado a actividades delictivas (art. 16)[398], lo que procede cuando los activos se embarguen sobre la base de sospechas

---

2. El decomiso sin sentencia condenatoria previa se limitará a las infracciones penales que puedan dar lugar, directa o indirectamente, a una ventaja económica sustancial, y únicamente en la medida en que el órgano jurisdiccional nacional haya resuelto que concurren todos los elementos de la infracción.
3. Antes de que el órgano jurisdiccional dicte una resolución de decomiso en el sentido de los apartados 1 y 2, los Estados miembros velarán por que se respeten los derechos de defensa de la persona afectada, en particular, concediendo acceso al expediente y reconociendo el derecho a ser oído en cuestiones de hecho y de Derecho.
4. A efectos del presente artículo, el concepto de "infracción penal" incluirá los delitos enumerados en el artículo 2 cuando lleven aparejada una pena privativa de libertad de un máximo de al menos cuatro años».

396. Previsión contenida en el artículo 4.2 de la Directiva de 2014/42/UE.
397. *Vid.* Considerando número 26 de la Propuesta de Directiva).
398. En concreto la regulación del artículo 16 dispone: «1. Los Estados miembros adoptarán las medidas necesarias para permitir el decomiso de bienes cuando el decomiso no sea posible de conformidad con los artículos 12 a 15 y se reúnan las condiciones siguientes: a) los bienes se hayan embargado dentro de una investigación de delitos cometidos en el marco de una organización delictiva; b) la infracción penal contemplada en la letra a) pueda dar lugar, directa o indirectamente, a una ventaja económica sustancial; c) el órgano jurisdiccional nacional haya resuelto que los bienes embargados se derivan de infracciones penales cometidas en el marco de una organización delictiva.
2. A la hora de determinar si los bienes embargados proceden de una actividad delictiva, se tendrán en cuenta todas las circunstancias del caso, incluidos los hechos concretos y las pruebas disponibles, tales como que el valor de los bienes sea sustancialmente desproporcionado con respecto a los ingresos lícitos del titular del bien.
3. A efectos del presente artículo, el concepto de "infracción penal" incluirá los delitos contemplados en el artículo 2 cuando lleven aparejada una pena privativa de libertad de un máximo de al menos cuatro años.

de implicación en actividades de delincuencia organizada y cuando no sea posible el decomiso con arreglo a otras disposiciones de la Directiva[399].

Dicho de otra manera, este decomiso procede, cuando no sea posible llevarlo a cabo de conformidad con los artículos 12 a 15, y se reúnan las condiciones siguientes (art. 16.1):

a) Los bienes se hayan embargado dentro de una investigación de delitos cometidos en el marco de una organización delictiva.

b) La infracción penal contemplada en la «letra anterior», pueda dar lugar, directa o indirectamente a una ventaja económica sustancial.

c) El órgano jurisdiccional nacional haya resuelto que los bienes embargados se derivan de infracciones penales cometidas en el marco de una organización delictiva.

Únicamente se debe permitir el decomiso de activos cuando el órgano jurisdiccional nacional esté convencido de que los activos en cuestión proceden de actividades delictivas. Esta conclusión debe basarse en una apreciación global de todas las circunstancias del caso, incluido si el valor del bien es desproporcionado con respecto a los ingresos legales de su titular. Y por último, el ámbito de aplicación en materia de delitos se limita a los que lleven aparejada una pena máxima de privación de libertad de al menos cuatro años.

Por otro lado, los Estados miembros, velarán por que se respeten los derechos de defensa de la persona afectada, en particular, concediendo acceso al expediente y reconociendo el derecho a ser oído en cuestiones de hecho y de Derecho (art. 16.4)[400]. Y por otro lado los Estados miembros también deben permitir las investigaciones de seguimiento de activos posteriores a la sentencia condenatoria para garantizar la ejecución efectiva de una resolución de decomiso (artículo 17). Y deberán permitir que los bienes decomisados se puedan destinar a fines públicos o sociales..

---

4. Antes de que el órgano jurisdiccional dicte una resolución de decomiso en el sentido de los apartados 1 y 2, los Estados miembros velarán por que se respeten los derechos de defensa de la persona afectada, en particular, concediendo acceso al expediente y reconociendo el derecho a ser oído en cuestiones de hecho y de Derecho».

399. Es decir, no sea posible el decomiso previsto en los artículos 12 a 15 (Decomiso ordinario, decomiso de valor, Decomiso de terceros, decomiso ampliado). *Vid.* Sobre esta cuestión el Considerando número 28 de la Propuesta de Directiva.

400. En definitiva, «*los Estados miembros deben estipular y garantizar al titular la posibilidad efectiva de demostrar que el bien en cuestión procede de actividades lícitas*» Considerando número 28 *in fine* de la Propuesta de Directiva.

Por último, en relación al decomiso, se prevé en la propuesta garantizar que el derecho a indemnización de las víctimas no se vea afectado por dicho decomiso (art. 18), en relación a una reclamación que dicha víctima pueda efectuar en base a una infracción penal, respecto de una persona sometida a una medida de decomiso.

2. LA GESTIÓN DE ACTIVOS Y MARCO ESTRATÉGICO EN SU RECUPERACIÓN

2.1. LA GESTIÓN DE ACTIVOS

Las disposiciones sobre gestión de activos (Capítulo IV. Artículos 19 a 21) se basan en el artículo 83 del TFUE. Y se aplicarán a los delitos incluidos en el ámbito de aplicación del artículo 2, apartados 1, 2, 3 y 4 de la Directiva, pero no al embargo en virtud de medidas restrictivas de la Unión. Como se indica en el considerando número 29 de la Propuesta de Directiva «*Para garantizar que los bienes que sean o puedan ser objeto de una resolución de embargo o decomiso mantengan su valor económico, los Estados miembros deben establecer medidas de gestión eficaces. Dichas medidas deben incluir una evaluación sistemática de la mejor manera de preservar y optimizar el valor de los bienes antes de la adopción de medidas de embargo, evaluación también denominada "planificación previa a la incautación"*».

En primer lugar los Estados miembros han de garantizar la gestión eficaz de los bienes embargados y decomisados hasta su enajenación, y para ello, las autoridades competentes, antes de dictar la correspondiente resolución llevarán a cabo una evaluación de los costes que supondrá la gestión de los bienes susceptibles de ser embargados, y todo ello con el objeto de preservar y optimizar el valor de los bines hasta su enajenación (art. 19).

En segundo lugar, y en la misma línea de llevar a cabo una gestión eficaz, se prevé en la Propuesta de Directiva (art. 20, y considerando número 30), la venta anticipada, es decir, la posibilidad de que los bienes embargados con arreglo al art. 11.1, puedan transferirse o venderse antes de que se dicte una resolución de decomiso, y esto podrá suceder cuando se dé una o varias de las siguientes circunstancias: a) cuando los bienes objeto de embargo sean perecederos o se deprecien rápidamente; b) cuando los gastos de almacenamiento o mantenimiento del bien sean desproporcionados con respecto a su valor; c) cuando el bien sea demasiado difícil de administrar o su gestión requiera acondicionamientos especiales y conocimientos técnicos no fácilmente disponibles.

A la hora de dictar una orden de venta anticipada, hay que respetar una serie de garantías, pues deberá de tenerse en cuenta los intereses del titular del bien, y en particular si el bien destinado a la venta es fácilmente sustituible. Y con excepción de los casos de fuga, los Estados miembros velarán porque el titular de los bienes que puedan ser objeto de venta anticipada pueda ser oído antes de la venta. Por último, se ofrecerá al titular la posibilidad de solicitar la venta del bien (Art. 20.2).

Por otro lado «Los ingresos procedentes de ventas anticipadas deben asegurarse en espera de una resolución judicial sobre el decomiso. A fin de garantizar que los bienes vendidos no se devuelvan a personas condenadas por las infracciones penales contempladas en el artículo 2, los Estados miembros adoptarán las medidas adecuadas para proteger a terceros compradores de bienes vendidos frente a medidas de represalia». (Art. 20.3). Y por último, los Estados miembros podrán exigir que los costes de gestión de los bienes embargados se imputen al titular real (art. 20.4).

Para la gestión de bienes embargados y decomisados, los Estados miembros crearán o designarán, al menos un organismos de gestión de activos que tendrán como cometidos (art. 21)[401]:

a) garantizar la gestión eficaz de los bienes embargados y decomisados, bien mediante la gestión directa de los bienes embargados y decomisados, bien mediante apoyo y asesoramiento a otras autoridades competentes responsables de la gestión de bienes embargados y decomisados;

b) brindar apoyo a la planificación previa a la incautación por parte de las autoridades competentes responsables de la gestión de bienes embargados y decomisados;

c) cooperar con otras autoridades competentes responsables del seguimiento e identificación, embargo y decomiso de bienes de conformidad con la presente Directiva;

d) cooperar con otras autoridades competentes responsables de la gestión de bienes embargados y decomisados en casos transfronterizos.

2.2. MARCO ESTRATÉGICO EN LA RECUPERACIÓN DE ACTIVOS

Por lo que se refiere al marco estratégico de recuperación de activos, la mayoría de las disposiciones que se ocupan del mismo (contenidas en el capítulo VI, artículos 24 a 27) son nuevas, y su objetivo es hacer más eficaz

401. Estas tareas del organismo de gestión de activos se describen con mayor precisión que en las disposiciones al respecto de la Directiva sobre decomiso de 2014.

el proceso general de recuperación y decomiso de activos. La estrategia debe contemplar objetivos, necesidades en términos de recursos (incluida la formación), y mecanismos de cooperación entre las autoridades nacionales correspondientes.

Se pretende que los Estados Miembros adopten una estrategia nacional en materia de recuperación de activos que se actualizará al menos cada cinco años (art. 24), y asimismo los organismos de recuperación y gestión de activos, deberán disponer de personal cualificado, y de recursos financieros, técnicos y tecnológicos necesarios para desempeñar eficazmente sus funciones (art. 25).

Se prevé la creación de registros centralizados de bienes embargados y decomisados (art. 26)[402]. Estos registros centralizados recogerán toda la información relacionada con el embargo, decomiso y gestión de instrumentos y productos o bienes que puedan llegar a ser o sean objeto de una resolución de embargo o decomiso, debiendo estar garantizada la seguridad de estos datos.

Los organismos de recuperación de activos, los organismos de gestión de activos, y demás autoridades competentes a efectos de los cometidos previstos en los artículos 4, 19 y 20, podrán introducir, acceder y consultar[403] directa e inmediatamente la información relativa a; a) los bienes objeto de resolución de embargo o decomiso, incluidos los datos que permitan su identificación; b) el valor estimado o real de los bienes en el momento de su embargo, decomiso y enajenación; c) el titular del bien, incluido el titular real, cuando se disponga de esta información; d) la referencia del expediente

402. *Vid.* Considerando número 43 de la Propuesta de Directiva que establece que «*Para ofrecer una visión de conjunto más completa de las medidas de embargo y decomiso adoptadas, los Estados miembros deben establecer un registro central de los instrumentos, productos o bienes embargados, gestionados y decomisados, y recopilar las estadísticas necesarias sobre la aplicación de las medidas pertinentes. Para facilitar la gestión de cada expediente, deben establecerse en el ámbito nacional registros centralizados de instrumentos, productos o bienes embargados y decomisados. El objetivo de la creación de registros centralizados es ofrecer asistencia a todas las autoridades responsables de la recuperación de bienes de origen delictivo gracias a un registro accesible de los bienes embargados, decomisados o administrados, desde el momento en que se embargan hasta su devolución al titular o su enajenación. La información introducida en los registros solo debe conservarse mientras sea necesario para la gestión de cada caso o para la recogida de datos estadísticos. A efectos de gestión de casos, la información no debe conservarse más allá de la enajenación final de los bienes tras una resolución de decomiso o de su devolución al titular en caso de absolución. Únicamente debe darse acceso a la información registrada en los registros centralizados a autoridades responsables de la recuperación de bienes de origen delictivo tales como los organismos de recuperación de activos, los organismos de gestión de activos, los órganos jurisdiccionales nacionales o las autoridades designadas de otro modo con arreglo a las disposiciones nacionales*».

403. *Vid.* art. 26.2 y 3 PD.

nacional del procedimiento relativo al bien; e) el nombre de la autoridad que introduzca la información en el registro; f) el identificador de usuario único del agente que introdujera la información en el registro.

Por último, esta información solo se conservará durante el tiempo necesario para mantener un registro y una visión general de los bienes embargados, decomisados o gestionados, y, en cualquier caso, solo hasta su enajenación o para facilitar las estadísticas anuales a que se refiere el artículo 27[404] (art. 26.4).

3. TRATAMIENTO DE LA INFORMACIÓN EN LA RECUPERACIÓN DE ACTIVOS

3.1. ACCESO A LA INFORMACIÓN

Por lo que se refiere a la información que los Estados miembros deben facilitar directamente a los organismos de recuperación de activos para garantizar una rápida respuesta a las solicitudes de información de otros Estados miembros (artículo 6 PD), este es un aspecto que no regula la Decisión del Consejo relativa a los organismos de recuperación de activos[405]. Lo que hace la propuesta de directiva es determinar que a «efectos del desempeño de las funciones a que se refiere el artículo 5, los Estados miembros velarán por que los organismos de recuperación de activos tengan acceso inmediato y directo a la siguiente información en la medida en que sea necesaria para el seguimiento e identificación de productos, instrumentos y bienes:

---

404. Recoge el artículo 27, que los Estados miembros recopilarán y mantendrán de forma centralizada estadísticas exhaustivas sobre las medidas adoptadas en virtud de la Directiva. Sobre esta cuestión *Vid.* Considerando número 41, que dice «*A fin de garantizar enfoques coherentes entre los Estados miembros en la recogida de estadísticas, deben delegarse en la Comisión los poderes para adoptar actos con arreglo al artículo 290 del TFUE con vistas a complementar la presente Directiva mediante la adopción de normas más detalladas sobre la información que debe recogerse y la metodología que debe emplearse para la recogida de estadísticas*».

405. En este sentido, como se recoge en el considerando número 16 de la propuesta de Directiva, «*Dado el carácter transnacional de las finanzas utilizadas por los grupos delictivos organizados, los Estados miembros deben intercambiar rápidamente información que pueda conducir a la identificación de los instrumentos y productos del delito y otros bienes que sean propiedad o estén bajo el control de delincuentes o de personas o entidades sujetas a medidas restrictivas de la Unión. Para ello, es preciso facultar a los organismos de recuperación de activos para seguir e identificar bienes que puedan decomisarse posteriormente, garantizar que tengan acceso a la información necesaria en condiciones claras y establecer normas sobre el intercambio rápido de información, ya sea de forma espontánea o previa solicitud. En casos urgentes en los que exista un riesgo de desaparición del bien, las respuestas a la información deberán cursarse lo antes posible, y a más tardar en un plazo de ocho horas*».

a) los datos fiscales, incluidos los datos conservados por las autoridades tributarias y fiscales;

b) los registros inmobiliarios nacionales o sistemas electrónicos de recuperación de datos nacionales y los registros de la propiedad y catastrales;

c) los registros nacionales de ciudadanía y población de personas físicas;

d) los registros nacionales de vehículos de motor, aeronaves y embarcaciones;

e) las bases de datos comerciales, incluidos los registros mercantiles y de sociedades;

f) los registros nacionales de la seguridad social;

g) información pertinente que obre en poder de las autoridades competentes con vistas a prevenir, descubrir, investigar o enjuiciar infracciones penales» (Art. 6.1).

Si dicha información no se conserva en bases de datos o registros, los Estamos miembros deberán adoptar las medidas necesarias para garantizar que los organismos de recuperación de activos puedan obtener dicha información con rapidez por otros medios. (art. 6.2). Y naturalmente el acceso directo e inmediato a esta información se «entenderá sin perjuicio de las garantías procesales establecidas en el derecho nacional» (art. 6.3).

Por lo que se refiere a la transferencia de los datos e informaciones conservados en los repositorios de la ORGA[406] a petición de otros organismos análogos, hemos de tener en cuenta si la información de que dispone tiene naturaleza jurisdiccional y por tanto, su disponibilidad queda reservada a la decisión de órgano auxiliado como propietario de aquella o, en su caso, condicionada a lo prescrito por organismo de cooperación internacional que en primera instancia los haya cedido[407]. No obstante, lo dicho, esta realidad

406. La Oficina cuenta con un detallado Plan de Protección de Datos y una instrucción de su directora general por la que se regulan los accesos a las distintas fuentes de datos y el modo en que pueden emplearse las informaciones obtenidas, todo ello de acuerdo con lo establecido en la Ley Orgánica 7/2021, de 26 de mayo, de protección de datos personales tratados para fines de prevención, detección, investigación y enjuiciamiento de infracciones penales y de ejecución de sanciones penales.

407. Las condiciones de uso de la información quedan reflejadas en el propio documento de cesión y su más estricta observancia se fundamente en el consolidado principio de confianza mutua entre organismos de cooperación internacional.

no debe suponer una limitación en la mayoría de los casos por cuanto si existe una necesidad de información por un organismo interesado con competencia en la materia, se puede obtener una autorización para el uso de la mencionada información en un procedimiento distinto o para satisfacer la necesidad legal de obtener información[408].

3.2. CONDICIONES DE ACCESO A LA INFORMACIÓN Y SISTEMA DE SEGUIMIENTO Y CONSULTA

• Condiciones de acceso a la información

Establecido el acceso a la información (art. 6), las condiciones de acceso para los organismos de recuperación de activos se recogen en el artículo 7, que establece salvaguardas específicas y que pretende garantizar que las autoridades nacionales tengan acceso a la información sobre la base de la necesidad de conocer con arreglo a las normas de seguridad y confidencialidad necesaria. Es por ello que la disposición establece que:

- Accederá a la información, personal específicamente designado y autorizado, únicamente cuando sea necesario, y caso por caso.
- Deberá ser personal con capacidades y competencias especializadas necesarias para desempeñar sus funciones con eficacia, y deberán cumplir las normas sobre confidencialidad y secreto profesional contempladas en la legislación nacional aplicable[409].
- Y, por último, con el fin de que los organismos de recuperación de activos puedan acceder a la información a que se refiere el artículo 6 y consultarla, los Estados miembros velarán por que se adopten las medidas técnicas y organizativas adecuadas para garantizar la seguridad de los datos.

408. En este sentido, al operar la ORGA en aplicación de la Ley 31/2010 y, fuera del ámbito europeo, en lo que de forma normalmente análoga señalan los acuerdos y tratados internacionales, esta materia deviene, precisamente, en uno de los instrumentos más sensibles y eficaces para alcanzar los objetivos de interés público que justifican su existencia y que de ningún modo podría alcanzar a cumplir sino es en el marco de la colaboración multidisciplinar e interinstitucional.

409. Al establecer aquí la legislación nacional aplicable en materia de confidencialidad y secreto profesional, a buen seguro se generarán distorsiones, por cuanto que existirán Estados Miembros con distintos niveles de rigor o laxitud en la materia, con los problemas que ello conllevará.

- **Sistema de seguimiento y consulta. Registros**

Asimismo, se concreta un sistema de «Seguimiento del acceso y la consulta por parte de los organismos de recuperación de activos», que pretende evitar cualquier conducta indebida o un acceso inadecuado a la información por las autoridades nacionales competentes[410]. De esta forma y «*no obstante lo dispuesto en el artículo 25 de la Directiva 2016/680*[411]*, los Estados miembros velarán por que las autoridades que posean la información a que se refiere el artículo 6 conserven registros de todas las actividades de acceso y búsqueda realizadas por los organismos de recuperación de activos con arreglo a la presente Directiva*[412]*. Y estos registros, únicamente podrán utilizarse para fines de control de la protección de datos, incluida la comprobación de la legalidad del tratamiento de datos, y a fin de garantizar la seguridad e integridad de los datos*»[413] (art. 8.1).

410. *Vid.* Considerando número 37, y 38 de la Propuesta de Directiva.

411. Directiva (UE) 2016/680 del Parlamento Europeo y del Consejo, de 27 de abril de 2016, relativa a la protección de las personas físicas en lo que respecta al tratamiento de datos personales por parte de las autoridades competentes para fines de prevención, investigación, detección o enjuiciamiento de infracciones penales o de ejecución de sanciones penales, y a la libre circulación de dichos datos y por la que se deroga la Decisión Marco 2008/977/JAI del Consejo (DO L 119 de 4.5.2016, p. 89).

412. Dichos registros contendrán la información siguiente: a) el número de referencia del expediente nacional; b) la fecha y hora de la búsqueda o consulta; c) el tipo de datos utilizados para iniciar la búsqueda o consulta; d) el identificador único de los resultados de la consulta o búsqueda; e) el nombre del organismo de recuperación de activos que haya consultado el registro; f) el identificador de usuario único del agente que haya realizado la búsqueda o consulta.
El acceso a las bases de datos y registros pertinentes en virtud de la propuesta de Directiva debe servir de complemento al acceso a la información sobre cuentas bancarias con arreglo a la Directiva (UE) 2019/1153 del Parlamento Europeo y del Consejo [Directiva (UE) 2019/1153 del Parlamento Europeo y del Consejo, de 20 de junio de 2019, por la que se establecen normas destinadas a facilitar el uso de información financiera y de otro tipo para la prevención, detección, investigación o enjuiciamiento de infracciones penales y por la que se deroga la Decisión 2000/642/JAI del Consejo (DO L 186 de 11.7.2019, p. 122)] y a la información sobre titularidad real con arreglo a la Directiva (UE) 2015/849 del Parlamento Europeo y del Consejo [Directiva (UE) 2015/849 del Parlamento Europeo y del Consejo, de 20 de mayo de 2015, relativa a la prevención de la utilización del sistema financiero para el blanqueo de capitales o la financiación del terrorismo, modificada por la Directiva 2018/843/UE (DO L 141 de 5.6.2015, p. 73)].

413. «Dichos registros estarán protegidos por medidas adecuadas contra el acceso no autorizado y serán suprimidos una vez transcurridos cinco años desde su creación. No obstante, en caso de que sean necesarios para procedimientos de supervisión que estén en curso, se suprimirán una vez que los procedimientos de supervisión ya no requieran dichos registros» (art. 8.2. *in fine*).

3.3. EL INTERCAMBIO DE INFORMACIÓN, Y PLAZOS

- **El intercambio de información**

Por último se regula el intercambio de información (art. 9) entre los organismos de recuperación de activos, tanto *motu proprio* como previa petición, con mucho mayor detalle que la Decisión del Consejo sobre organismos de recuperación de activos, en particular al contemplar los objetivos de dichos intercambios, la información mínima que deben incluir las solicitudes transfronterizas, el canal de intercambio de información (SIENA[414]) y los motivos de denegación.

En este sentido se prevé que los Estados miembros adoptarán las medidas necesarias para garantizar que sus organismos de recuperación de activos, a instancias de un organismo de recuperación de activos de otro Estado miembro, faciliten toda la información necesaria para el desempeño de sus cometidos con arreglo al art. 5 de la PD[415].

Se prevé también el intercambio de información entre organismos de recuperación de activos de distintos Estados miembros, sin necesidad de solicitud (art. 9.3) siempre y cuando «*posean información sobre instrumentos, productos o bienes que consideren necesaria para cumplir los cometidos de los organismos de recuperación de activos con arreglo al artículo 5. Al facilitar dicha infor-*

414. Como señala el Considerando número 18 de la Propuesta de Directiva: «*A fin de garantizar la seguridad de la información compartida entre los organismos de recuperación de activos, para toda comunicación entre los organismos de recuperación de activos en virtud de la presente Directiva debe ser obligatorio utilizar la Aplicación de la Red de Intercambio Seguro de Información (SIENA), gestionada por Europol con arreglo al Reglamento (UE) 2016/794 del Parlamento Europeo y del Consejo. Por consiguiente, a fin de poder cumplir todas las tareas encomendadas por la presente Directiva, todos los organismos de recuperación de activos deben poder acceder directamente a SIENA*».

415. Conforme al artículo 9.1 «*Las categorías de los datos personales que pueden facilitarse figuran en la lista del anexo II, sección B, punto 2, del Reglamento (UE) 2016/794.*
Los datos personales que deban facilitarse se determinarán caso por caso según lo necesario para llevar a cabo los cometidos contemplados en el artículo 5.
2. Al presentar una solicitud con arreglo al apartado 1, el organismo de recuperación de activos solicitante especificará con la máxima precisión posible lo siguiente: a) el objeto de la solicitud; b) los motivos de la solicitud, incluida la pertinencia de la información solicitada para el seguimiento e identificación del bien; c) la naturaleza del procedimiento; d) el tipo de delito para el que se presenta la solicitud; e) la relación entre el procedimiento y el Estado miembro al que se dirige la solicitud; f) los detalles sobre los bienes buscados u objeto del procedimiento, tales como cuentas bancarias, bienes inmuebles, vehículos, buques, aeronaves, empresas y demás elementos de gran valor; g) y/o sobre las personas físicas o jurídicas presuntamente implicadas, tales como nombres, direcciones, fechas y lugares de nacimiento, fecha de registro, accionistas o sede; h) en su caso, los motivos de la urgencia de la solicitud».

mación, los organismos de recuperación de activos expondrán las razones por las que se considera necesaria la información intercambiada».

Por otro lado, los Estados miembros velaran por que la información facilitada por los organismos de recuperación de activos, puedan presentarse como prueba ante los órganos jurisdiccionales nacionales de los Estados Miembros de conformidad con los procedimientos del derecho nacional. (art. 9.4). Debiendo de utilizar los organismos de recuperación de activos el sistema SIENA para intercambiar información (art. 9.5).

El legislador también prevé en la Propuesta de Directiva (art. 9.6), la negativa «a facilitar información al organismo de recuperación de activos solicitante», y ello será posible si existen razones de hecho para presumir que facilitando esta información: a) Se perjudica intereses esenciales en materia de seguridad nacional del Estado miembro requerido; b) o se compromete una investigación en curso o una operación de inteligencia criminal, o supone una amenaza inminente para la vida o la integridad física de una persona. Las negativas a facilitar información deberán ser motivadas, y las denegaciones solo afectarán a la parte de la información solicitada a la que afecten los motivos establecidos en el apartado 6, y no alterará, cuando proceda, la obligación de facilitar las otras partes de la información de conformidad con la presente Directiva. (art. 9.7).

- **Plazos**

Por último, se establecen los plazos para el suministro de información (artículo 10), que no modifican los plazos establecidos en la Decisión del Consejo sobre organismos de recuperación de activos que se remite a los plazos de la Decisión Marco 2006/960/JAI del Consejo[416]. Estos plazos son de siete días naturales en el caso de las solicitudes que no sean urgentes, y 8 horas en el caso de solicitudes urgentes relacionadas con la información a que se refiere el art. 6.1, almacenada en bases de datos y registros[417].

---

416. Decisión marco 2006/960/JAI del Consejo, de 18 de diciembre de 2006, sobre la simplificación del intercambio de información e inteligencia entre los servicios de seguridad de los Estados miembros de la Unión Europea (DO L 386 de 29.12.2006, p. 89).
417. En concreto el artículo 10.2. establece que «*Cuando la información solicitada con arreglo al apartado 1, letra b), no esté directamente disponible, o la solicitud con arreglo al apartado 1, letra a), imponga una carga desproporcionada, el organismo de recuperación de activos que reciba la solicitud podrá aplazar el suministro de la información. En tal caso, el organismo de recuperación de activos que reciba la solicitud informará inmediatamente al organismo solicitante de este aplazamiento y facilitará la información solicitada lo antes posible y, en cualquier caso, en un plazo de tres días a partir del plazo inicial establecido con arreglo al apartado 1*».

4. LAS GARANTÍAS PREVISTAS EN LA PROPUESTA DE DIRECTIVA

Por lo que se refiere a las Garantías[418], las mismas se recogen en el Capítulo V, con sólo dos artículos, el artículo 22 dedicado a la obligación de informar a las personas afectadas y el artículo 23 que se ocupa de los recursos[419]. Las garantías contempladas en esta sección se basan en gran medida en las disposiciones actuales de la Directiva sobre decomiso, además de incluir clarificaciones adicionales para mejorar su eficacia y permitir su adaptación a las nuevas normas de protección de datos[420].

418. Las disposiciones sobre garantías se basan en el artículo 82, apartado 2, del TFUE. Las disposiciones del capítulo V se aplicarán a los delitos incluidos en el ámbito de aplicación del artículo 2, apartados 1, 2, 3 y 4 de la Directiva.

419. En este sentido la propuesta de Directiva sigue la línea de la Directiva 2014/42/UE, pues afecta sustancialmente a los derechos personales, no sólo de los sospechosos o acusados, sino también de terceros no procesados, y en esta medida es necesario establecer las garantías y recursos judiciales que aseguren la protección de los derechos fundamentales de todos los afectados. Es por ello una exigencia para el legislador comunitario, la protección de los derechos de los justiciables y a garantizar el derecho a la tutela judicial efectiva y a un juicio justo.

420. Sobre la protección de datos se recomienda el análisis que, sobre la protección de dicho derecho en la actividad de la ORGA, desarrolla RODRÍGUEZ-MEDEL NIETO, C., 12. La oficina de recuperación y gestión de activos: protección de datos y transparencia en *Los avances del espacio de Libertad, Seguridad y Justicia de la UE en 2017*: II Anuario ReDPE, Wolters Kluwer, Las Rozas, 2018.
Por otro lado, no podemos olvidar en la materia las sentencias de 17 de octubre de 2013, *Schwarz,* C-291/12, apartado 25 y de 8 de abril de 2014, *Digital Rights Ireland y otros,* C-293/12 y C-594/12, apartado 36, que recogen la doctrina del TJUE en relación a la concreción de la existencia de una injerencia en los derechos a la protección de datos de carácter personal y a la vida privada, por el mero hecho de tratar datos de los interesados, con independencia de la operación en que consista éste. Muy significativo a este respecto es el Dictamen TJUE 1/15 (Acuerdo PNR UE-Canadá), de 26 de julio de 2017, apartados 124 y 126, que también vincula en estos tratamientos al derecho a la vida privada personal y familiar, al afirmar que «Como ya ha declarado el Tribunal de Justicia, la comunicación de datos de carácter personal a un tercero, como una autoridad pública, constituye una injerencia en el derecho fundamental consagrado en el artículo 7 de la Carta, cualquiera que sea la utilización posterior de la información comunicada. Lo mismo puede decirse de la conservación de los datos de carácter personal y del acceso a esos datos con vistas a su utilización por parte de las autoridades públicas». Asimismo, y en relación al tratamiento efectuado por autoridades para la investigación y enjuiciamiento penal ponen de relieve tal circunstancia las Conclusiones del Abogado TJUE dictadas el 3 de mayo de 2018 en asunto C-207/16, apartados 77-78, en las que expresa que «una operación de este tipo [de acceso de la policía a una base de datos para su aportación a una investigación judicial] también puede constituir una injerencia en la protección de los datos personales garantizada en el artículo 8 de la Carta, en la medida en que supone el tratamiento de datos personales».

Sin duda alguna las resoluciones de embargo y decomiso afectan sustancialmente a los derechos de los sospechosos y acusados y, en determinados casos, de terceros no procesados[421]. Es por ello que la Directiva debe contemplar garantías específicas y recursos judiciales que protejan sus derechos fundamentales, pues el procedimiento de embargo y decomiso ha de respetar el derecho a un juez imparcial, el derecho a la tutela judicial efectiva y la presunción de inocencia, consagrados en los artículos 47 y 48 de la Carta de los Derechos Fundamentales de la Unión Europea[422].

4.1. LA OBLIGACIÓN DE INFORMAR

Por lo que se refiere a la obligación de informar (art. 22), se determina que las personas afectadas, ya sea por las resoluciones de embargo (de conformidad con el art. 11), o por las resoluciones de decomiso (con arreglo a los artículo 12 a 16) y por las órdenes de venta de los bienes (previstas en el art. 20), han de ser informadas de dichas medidas, incluidos los motivos. Por lo tanto el primer pilar básico para articular la garantía de los afectados se fundamenta en la información o comunicación de la resolución que corresponda, incluida los motivos de la misma. En el considerando número 34, se recoge esta obligación de una forma más genérica, indicando que «... *dicha comunicación debe, por regla general, indicar el motivo o motivos de la resolución en cuestión*», y asimismo concreta, para cuando no sea posible una condena penal, que el acusado, o titular afectado ha de ser oído antes de adoptarse la resolución, salvando de esta manera el derecho de defensa[423].

4.2. RECURSOS Y SISTEMA DE GARANTÍAS

Y en lo que se refiere a los recursos, el legislador comunitario en el artículo 23 de la propuesta de directiva contempla requisitos más específicos, que garantizan vías de recurso efectivas contra las medidas adoptadas

421. Sobre la Intervención de terceros, *Vid.* GARRIDO CARRILLO, F. J. «La intervención de terceros afectados por el decomiso», p. 493-522, en *Garantías Procesales de investigados y acusados. Situación actual en el ámbito de la Unión Europea*, ARANGÜENA FANEGO, C. y DE HOYOS SANCHO. M. (Dir.) Ed. Tirant lo Blanch, Valencia 2018.
422. *Vid.* Considerando número 33 de la Propuesta de Directiva.
423. En concreto y como dispone el considerando número 34, «*Las resoluciones de embargo, decomiso y venta anticipada deben comunicarse sin demora a la parte afectada. El objetivo de comunicar dichas resoluciones es, entre otros, permitir que la persona afectada pueda impugnarlas si así lo desea. Por lo tanto, dicha comunicación debe, por regla general, indicar el motivo o motivos de la resolución en cuestión. La parte afectada debe tener la posibilidad efectiva de impugnar las resoluciones de embargo, decomiso y venta anticipada. En el caso de las resoluciones de decomiso en las que se den todos los elementos de una infracción penal, pero sea imposible una condena penal, el acusado debe tener la posibilidad de ser oído antes de adoptarse la resolución. Debe preverse la misma posibilidad para el titular afectado por una resolución de venta de los bienes antes de su decomiso*».

conforme a la referida Directiva, incluido, entre otras cosas, el derecho a asistencia letrada.

Se trata en definitiva de un «mini-código» de garantías procesales que pretende cubrir todas las posibles incidencias y deficiencias que puedan darse en la aplicación práctica de esta normativa. Así, en concreto, y como primer paso, el precepto se abre, a modo de pórtico, con una cláusula general que establece la obligación para los Estados miembros de garantizar que las personas afectadas por las medidas establecidas en la Directiva, tengan derecho, a la defensa, a una tutela judicial efectiva y a un juicio justo a fin de preservar sus derechos[424](art. 23.1).

En segundo lugar, siendo el legislador comunitario consciente de las dificultades que se han planteado en las legislaciones nacionales, concreta (art. 23.2) la obligación para los Estados miembros de prever y regular la posibilidad efectiva de que la persona cuyos bienes se vean afectados pueda recurrir la resolución de embargo (dictada con arreglo al art. 11) ante un órgano jurisdiccional u otra autoridad judicial con arreglo a los procedimientos del derecho nacional. E incluso se especifica en la norma que, cuando haya adoptado la resolución de embargo una autoridad distinta de una autoridad judicial, el derecho nacional dispondrá que dicha resolución, como paso previo, se someta primero a una autoridad judicial para su validación o revisión, y ello al objeto de poder impugnarla ante un órgano jurisdiccional[425].

Una tercera cuestión es la previsión (art. 23.3) de que los Estados miembros deberán adoptar todas las medidas razonables para garantizar la posibilidad efectiva de ejercer el derecho a impugnar la resolución de decomiso, cuando el sospechoso o acusado se haya fugado. En definitiva, lo que se persigue es que se cite a la persona afectada a comparecer en el procedimiento de decomiso o que se hagan esfuerzos razonables para que la persona tenga conocimiento de dicho procedimiento[426].

Por otro lado, se prescribe la obligación por los Estados miembros de habilitar la posibilidad efectiva de que la persona cuyos bienes se vean afectados por una resolución de decomiso tenga la posibilidad real y efectiva de recurrir dicha resolución así como las circunstancias pertinentes del asunto ante un órgano jurisdiccional u otra autoridad judicial (art. 23.4).

424. Como no puede ser de otra manera a la luz del artículo 47 y 48 de la CDFUE.
425. Es decir, se prevé y garantiza la posibilidad de recurrir ante un órgano jurisdiccional la resolución que le afecte, garantizando de esta manera la tutela judicial efectiva.
426. Lo que se pretende es asegurar la posibilidad de oposición a la resolución que se adopte, y por lo tanto el respeto a su derecho de defensa.

Esto significa que, en el caso de decomiso de terceros, se incluirán los hechos y circunstancias en los que se basó la constatación de que el tercero sabía o habría debido saber que la finalidad de la transferencia o adquisición era evitar el decomiso; o en el caso de los artículo 14 a 16, los hechos específicos y las pruebas disponibles sobre cuya base se considere que los bienes en cuestión proceden de una actividad delictiva.; o en el caso del artículo 15, los hechos y pruebas sobre cuya base el órgano jurisdiccional nacional haya llegado a la conclusión de que concurren todos los elementos de la infracción.

En quinto lugar, se incorpora una cláusula de ajuste o de escape (art. 23.5), en la que el legislador comunitario intenta prevenir excesos, y así, pone en manos del juzgador la posibilidad, en base al principio de proporcionalidad, de no resolver el decomiso en determinados supuestos como son la desproporción con la infracción cometida o con la acusación contra la persona afectada por el decomiso. Y asimismo, en casos excepcionales, también prevé no resolver el decomiso, cuando, conforme al derecho nacional, la persona afectada quede en «*situación de penuria injustificada*», situación que aclara algo más el considerando número 35, cuando dice que «*la persona afectada se encuentre en una situación en la que sea muy difícil sobrevivir, y las circunstancias del caso concreto deben ser decisivas*»[427]. Aclaración esta última que tampoco resuelve gran cosa, por lo que la labor jurisprudencial en esta materia será clave.

Un sexta garantía, se establece con la obligación de articular una vía efectiva de impugnación de las resoluciones dictadas al amparo del artículo 20, es decir la venta anticipada del bien, incorporando la obligación de que dicho recurso tenga efecto suspensivo (art. 23.6). Lo cual, por otro lado es absolutamente coherente.

Por otro lado, y en séptimo lugar se incorpora en la propuesta de Directiva (art. 23.7), el derecho de los terceros a reclamar la titularidad de un bien u otros derechos de propiedad, incluso en los casos a los que hace referencia el artículo 13, que recordemos se ocupada del decomiso de aquellos bienes

427. *Vid.* sobre esta cuestión, el Considerando número 35 «*Al aplicar la presente Directiva, y a fin de garantizar la proporcionalidad de las medidas de decomiso, los Estados miembros deben disponer que no se resuelva el decomiso de bienes en la medida en que resulte desproporcionado con respecto a la infracción en cuestión. Además, en casos excepcionales y según las circunstancias de cada uno, que deben ser decisivas a este respecto, los Estados miembros deben contemplar la posibilidad de no proceder al decomiso en la medida en que según la legislación nacional pueda llevar a una situación de penuria injustificada de la persona afectada. Tales circunstancias excepcionales deben limitarse a aquellos casos en los que la persona afectada se encuentre en una situación en la que sea muy difícil sobrevivir, y las circunstancias del caso concreto deben ser decisivas*».

en los que los terceros tuvieran o hubieran debido tener conocimiento de que *«el objetivo de la transferencia o adquisición era evitar el decomiso y se basará en hechos y circunstancias concretas, entre ellas la de que la transferencia o adquisición se haya realizado gratuitamente o a cambio de un importe significativamente inferior al valor de mercado»* [428].

Y por último, el sistema de garantías de la propuesta de Directiva, se culmina con una clausula de cierre de doble mecanismo (art. 23.8) que prevé que *«Las personas cuyos bienes se vean afectados por las medidas previstas en la presente Directiva tendrán derecho a asistencia letrada durante todo el procedimiento de embargo y decomiso»*, estableciendo en el último inciso del precepto que *«Las personas afectadas deberán ser informadas de este derecho»*. En definitiva, pretende el legislador, que todos, sospechosos, acusados, y terceros, tengan y puedan ejercer su derecho de defensa en el sentido más amplio, pudiendo disponer de asistencia letrada a lo largo de todo el procedimiento.

En definitiva, la nueva propuesta de directiva parece ir en la dirección de lo que hemos mantenido a lo largo de todo este trabajo, puesto que la búsqueda de una mayor eficacia del instrumento de decomiso y en la recuperación de activos, no puede devaluar el sistema de derechos básicos y garantías procesales de sospechosos, acusados, e incluso de terceros. La presunción de inocencia, el derecho a un proceso justo, y el respeto al principio *ne bis in idem*, entre otros, son valores centrales y consustanciales a un proceso penal propio de un Estado de Derecho, y no son renunciables.

5. LA REFERENCIA A LA COOPERACIÓN JUDICIAL, Y CUESTIONES FINALES EN LA PROPUESTA DE DIRECTIVA

5.1. LA OPORTUNA REFERENCIA A LA COOPERACIÓN JUDICIAL

La importancia de la cooperación entre organismos de recuperación de activos y organismos y agencias de la UE, así como con terceros países, también tiene su reflejo en la propuesta de Directiva, que prevé disposiciones novedosas (artículos 28 y 29 del capítulo VII), que persiguen establecer un marco jurídico general que abarque todos los aspectos pertinentes de la

428. Hay que tener en cuenta que, para que sea legal el decomiso de bienes de terceros, éste tiene que haber sido oído, cuando menos en el juicio oral, antes de ser tomada una decisión de importancia para sus intereses jurídicos. De no hacerlo, se le reconoce el derecho a pedir la rescisión de la sentencia por afectar la misma a sus bienes, derechos o situación jurídica (art. 803 ter d.1 I LECr.), puesto que se habrá acordado el decomiso de sus bienes sin darle la oportunidad de oponerse al mismo, por desconocer su existencia (art. 803 ter d.2 LECr.). Ahora bien, en el caso de que el tercero sea llamado finalmente a intervenir, y no se personase, en este supuesto, si cupiera adoptar el decomiso de bienes de terceros en rebeldía.

recuperación de activos. Como recoge la propuesta de Directiva en su considerando número 44, «*Los grupos de delincuencia organizada operan a través de las fronteras y adquieren cada vez más bienes en Estados miembros distintos de aquellos en los que están radicados, así como en terceros países. Dada la dimensión transnacional de la delincuencia organizada, la cooperación internacional es fundamental para recuperar los beneficios y confiscar los activos financieros que permiten actuar a los delincuentes*».

A la vista de la dimensión transnacional del crimen organizado, la propuesta de Directiva, pretende, en primer lugar, garantizar la cooperación entre los organismos de recuperación de activos y agencias de la Unión Europea, como la Fiscalía Europea, Europol y Eurojust a fin de facilitar el seguimiento e identificación de bienes que puedan ser objeto de decomiso (art. 28)[429], y por ello establece la obligación para dichos organismos de recuperación de activos de cooperar con Europol y Eurojust cuando sea necesario para prevenir, descubrir o investigar delitos relacionados con el incumplimiento de medidas restrictivas de la Unión.

Y en segundo lugar, refuerza la propuesta de directiva la cooperación entre los Organismos de Recuperación de Activos y Organismos de Gestión de Activos y sus homólogos de terceros países (artículo 29)[430]. Extendiendo la cooperación, entre los organismos de recuperación de activos, a situaciones en las que sea necesario para prevenir, descubrir o investigar delitos relacionados con el incumplimiento de medidas restrictivas de la Unión.

A la vista de estos objetivos de cooperación y colaboración, que se recogen de una forma genérica en la propuesta de Directiva, será necesario sin duda que el legislador comunitario y nacional actúen en coherencia, y lleven a cabo las adaptaciones y modificaciones legislativas necesarias que profundicen, concreten y permitan avances significativos y cualitativos en la materia, lo que va a exigir reforzar las capacidades y competencias de las instituciones llamadas a tener un papel central en la cuestión como son la Fiscalía Europea, Eurojust y Europol.

429. *Vid.* Considerando número 45 de la propuesta de Directiva.

430. El artículo 29 de la propuesta de Directiva dispone que: «*1. A efectos del desempeño de los cometidos contemplados en el artículo 5, y cuando sea necesario para prevenir, descubrir o investigar delitos relacionados con el incumplimiento de medidas restrictivas de la Unión, los Estados miembros velarán por que los organismos de recuperación de activos, sin perjuicio del marco jurídico aplicable sobre protección de datos, cooperen en la mayor medida posible con sus homólogos de terceros países.*
2. Los Estados miembros velarán por que los organismos de gestión de activos cooperen en la mayor medida posible con sus homólogos de terceros países a efectos del desempeño de los cometidos contemplados en el artículo 21».

5.2. CUESTIONES FINALES

Por último es de interés señalar que solo Dinamarca seguiría obligada por la Decisión del Consejo sobre organismos de recuperación de activos, y la cooperación con los organismos daneses en dicha materia de recuperación de activos seguirá rigiéndose por el acervo pertinente de la UE[431].

Por otro lado, la propuesta de Directiva, en sus disposiciones finales (art. 30 a 37 del Cap. VII), contempla una serie de cuestiones jurídicas y técnicas. En primer lugar, atribuye poderes a la Comisión para adoptar actos delegados con arreglo a las condiciones establecidas en el artículo 30[432]. Y en segundo lugar, se exige a los Estados miembros que comuniquen a la Comisión cuáles son las autoridades competentes designadas y los puntos de contacto pertinentes de conformidad con el artículo 5 y 21 de la propuesta de Directiva (art. 31). Por último, se hacen dos previsiones: por un lado, se prevé el plazo de un año, desde la entrada en vigor de la norma[433], para su

431. Como señala el considerando número 49 de la Propuesta de la Directiva «*De conformidad con los artículos 1 y 2 del Protocolo n.º 22 sobre la posición de Dinamarca, anejo al Tratado de la Unión Europea y al Tratado de Funcionamiento de la Unión Europea, Dinamarca no participa en la adopción de la presente Directiva y no queda vinculada por esta ni sujeta a su aplicación*».

432. El artículo 30 de la Propuesta de directiva dispone; «*1. Se otorgan a la Comisión poderes para adoptar actos delegados en las condiciones establecidas en el presente artículo.*
2. Los poderes para adoptar los actos delegados mencionados en el artículo 27 se otorgan a la Comisión por un período de tiempo indefinido a partir de [la fecha de entrada en vigor de la presente Directiva].
3. La delegación de poderes mencionada en el artículo 27 podrá ser revocada en cualquier momento por el Parlamento Europeo o por el Consejo. La decisión de revocación pondrá término a la delegación de los poderes que en ella se especifiquen. La decisión surtirá efecto el día siguiente al de su publicación en el Diario Oficial de la Unión Europea o en una fecha posterior indicada en ella. La Decisión no afectará a la validez de los actos delegados ya vigentes.
4. Antes de la adopción de un acto delegado, la Comisión consultará a los expertos designados por cada Estado miembro de conformidad con los principios establecidos en el Acuerdo interinstitucional de 13 de abril de 2016 sobre la mejora de la legislación.
5. Tan pronto como la Comisión adopte un acto delegado, lo notificará simultáneamente al Parlamento Europeo y al Consejo.
6. Los actos delegados adoptados en virtud del artículo 27 entrarán en vigor únicamente si, en el plazo de [dos meses] desde su notificación al Parlamento Europeo y al Consejo, ninguna de estas instituciones formula objeciones o si, antes del vencimiento de dicho plazo, ambas informan a la Comisión de que no las formularán. El plazo se prorrogará [dos meses] a iniciativa del Parlamento Europeo o del Consejo».

433. La Propuesta de Directiva, prevé su entrada en vigor a los 20 días de su publicación en el Diario Oficial de la Unión Europea (art. 36), y dicha entrada en vigor, se entiende sin perjuicio de la Directiva 2019/1153/UE del Parlamento Europeo y del Consejo de 20 de junio de 2019, por la que se establecen normas destinadas a facilitar el uso de información financiera y de otro tipo para la prevención, detección, investigación o enjuiciamiento de infracciones penales y por la que se deroga la Decisión 2000/642/JAI del Consejo (DO L 186 de 11.7.2019, p. 122). (art. 34).

transposición al Derecho nacional, y por otro lado, se establece la obligación de la Comisión de informar al Parlamento Europeo y al Consejo sobre la aplicación y posterior evaluación de la Directiva (art. 32 y 33)[434].

434. A los tres años de la entrada en vigor de la Directiva la Comisión presentará un informe al Parlamento Europeo y al Consejo en que se analizará la aplicación de la presente Directiva. Otro se informe se presentará a los 5 años, y sobre la evaluación que se realice de la aplicación de la Directiva, la Comisión decidirá las medidas de seguimiento oportunas, incluida, en caso necesario, una propuesta legislativa.

Bibliografía

ACÓN ORTEGO, I., *La oficina de recuperación y gestión de activos: Aspectos procesales en Decomiso y Oficina de gestión y recuperación de activos*, Fiscalía General del Estado, 2016.

AGUADO CORREA, T., Embargo preventivo y comiso en los delitos de tráfico de Drogas y otros delitos relacionados: presente y ¿Futuro?, *Estudios Penales y Criminológicos, Vol. XXXIII (2013)*, pp. 265-320.

AGUADO CORREA, T., «Comiso: Crónica de una reforma anunciada. Análisis de la Propuesta de Directiva sobre embargo y decomiso de 2012 y del Proyecto de reforma del Código Penal de 2013», *Indret n.º 1, 2014*, pp. 1-56.

AGUADO CORREA, T., «Artículo 127 bis», GÓMEZ TOMILLO, M. (director): *Comentarios prácticos al Código Penal. Parte General.* Artículos 1-137. Tomo I, Cizur Menor: Aranzadi 2015. Pp. 1012-1024.

ARANGÜENA FANEGO, C., «Nuevos avances en la armonización de garantías procesales en la Unión Europea», en GONZÁLEZ CANO, M. I. (coord.), *Cooperación judicial penal en la Unión Europea*, Tirant lo Blanch, Valencia, 2016,

ARANGÜENA FANEGO, C., «Las garantías procesales de sospechosos e imputados en los procesos penales», en GUTIÉRREZ ZARZA, A., *Los retos del espacio de Libertad, Seguridad y Justicia de la Unión Europea en el año 2016*, Reunión Anual ReDPE 2016, La Ley, Wolters Kluwer.

ARANGÜENA FANEGO, C. (Dir.), *Espacio Europeo de libertad, seguridad y justicia. Últimos avances en cooperación judicial penal*, Ed. *Lex* Nova, Valladolid 2010.

ARANGÜENA FANEGO, C. y DE HOYOS SANCHO, M. (directoras), *Garantías procesales de investigados y acusados. Situación actual en el ámbito de la Unión Europea*, Ed. Tirant lo Blanch, Valencia 2018.

ARANGÜENA FANEGO, C. (2017), Orden Europea de Investigación: próxima implementación en España del nuevo instrumento de obtención de prueba penal transfronteriza, *Revista de Derecho Comunitario Europeo*, 58, 905-939. Doi: tttps://doi.org/10-18042/cepc/rdce.58.03.

ARANGÜENA FANEGO, C. «Lucha contra el terrorismo y derechos de los investigados y acusados», pp. 103-127, en GARRIDO CARRILLO, F. J. (director), *Respuesta institucional y normativa al crimen organizado. Perfiles estratégicos para una lucha eficaz,* Ed. Aranzadi, Pamplona, 2022.

BACHMAIER WINTER, L. «Transnational Evidence: Towards the Transposition of the Directive 2014/41 regarding the European Investigation Order in Criminal Matters», *Eucrim,* núm. 2, 2015, pp. 47-60.

BARONA VILAR, S., en MONTERO AROCA/GÓMEZ COLOMER/ BARONA VILAR/ESPARZA ELIBAR/ETXEBERRIA GURIDI, *Derecho Jurisdiccional III, Proceso Penal* (23 edición) Ed. Tirant Lo Blanch, Valencia 2015, p. 585.

BLANCO CORDERO, I., «Comiso ampliado y presunción de inocencia», en PUENTE ABA (Dir), *Criminalidad organizada, terrorismo e inmigración (retos contemporáneos de la política criminal),* ed. Comares, Granada 2008.

CAMPOS NAVAS, D., «La regulación del decomiso. Reforma del Código Penal», *Cuadernos Digitales de Formación, núm. 46,* 2015.

CARRILLO DEL TESO, A. E., *Decomiso y recuperación de activo en el sistema penal español,* Ed. Tirant lo Blanch, Valencia, 2018.

CESANO, J. D. «Entre modelos y compromisos: La Ley de responsabilidad penal empresaria argentina (n.º 27.401). Consideraciones comparatistas y político criminales», pp. 449-481, en GARRIDO CARRILLO, F. J. (director) *Respuesta Instituciona y normativa al Crimen Organizado. Perfiles estratégicos para una lucha eficaz.* Ed. Aranzadi, Pamplona, 2022.

CHOCLAN MONTALVO, J. A, El patrimonio criminal. Comiso y pérdida de ganancia, Ed. Dykinson, Madrid 2001.

CORCOY BIDASOLO, M. L., «Comentario al Título VI. De las consecuencias accesorias», en *Comentarios al Código penal, reforma LO 1/2015 y LO 2/2015,* CORCOY BIDASOLO y MIR PUIG (directores). Tirant lo Blanch, Valencia 2015, pp. 443-460.

CORRAL ESCARIZ, V., Capítulo VI: Las oficinas de recuperación de activos como instrumento de lucha contra el crimen organizado y la corrupción en *Corrupción y delito: Aspectos de derecho penal español y desde la perspectiva comparada,* CASTRO MORENO A., OTERO GONZÁLEZ P. (directoras), Ed. Dykinson, Madrid, 2017, pp. 155-201.

CORTÉS BECHIARELLI, E., *Valoración crítica de la reforma del comiso, RGDP n.º 8,* pp. 8-21, noviembre de 2007.

DE HOYOS SANCHO, M. «Delincuencia organizada e Inteligencia Artificial. Estrategias y propuestas normativas en el contexto de la Unión Europea desde la perspectiva procesal», pp. 283-314, en GARRIDO CARRILLO, F. J. (director), *Respuesta institucional y normativa al crimen organizado. Perfiles estratégicos para una lucha eficaz,* Ed. Aranzadi, Pamplona, 2022.

DELGADO SANCHO, C. D., «La fase preprocesal en el delito fiscal», *Carta Tributaria. Revista de Opinión n.º 44, 2018, 1 de noviembre de 2018,* Ed. Wolters Kluver, pp. 1-14.

DEL MORAL GARCÍA, A. «Justicia penal y corrupción. Análisis singularizado de la ineficiencia procesal», CASTRO MORENO., A, OTERO GONZALEZ, M (Dirs.) *Prevención y tratamiento punitivo de la corrupción en la contratación pública y privada,* Ed. Dykinson, 2016, Madrid.

DE URBANO CASTRILLO, E., «La responsabilidad a título lucrativo», *Revista Aranzadi Doctrinal n.º 3* 2017, pp. 1-8.

FAGGIANI, V., *Los derechos procesales en el espacio europeo de justicia penal. Técnicas de armonización,* Aranzadi, 2017.

FAGGIANI, V., «Le crisi sistemiche dello stato di diritto e i loro effetti sulla cooperazione giudiziaria nell'UE», *Diritto Penale Contemporaneo,* n. 2, 2019, pp. 195-228.

FAGGIANI, V. «Eurojust en la lucha contra la criminalidad organizada», pp. 185-210, en GARRIDO CARRILLO, F. J. (director), *Retos en la lucha contra la delincuencia organizada. Un estudio multidisciplinar; garantías, instrumentos y trol de los beneficios económicos,* Ed. Aranzadi, Pamplona, 2021.

FAGGIANI, V., «La lotta contra il crimine attraverso gli algoritmi: contraddizioni e profili di (om)constituzionalità dell'applicazione dell'IA allá giustizia penale», pp. 245-282, en GARRIDO CARRILLO, F. J. (director), *Respuesta institucional y normativa al crimen organizado. Perfiles estratégicos para una lucha eficaz,* Ed. Aranzadi, Pamplona, 2022.

FAGGIANI, V., «Le direttive sui diritti processuali. Verso un "modello europeo di giustizia penale"?», *Freedom, Security & Justice: European Legal Studies (ISSN-e 2532-2079), 2017, n.º 1*, pp. 84-103 (http://www.fsjeurostudies.eu/2017,-n.-1.html)

FARTO PIAY, T. *El proceso de decomiso autónomo*, Ed. Tirant lo Blanch, Valencia 2021.

GARRIDO CARRILLO, F. J., FAGGIANI, V., «La armonización de los derechos procesales en la UE», en *Revista General de Derecho Constitucional, núm. 16, abril 2013*, pp. 1-40.

GARRIDO CARRILLO, F. J., «Destrucción y realización anticipada de efectos judiciales», en *Estudios sobre el Código Penal Reformado (leyes Orgánicas 1/2015 y 2/2015)*, MORILLAS CUEVA, L. (director), Ed. Dykinson, 2015, pp. 975-999.

GARRIDO CARRILLO, F. J., «*El decomiso. Innovaciones, deficiencias y limitaciones en su regulación sustantiva y procesal*», Ed. Dykinson, 2019, Madrid.

GARRIDO CARRILLO, F. J., «Digitalización e Inteligencia Artificial en el control de los flujos migratorios. Oportunidades y riesgos desde el respeto a los derechos fundamentales», págs. 231-283. en ROMERO PRADAS, M. I. (directora), *Últimos avances en el camino hacia un Derecho Procesal Civil de la Unión Europea*, Ed. Tirant lo Blanch, Valencia 2024.

GARRIDO CARRILLO, F. J. «Instrumentos en la lucha contra el crimen organizado. La Oficina de Recuperación y Gestión de Activos en España», pp. 107-124. Publicado en el número 34 (año 27), año 2020, de la *Revista Peruana de Ciencias Penales*, con ISSN 2306-7608, Lima (Perú).

GARRIDO CARRILLO, F. J. «Límites a una política de decomiso total en la lucha contra la delincuencia organizada. Derechos y Garantías procesales en el Sistema de indicios y en la inversión de la carga de la prueba», pp. 49-83. en *Retos en la lucha contra la delincuencia organizada. Un estudio multidisciplinar: Garantías, Instrumentos y control de los beneficios económicos*, GARRIDO CARRILLO, F. J. (director), Ed. Aranzadi, Navarra, 2021.

GARRIDO CARRILLO, F. J. «La intervención de terceros afectados por el decomiso», pp. 493-522, en *Garantías Procesales de investigados y acusados. Situación actual en el ámbito de la Unión Europea*, ARANGÜENA FANEGO, C. y DE HOYOS SANCHO. M. (Dir.) Ed. Tirant lo Blanch, Valencia 2018.

GASCÓN INCHAUSTI, F., *El Decomiso transfronterizo de bienes*, Ed. Colex, Madrid 2007.

GASCÓN INCHAUSTI, F., «Decomiso, origen ilícito de los bienes y carga de la prueba», en *Problemas del Proceso iberoamericano, Actas de las XX Jornadas Iberoamericanas de Derecho Procesal, Tomo I,* Centro de Ediciones de la Diputación Provincial, Málaga 2006, pp. 587-606.

GASCÓN INCHAUSTI, F., «Las nuevas herramientas procesales para articular la política criminal de decomiso total: La intervención en el proceso de terceros afectados por el decomiso y el proceso para decomiso autónomo de los bienes y productos del delito», *Revista General de Derecho Procesal,* 2016, núm. 38, pp. 1-71.

GIMÉNEZ-SALINAS, A. «Los retos de la criminalidad organizada en España», *Revista de Estudios en Seguridad Internacional,* Vol. 9, n.º 2 (2023), pp. 35-53.

GIMENO BEVIÀ, J., «Recuperación de activos y proceso penal: Algunas cuestiones relevantes», *CEEJ 2014,* núm. 2, pp. 169-197.

GIMENO SENDRA, V., *Derecho Procesal Penal,* 2.ª Edición, Ed. Aranzadi, Navarra 2015.

GÓMEZ COLOMER, J. L., en MONTERO AROCA/GÓMEZ COLOMER/ BARONA VILAR/ESPARZA LEIBAR/ETXBERRIA GURIDI, Derecho Jurisdiccional III. Proceso penal, Edit. Tirant lo Blanch, Valencia 2016.

GÓMEZ RIVERO, M. C., La recuperación de activos procedentes del delito: ¿Hacia el delito de enriquecimiento ilícito?, *Cuadernos de política Criminal, núm. 121,* I, Época II, mayo 2017 pp. 35-70.

GONZALEZ CANO, M. I., *El decomiso como instrumento de la cooperación judicial en la Unión Europea y su incorporación al proceso penal español,* Ed. Tirant lo Blanch, Valencia, 2016.

GONZÁLEZ LÓPEZ, V., «Ejecución de resoluciones de decomiso», en VVAA (Coord. JIMENO BULNES), *La cooperación judicial civil y penal en el ámbito de la Unión Europea; instrumentos procesales,* Ed. Bosch, Barcelona 2007.

GUTIÉRREZ ZARZA, A. (Coord.), *Los retos del Espacio de Libertad, Seguridad y Justicia de la UE* en 2016, Red española de Derecho Penal Europeo (ReDPE), Ed. Wolters Kluwer, Madrid 2017, pp. 1-18.

HASSEMER, W., «Localización de ganancias: Ahora con el Derecho Penal», *Revista de Ciencias Penales*, Vol. I, núm. 1, 1998, pp. 217-220.

HAVA GARCÍA, E., «La nueva regulación del comiso», en *Comentarios a la Reforma penal de 2015*, QUINTERO OLIVARES (Dir.), Thomson Reuters Aranzadi, Cizur Menor, 2015, pp. 213-223.

JAÉN VALLEJO, M. y PERRINO PÉREZ, A. L., La recuperación de activos frente a la corrupción, Editorial Dykinson, 2016.

JIMÉNEZ-VILLAREJO FERNÁNDEZ, F. «La nueva regulación del decomiso y la recuperación de activos delictivos en el ordenamiento jurídico español», *Revista del Ministerio Fiscal*, núm. 0, 2015, pp. 94-145.

JIMÉNEZ-VILLAREJO FERNÁNDEZ, F. «Novedades Legislativas en materia de decomiso y recuperación de activos», *Revista de Derecho Penal* n.º 34, 2011, pp. 91-116.

JIMÉNEZ-VILLAREJO FERNÁNDEZ, F. «La fiscalía ante el Crimen organizado. Referencia a la fiscalía especial contra la corrupción y la criminalidad organizada», pp. 169-222, en GARRIDO CARRILLO, F. J. (director), *Respuesta institucional y normativa al crimen organizado. Perfiles estratégicos para una lucha eficaz,* Ed. Aranzadi, Pamplona, 2022.

JIMÉNEZ-VILLAREJO FERNÁNDEZ, F. «Recuperación de activos en la Unión Europea», en *Decomiso y recuperación de activos Crime Doesn't pay,* RODRÍGUEZ GARCÍA, N., y BERDUGO GÓMEZ DE LA TORRE, I. (Coordinadores), Ed. Tirant lo Blanch, 2020. (www.tirantonline.com Documento TOL8.195.736).

KOSTORIS, Roberto. E., Diritto europeo e giustizia penale, en *Manuale di procedura penale europeo,* a cura di R. E. KOSTORIS, 3.ª Ed. Giuffrè, 2017.

KOSTORIS, Roberto E. «Orden Europea de investigación y derechos fundamentales», *en Garantías procesales de investigados y acusados. Situación actual en el ámbito de la Unión Europea,* Arangüena Fanego C. y De Hoyos Sancho, M. (directoras), Ed. Tirant lo Blanch, Valencia 2018, pp. 321-336.

LEVI, M. (2012); «Crimes of globalization: some measurement issues», Joutsen M. (Ed); *New types of crime. Proceedings of the International Seminar held in connection With HEUNI's thirtieth anniversary Helsinki 20 October 2011,* Helsinki: European Institute for Crime Prevention and Control, pp. 107-115.

LÓPEZ BARJA DE QUIROGA, J., *Tratado de Derecho Procesal Penal, Tomo I*, Sexta edición, Ed. Thomson Reuters Aranzadi, Navarra, 2014.

LÓPEZ JARA, M., «Ley 3/2019 de 11 de junio por la que se modifica la Ley 23/2014, de 20 de noviembre, de reconocimiento mutuo de resoluciones penales en la Unión Europea, para regular la orden europea de investigación», *Diario la Ley n.º 9252*, 5 de septiembre de 2018, pp. 1-39.

MANES, Vittorio, «L'ultimo imperativo della política criminale: nullum crimen sine confiscatione!», *Revista Brasileira de Ciências Criminais*, núm. 121, 2016, pp. 291-332.

MAPILLI MARCHENA, C., *El modelo de la Unión Europea*, Ed. Aranzadi, Cizur Menor, 2014.

MARCHENA GÓMEZ, M. y GONZÁLEZ-CUÉLLAR SERRANO, N., *La reforma de la Ley de Enjuiciamiento Criminal en 2015*, Edit. Castillo de Luna ediciones jurídicas, Madrid, 2015.

MARÍN DE ESPINOSA CEBALLOS, E. «La prostitución y criminalidad organizada», pp. 129-163 en GARRIDO CARRILLO, F. J. (director), *Respuesta institucional y normativa al crimen organizado. Perfiles estratégicos para una lucha eficaz*, Ed. Aranzadi, Pamplona, 2022.

MARTÍN PALLÍN, J. A., «Blanqueo de dinero, secreto profesional y criminalidad organizada», en *Derecho y justicia penal en el Siglo XXI. Liber Amicorum en Homenaje al profesor Antonio González-Cuéllar García*, Madrid, 2006, pp. 651-672.

MARTÍN PÉREZ, J. A., «El comiso de bienes propiedad de tercero; análisis del respeto de las reglas sobre titularidad por las sentencias penales (A propósito del Auto TC 125/2004, de 19 de abril)», *Revista Derecho Privado y Constitución*, n.º 19, enero-diciembre 2005, pp. 225-258.

MARTÍN SAGRADO, O., «El decomiso de las sociedades pantalla», en *Diario La Ley n.º 8768, y n.º 8769*, 2016, pp. 1-9.

MORÁN MARTINEZ, R. A, «El Decomiso: Regulación en la Unión Europea y estado de su aplicación en España», en ARANGÜENA FANEGO, C. (Dir.), *Espacio Europeo de libertad, seguridad y justicia. Últimos avances en cooperación judicial penal*, Ed. Lex Nova, Valladolid 2010, pp. 379-410.

MORÁN MARTÍNEZ, R. «España como país ejecutor de decisiones de embargo y decomiso en el Reglamento (UE) 2018/1805», en *Decomiso y recuperación de activos Crime Doesn't pay*, RODRIGUEZ GARCÍA, N., y

BERDUGO GÓMEZ DE LA TORRE, I. (Coordinadores), Ed. Tirant lo Blanch, 2020. (www.tirantonline.com Documento TOL8.195.739).

MORENO CATENA, *Derecho Procesal penal* (con CORTÉS DOMINGUEZ), Ed. Tirant lo Blanch, Valencia 2015.

MORILLAS CUEVA, L., «Globalización y delincuencia organizada. Respuestas penales», pp. 39-77. En GARRIDO CARRILLO, F. J. (director) *Respuesta Institucional y normativa al crimen organizado. Perfiles estratégicos para una respuesta eficaz.* Ed. Aranzadi, Pamplona 2022.

NIEVA FENOLL, J., «El procedimiento de decomiso autónomo. En especial, sus problemas probatorios» en *Diario La Ley, n.º 8601*, 2015, pp. 1-8.

NUÑOVEROS CISNEROS, L., «Mecanismos civiles y negociados de recuperación de activos de la Gran Corrupción en el Perú», pp. 343-364, en *Planificación, estrategias y medios en la lucha contra el Crimen organizado y en la recuperación de activos*, GARRIDO CARRILLO, F. J. (director), Ed. Aranzadi, Pamplona, 2023.

PÉREZ MARÍN, M. A., «El control de las vías financieras frente a la delincuencia organizada en el Espacio de libertad, seguridad y justicia: los avances hacia la persecución de nuevas amenazas» en GARRIDO CARRILLO, F. J. (director) *Retos en la lucha contra la delincuencia organizada: Un estudio multidisciplinar: garantías, instrumentos y control de los beneficios económicos,* pp. 85-119. Ed. Aranzadi 2021.

PÉREZ MARÍN, M.ª A., «Sobre el procedimiento para el reconocimiento y la ejecución de las resoluciones de embargo: El Reglamento (UE) 2018/1805», en *Revista Internacional Consinter de Direito,* número 9, 2019, pp. 749-774.

PLANCHADELL GARGALLO, A., «La regulación del decomiso en la Ley de Enjuiciamiento Criminal: ¿complemento necesario al Código Penal?», *Revista Aranzadi de Derecho y Proceso Penal,* núm. 46, abril-junio 2017, pp. 23-56.

PLANCHADELL GARGALLO, A., «La regulación del decomiso en la Ley de Enjuiciamiento Criminal: ¿complemento necesario al Código Penal?», en *La Ejecución de sentencias en el Proceso Penal,* Ed. Aranzadi, 2017, pp. 61-98.

QUINTERO OLIVARES, G., Sobre la ampliación del comiso y el blanqueo, y la incidencia en la receptación civil, en *Revista Electrónica de Ciencia*

Penal y Criminología, RECPC 12-r2 (2010), p. R2:1-r2:2. (http://criminet.ugr.es/recpc/12/recpc12-r2.pdf).

RAMOS MÉNDEZ, F. *El sistema procesal español,* 9.ª Ed. Atelier, Barcelona 2013.

REYES LÓPEZ, J. I. «Del Aseguramiento, destrucción y realización anticipada de efectos judiciales, en el orden penal», *LA LEY PENAL, n.º 57, Sección legislación aplicada a la práctica,* febrero 2009, pp. 75-86.

RODRÍGUEZ GARCÍA, N., *«El decomiso de activos ilícitos»,* Ed. Aranzadi, Navarra 2017.

RODRÍGUEZ GARCÍA, N., «Lucha contra la corrupción, decomiso y recuperación de activos», en *El proceso penal en ebullición,* ROCA MARTÍNEZ, J. M. (Dir.), Ed. Atelier, Barcelona, pp. 49-59.

RODRÍGUEZ-MEDEL NIETO, C., *«Prueba penal transfronteriza: su obtención y admisibilidad en España»,* Tesis Doctoral Universidad Complutense, Madrid 2017.

RODRÍGUEZ-MEDEL. C., «La incidencia en la cooperación penal internacional de la Ley Orgánica 7/2021 de protección de datos personales en el proceso penal», pp. 315-340, en GARRIDO CARRILLO, F. J. (director), *Respuesta institucional y normativa al crimen organizado. Perfiles estratégicos para una lucha eficaz,* Ed. Aranzadi, Pamplona, 2022.

RODRÍGUEZ-MEDEL NIETO, C., «España como país emisor de decisiones de embargo y decomiso en el Reglamento (UE) 2018/1805», en *Decomiso y recuperación de activos Crime Doesn't pay,* RODRIGUEZ GARCÍA, N., y BERDUGO GOMEZ DE LA TORRE, I. (Coordinadores), Ed. Tirant lo Blanch, 2020. (www.tirantonline.com Documento TOL8.195.738).

RODRÍGUEZ-MEDEL NIETO, C., 12. La oficina de recuperación y gestión de activos: protección de datos y transparencia en *Los avances del espacio de Libertad, Seguridad y Justicia de la UE en 2017*: II Anuario ReDPE, Wolters Kluwer, Las Rozas, 2018.

RODRÍGUEZ-PIÑERO BRAVO-FERRER, M., «La agilización del proceso penal, el procedimiento de decomiso autónomo y la ampliación de la apelación en el proyecto de reforma de la Ley de Enjuiciamiento Criminal», *Diario la Ley núm. 8527,* 27 de abril de 2015, pp. 1-12.

ROIG TORRES, M., «La regulación del comiso. El modelo alemán y la reciente reforma española», *Estudios Penales y Criminológicos*, vol. XXXVI, 2016, pp. 199-279.

SOSPEDRA NAVAS, F. J. en la obra *Proceso penal Tomo I, Cuestiones Generales. Procedimiento abreviado*. Ed. Aranzadi, 2011.

S. TSAKYRAKIS, «Proportionality: An Assault on Human Rights?», en *International Journal of Constitutional Law*, 2009, 7, pp. 468-493.

TARAZONA LAFARGA, I., 11. El funcionamiento en España de la Oficina de Recuperación y Gestión de Activos (ORGA), *Los avances del espacio de Libertad, Seguridad y Justicia de la UE en 2017: II Anuario ReDPE*, Wolters Kluwer, Las Rozas, 2018,

VALLE MARISCAL DE GANTE, M., «El decomiso tras la LO 1/2015», en *Derecho, Justicia y Universidad. Liber amicorum de Andrés de la Oliva Santos*, DÍEZ-PICAZO GIMÉNEZ, I. y VEGA TORRES, J. (Coords.) Editorial Centro de Estudios Ramón Areces, Tomo II, Madrid, 2016, pp. 3151-3169.

VALLÉS CAUSADA, L., La oficina de recuperación y gestión de activos en la escena nacional e internacional. ¿cómo hacer efectivos el embargo y el decomiso? en *Criminalidad en un mundo global: Criminalidad de empresa, transnacional, organizada y recuperación de activos*, Tirant Lo Blanch, Valencia, 2020, pp. 470-473.

VALLÉS CAUSADA, L. M. «Experiencia en la recuperación y gestión de activos en España» en *Respuesta institucional y normativa al crimen organizado. Perfiles estratégicos para una lucha eficaz*, GARRIDO CARRILLO F. J. (director), Ed. Aranzadi 2021, pp. 381-409.

VÁZQUEZ IRUZUBIETA, C., *Código Penal comentado*, Barcelona, 2015.

VELASCO NÚÑEZ, E. «Crimen organizado: los delitos de organización y grupo criminal», pp-53-77, en GARRIDO CARRILLO, F. J. *Planificación, estrategias y medios en la lucha contra el crimen organizado y en la recuperación de activos*, Ed. Aranzadi, Pamplona, 2023

VERVAELE, J., «Las sanciones de confiscación: ¿Un intruso en Derecho Penal?», *Revista Penal*, 1998, n.º 2, pp. 67-80.

VIDALES RODRÍGUEZ, C., «Consecuencias accesorias: decomiso (art. 127 a 127 octies)» en *Comentarios a la reforma del Código Penal de 2015*, GONZÁLEZ CUSSAC (Dir.), Tirant lo Blanch, Valencia 2015, pp. 391-414.

VILLODRE LÓPEZ, J. «La Orden Europea de investigación penal: transposición de la Directiva 2014/41 del Parlamento Europeo y del Consejo de 3 de abril de 2014 (I)», *Diario La Ley, 24 de mayo de 2018*, pp. 1-10.

Otras fuentes

Comunicado de la Comisión al Parlamento Europeo y al Consejo, de 20 de noviembre de 2008, Productos de la delincuencia organizada: garantizar que *«el delito no resulte provechoso»*, COM (2008) 766 final —no publicado en el Diario oficial—.

Convenio de las Naciones Unidas de 1961 sobre estupefacientes.

Convenio de Viena de 21 de febrero de 1971, sobre psicotrópicos.

Convenio de Naciones Unidas firmado en Viena de 1988, contra el tráfico ilícito de estupefacientes y sustancias psicotrópicas.

Convenio para la represión de la financiación del Terrorismo hecho en Nueva York el 9 de diciembre de 1999.

Convención de la ONU sobre Delincuencia organizada transnacional de 15 de noviembre de 2000.

Convención de las Naciones Unidas contra la corrupción de Nueva York, de 31 de octubre de 2003.

Declaración de la Presidencia del Consejo de Seguridad realizada en la 6277.ª sesión del Consejo de Seguridad, celebrada el 24 de febrero de 2010, con el tema titulado «Amenazas a la paz y la seguridad internacionales». Consultar en S/PRST/2010/4 - S - S/PRST/2010/4 -Desktop (undocs.org).

Estrategia de la UE frente al Crimen organizado 2021-2025 (Documento de 14 de abril de 2021 COM (2021) 170 final.

Estrategia de Seguridad Nacional 2017. BOE n.º 309, 21 diciembre de 2017.

Estrategia Nacional contra el Crimen Organizado y la Delincuencia Grave 2019-2023. La seguridad es un proyecto común. Madrid, junio, 2019.

Informe de la Comisión de fecha 30 de septiembre de 2020 sobre la situación del estado de derecho en la UE. Documento COM (2020) 580 final.

Informe SOCTA 2021 sobre la amenaza de la Delincuencia Organizada y Grave en la Unión Europea (informe de 14 de abril de 2021).

Museo Nacional de Crimen Organizado y Cumplimiento de la Ley (*National Museum of Organized Crime and Law Enforcement*) de Las Vegas, Nevada (themobmuseum.org).

Programa de Estocolmo (Una Europa abierta y segura que sirva y proteja al ciudadano), por el que se establece un plan de trabajo en el Espacio de Libertad, Seguridad y Justicia para el período 2010-2014 (Diario Oficial n.º C 115 de 4/05/2010).

Programa «Justicia» para el período 2014-2020, Reglamento UE n.º 1382/2013 del Parlamento Europeo y del Consejo de 17 de diciembre de 2013 (DO L 354 de 28 de diciembre de 2013.

Programa Justicia para el período 2021-2027, Reglamento (UE) 2021/693 del Parlamento Europeo y del Consejo de 28 de abril de 2021. (Diario oficial L 156, de 5/05/ 2021).

Propuesta de Directiva del Parlamento Europeo y del Consejo sobre recuperación y decomiso de activos de 25 de mayo de 2022 (COM 2022) 245 final).

Recomendación del Consejo Europeo de 30 de marzo de 2004 sobre directrices para la toma de muestras de drogas incautadas a efectos de análisis.

Jurisprudencia de interés

• **Tribunal Europeo de Derechos Humanos**

STEDH de 24 de octubre de 1986, *Agosi c. Reino Unido.*

STEDH de 25 de febrero de 1993, *Miailhe v. Francia.*

STEDH de 16 de diciembre de 1996, *Niemitz v Alemania.*

STEDH de 25 de febrero de 1997, *Z. v. Finlandia.*

STEDH de 5 de julio de 2001, *Phillips c. el Reino Unido.*

STEDH de 23 de julio de 2002, *Janosevic v. Suecia.*

STEDH de 12 de noviembre de 2007, *Smirnov v. Rusia.*

STEDH de 23 de septiembre de 2008, *Grayson y Barnham c. Reino Unido.*

STEDH de 23 de julio de 2009, *Bowler International Unit c. Francia.*

TEDH Decisión de 19 de octubre de 2004, *Falk c. Países Bajos.*

• **Tribunal de Justicia de la Unión Europea**

STJUE de 26 de febrero de 2013. *Asunto Melloni.*

STJUE de 17 de octubre de 2013, *Asunto Schwarz.*

STJUE de 8 de abril de 2014, *Asunto Digital Rights Ireland y otros.*

STJUE de 6 de septiembre de 2016, *asunto Petruhhin, C-182/15.*

STJUE de 5 de abril de 2016, *asuntos acumulados Aranyosi y Caldararu, C-404/15 PPU y C-659/15 PPU.*

STJUE de 6 de marzo de 2018, *Achmea, C284/16.*

STJUE de 25 de julio de 2018, *L. M., asunto C-216/18 PPU.*

Dictamen TJUE 1/15 (Acuerdo PNR UE-Cánada) de 26 de julio de 2017.

- **Tribunal Constitucional**

STC 123/1995, de 18 de julio.

STC 169/1998, de 21 de julio.

STC 220/2003, de 3 de julio.

STC 219/2006, de 3 de julio.

- **Tribunal Supremo**

STS de 4 de marzo, núm. 259/2005.

STS de 27 de enero de 2009 (RJ 2009, 661).

STS de 22 de mayo, núm. 480/2009.

STS de 28 de enero de 2010 (RJ 2010, 3009).

STS de 12 de julio, núm. 600/2012.

STS de 9 de junio, núm. 456/2013.

STS de 28 de junio de 2013 (RJ 2013, 8067).

STS de 18 de diciembre, núm. 969/2013.

STS de 8 de octubre, núm. 4777/2013.

STS de 9 de junio de 2014 (RJ 2014, 4223).

STS de 9 de septiembre, núm. 1440/2014.

STS de 13 de noviembre, núm. 746/2014.

STS de 22 de diciembre, núm. 877/2014.

STS de 1 de diciembre, núm. 793/2015.

STS de 2 de junio, núm. 338/2015.

STS de 23 de febrero, núm. 116/2017.

STS de 24 de octubre de 2019 (RJ 2019, 3247).

STS de 12 de noviembre de 2020 (RJ 2020, 3777).

- **Audiencia Nacional**

SAN de 30 de marzo de 2018 (RJ 2018, 1503).

SAN de 1 de septiembre de 2020 (RJ 2020, 2205).